DIE MACHT IST WEIBLICH

ANNEGRET KRAMP-KARRENBAUER

Die Biografie

DIE MACHT IST WEIBLICH

ANNEGRET KRAMP-KARRENBAUER

Die Biografie

Manfred Otzelberger

Bibliografische Information der Deutschen Nationalbibliothek:
Die Deutsche Nationalbibliothek verzeichnet diese Publikation in der Deutschen National-
bibliografie; detaillierte bibliografische Daten sind im Internet über http://d-nb.de abrufbar.

Für Fragen und Anregungen:
info@rivaverlag.de

Originalausgabe
1. Auflage 2018
© 2018 by riva Verlag, ein Imprint der Münchner Verlagsgruppe GmbH
Nymphenburger Straße 86
D-80636 München
Tel.: 089 651285-0
Fax: 089 652096

Redaktion: Claudia Fregiehn
Umschlaggestaltung: Isabella Dorsch, München
Umschlagabbildung: Getty Images/Photothek/Thomas Koehler
Satz: Satzwerk Huber, Germering
Druck: GGP Media GmbH, Pößneck
Printed in Germany

ISBN Print 978-3-7423-0714-9
ISBN E-Book (PDF) 978-3-7453-0315-5
ISBN E-Book (EPUB, Mobi) 978-3-7453-0316-2

Weitere Informationen zum Verlag finden Sie unter

www.rivaverlag.de

Beachten Sie auch unsere weiteren Verlage unter
www.m-vg.de

Inhalt

Prolog:
Kinder, Küche, Kirche –
und Karriere

»Mama, dürfen Männer auch Kanzler werden?« Diese Frage eines Journalistenkindes war nach der Bundestagswahl 2017 der Running Gag auf den Partys und Empfängen im politischen Berlin. Kindermund tut Wahrheit kund. Der Kleine hat zu viel Angela Merkel gesehen – und unbewusst eine Wahrheit ausgesprochen: Die Macht ist weiblich. Und neuerdings tritt sie im Duo auf: Angela und Annegret. Die politische Lovestory 2018, ein unzertrennliches Paar.

Im Winter ihrer Karriere hatte die ewige Kanzlerin ein mädchenhaftes Lächeln im Gesicht, das ihr keiner mehr zugetraut hatte: Beseelt, beglückt, befreit. Schwärmerisch waren die Blicke von Angela Merkel, die sie Annegret Kramp-Karrenbauer zuwarf. Und die flirtete zurück, wie es sich bei einer politischen Romanze, einer über Jahre gewachsenen Zuneigung, in der Premiumklasse gehört.

Die Luft flirrte, im Saal war ein Glücksglucksen zu spüren, wie man es in der oft so nüchternen deutschen Politik selten erlebt. Eine perfekte Inszenierung, die dennoch authentisch wirkte. Es war der 19. Februar 2018 im Konrad-Adenauer-Haus, der CDU-Parteizentrale, eine neue Ära in der einzig verbliebenen deutschen Volkspartei brach an: Zum ersten Mal in der deutschen Geschichte wechselte eine amtierende Ministerpräsidentin in ein Parteiamt. Sie empfinde das als »ein großes Glück«, schwärmte Angela Merkel. Und dieses Glück habe sie gleich

»beim Schopfe gepackt«. Kein Wunder, hatte die CDU in den vergangenen Jahren doch »das Profil eines abgefahrenen Reifens«, wie CDU-Mitglieder der Kanzlerin am Parteitag bescheinigten. Annegret Kramp-Karrenbauer hat Profil. Und nicht nur Hosenanzüge im Schrank.

Annegret wer? Die Frau mit dem frechen Kurzhaarschnitt und dem sperrigen Doppelnamen ist bundesweit noch nicht überall bekannt. Ist Deutschland reif für eine zweite Kanzlerin? Das wäre eine wunderbare Normalität, die Merkels Kanzlerjahre nicht als Ausnahme oder gar als Betriebsunfall aussehen lassen würden.

Sieben Jahre trennen die beiden Frauen bezogen aufs Lebensalter, aber Merkels dreizehn Kanzlerjahre zählen doppelt, weil sie so zermürben: Dieser mörderische Job mit Sechzehn-Stunden-Tagen frisst einen auf. Wer genau hinschaute, sah an diesem 19. Februar einen Generationswechsel, und zwar einen einvernehmlichen: Eine Politikerin im besten Alter, die sich im Mini-Bundesland Saarland in Ruhe entwickeln konnte, will erst mal in der Partei die Kanzlerin als Führungskraft beerben. Sie will Begeisterung für Politik wecken – eine Disziplin, in der Angela Merkel traditionell schwach ist. Sie will Politik begreifbar machen, dem Berliner Politzirkus das Komplizierte und Unverständliche nehmen, das ist nötiger denn je. Annegret Kramp-Karrenbauer ist jetzt Generalsekretärin – wobei die Betonung eindeutig auf General und nicht auf Sekretärin liegt. Und das Parteiamt ist wohl nur die Vorstufe auf dem Weg ins Kanzleramt, von der Provinz auf die Berliner Bühne.

Wer die Frau mit dem Doppelnamen, die der Einfachheit halber »AKK« genannt wird, unterschätzt, der hat schon verloren. Sie ist zweifellos Angela Merkels Favoritin für die Nachfolge. In Berlin weiß jeder, dass sie als »Germany's Next Kanzlerin« auserkoren ist. Aber drei Jahre bis zur nächsten regulären Wahl sind politisch eine Ewigkeit, und Deutschland ist keine Monarchie, bei der die Throninhaberin bestimmt, wem sie die Krone übergibt. Angela Merkel kann Weichen stellen und so das Kunststück eines sanften Übergangs schaffen und an eine Frau übergeben, die ihr an Selbstbewusstsein kaum nachsteht. Annegret Kramp-Karrenbauer ist ein Unikat. Sie hat Angela Merkel angeboten, dass sie Generalsekretärin wird, nicht umgekehrt. Sie hätte auch Ministerin werden können, aber ihre Demutsgeste, die erste Dienerin der Partei zu sein, die sie groß gemacht hat, wird ihr noch sehr helfen. Die ausgezehrte CDU, die am Ende auch den Kanzlerkandidaten nominiert, liebt sie dafür, dass die Partei durch sie eine Blutauffrischung erfährt. Durch Annegret Kramp-Karrenbauer kann die Union wieder mehr sein als ein Kanzlerwahlverein. Strategisch ergibt die Sache Sinn: Als Ministerin ist sie durch ihr Amt für ein Ressort zuständig, darüber hinausgehend ist der Einfluss schwach. Als Kanzlerin muss man Generalistin sein. Als Generalsekretärin auch. Eine ideale Position, um sich einen besseren Überblick über alle Politikfelder zu verschaffen.

Wer ist die Saarländerin, die ihrer Kleinstadt Püttlingen immer treu geblieben ist und jetzt die wohl erfrischendste Figur auf der Berliner Bühne ist? Bei ihr ging es immer nur nach oben, eine krasse politische Niederlage, eine Demütigung, ein Rückschlag ist nicht bekannt. Sie war Ministerin für Familie, Frauen, Arbeit, Justiz und Sport – und leitete im Saarland sogar auch das Innenministerium, das traditionell härteste Ministerium. Dass sich die Halunken im Saarland darüber gefreut hätten, ist nicht bekannt. Annegret Kramp-Karrenbauer hat sich mit ihrer praktischen Intelligenz immer in neue Themen eingearbeitet – und nie versagt. Sie ist eine sanfte Machtpolitikerin, eine, die nicht wie die rabaukige Andrea Nahles von der SPD die Beherrschung verliert und unflätig wird. Ihr Markenzeichen ist Nervenstärke und ihre Zurückhaltung bei starken Sprüchen sollte man bei ihr nicht mit Schwäche verwechseln. Annegret Kramp-Karrenbauer ist weder schrill noch laut, aber gut zu verstehen. Sie will Politik für »Normalos« machen und verkörpert selbst gerne eine. Eine weibliche Antwort auf Emmanuel Macron, der durch sein Charisma die Menschen begeistert, wird sie nicht. Aber sie ist eben auch keine knochentrockene Pragmatikerin und Technokratin der Macht.

»Mini-Merkel« wurde Annegret Kramp-Karrenbauer genannt, ein Begriff, der Respekt signalisiert, aber auch abwerten soll. Denn viele Menschen haben die Nase voll von Merkels langer Kanzlerschaft, an vielen Orten schlägt ihr offener Hass oder zumindest Überdruss entgegen. Das macht sich auch im politischen Witz bemerkbar. Wie etwa: Fällt ein Rentner vor dem Bundeskanzleramt auf den Rücken. Merkel hilft ihm auf: »Dafür müssen sie nächstes Mal wieder CDU wählen«, sagt sie. Der Rentner antwortet nur trocken: »Gute Frau, ich bin auf den Rücken gefallen und nicht auf den Kopf.«

Solche Witze werden täglich tausendfach gepostet. Annegret Kramp-Karrenbauer weiß das; sie darf nicht wie »Merkels Mädchen« wirken, wenn sie in Deutschland große Mehrheiten gewinnen will. »Niemand ist unersetzlich, auch nicht Angela Merkel«[1] sagte sie in einem Interview mit der *Bild am Sonntag* im Frühjahr 2016. Aber aus ihrem Mund klang es nicht wie Meuterei oder Majestätsbeleidigung. Sie will zwar auch Kontinuität verkörpern, weil Merkel ja tatsächlich in vielen Bereichen ein »Deutschland, in dem wir gut und gern leben« (so hieß das offizielle CDU-Wahlprogramm 2017 tatsächlich) geschaffen hat. Aber AKK muss in ihrem politischen und persönlichen Sortiment auch Neues anbieten, frische Gedanken, klare Kante. Da, wo Merkel gerne im Ungefähren blieb und sich nicht festlegen wollte, erwartet man von der CDU-Generalsekretärin Tacheles. Sie muss Kraft ihres Amtes die »Abteilung Attacke« beherrschen, sie muss die politische Kampfeslust zeigen, zu der die allzeit kontrollierte Kanzlerin noch nie fähig war.

Merkel wird in der CDU »Mutti« genannt – ein bizarrer Spitzname, wenn man weiß, dass die Karrierefrau Angela Merkel wohlweislich auf Kinder verzichtet hat, was natürlich ihr gutes Recht ist. Als neue Generalin ist Annegret Kramp-Karrenbauer mit Blick auf ihre außerpolitische Lebensform schon eher die Mutti der CDU, die sich ausdrücklich als Familienpartei versteht. Ursula von der Leyen hat zwar sieben Kinder, versprüht aber wenig Mütterlichkeit und Nestwärme in der Partei. Annegret

Kramp-Karrenbauer hat es geschafft, Kinder, Kirche, Küche und Karriere zu verbinden; Ihre drei Kinder sind wohlgeraten, ihre Ehe, die schon seit 34 Jahren besteht, ist heute ein Ausweis für Stabilität und Modernität. Denn Helmut Karrenbauer, der Gatte, den kaum jemand kennt, hat sich beruflich zurückgenommen. Der Bergbauingenieur in Frührente ist der ideale Lebenspartner für die aufstrebende Politikerin, auch als Hausmann hat er sich nie zurückgesetzt gefühlt. Moderne Arbeitsteilung, die einem grundkonservativen Weltbild keinen Abbruch tut.

Denn es ist im besten Sinne konservativ, wenn einem als Christin die Ehe heilig ist und der Lebensentwurf, zusammenzubleiben, bis einen der Tod scheidet, nicht an den Unebenheiten und Widersprüchen des Lebens zerbricht. Angela Merkel hat eine Scheidung hinter sich. Geschadet hat ihr das nicht wirklich, aber Annegret Kramp-Karrenbauer verkörpert mit ihrer Ehe eben den Traum von der lebenslangen Liebe, den so viele vergeblich träumen. Fast zu schmalzig, um wahr zu sein. Und sie steht für die Kraft der Familie: Wer mit fünf Geschwistern aufwächst, erhält eine Grundausbildung in Durchsetzungsfähigkeit fürs Leben. Und weiß, wie der Hase im Leben läuft – es ist auch das beste Mittel gegen Abgehobenheit. Der versucht Kramp-Karrenbauer aktiv entgegenzuwirken. Sie wohnt in ihrem weißen Häuschen – wahrlich keine Villa – neben ganz normalen Leuten und sie steht sogar noch im Telefonbuch. Volksnäher geht es kaum. Den oft missbrauchten Begriff »Heimat«, den in Berlin jetzt das Ministerium von Horst Seehofer politisch besetzen will, füllt sie glaubwürdig aus. Es muss ihr sehr schwergefallen sein, für den neuen Job das Saarland zu verlassen, aber auf Dauer ist das Saarland für eine Politikerin ihres Formats eben zu klein. AKK will mehr. »Ich will, ich kann und ich werde«, hat sie bei ihrer Amtseinführung auf dem CDU-Parteitag vollmundig verkündet, daran muss sie sich künftig messen lassen. Offiziell sprach sie da nur von der Erneuerung der CDU. Aber zwischen den Zeilen war klar, was mitschwang: Da ist eine Frau, die sich alles zutraut, auch das höchste Amt der Bundesrepublik Deutschland. Das ist kein Größenwahn, aber Selbstsuggestion. Sie zeigt ihre Entschlossenheit, auch wenn sie ihre Ambition auf das Kanzleramt noch nicht offen ausspricht. Wer zu früh springt, wird selten was – Politik ist immer auch ein Geduldsspiel. Aber was sie sich in den Kopf gesetzt hat, das hat sie bisher noch immer durchgezogen.

Das Vertrauen der Menschen zu gewinnen, ist die höchste Auszeichnung für eine Politikerin. Im Saarland hat Kramp-Karrenbauer das geschafft: Sie war überaus beliebt und hat bewiesen, dass sie Wahlen gewinnen kann. Sieben Jahre war sie Ministerpräsidentin, zehn Jahre Ministerin, eine Art politische Lehrzeit, ein Gesellenstück. Diese Popularität auf die Bundesebene zu übertragen, wird ihr politisches Meisterstück. In der CDU konnte sie mit ihrer hohen Beliebtheit allemal punkten. Die Partei ist ihr bis heute dafür dankbar, dass sie im Frühjahr 2017 den »Schulz-Zug« gestoppt hat. Der Absturz des damals noch populären SPD-Kanzlerkandidaten begann erst durch den Wahlerfolg der CDU mit dem Zugpferd Kramp-Karrenbauer im Saarland.

Politische Feinde scheint sie kaum zu haben, noch nicht einmal in der eigenen Partei, in der oft die Messer gewetzt werden und hinterfotzig geredet wird. Fast jeder, der AKK kennengelernt hat, spricht mit Respekt über sie. Das dürfte damit zu tun haben, dass sie Menschen generell Respekt entgegenbringt und wie man in den Wald hineinruft, so schallt es bekanntlich heraus. Geschichten, wie sie über Bundesverteidigungsministerin Ursula von der Leyen kursieren, die ihre Mitarbeiter oft von oben herab behandelte, sind von ihr nicht überliefert. Und da die CDU nicht nur eine Partei mit schönen Werten ist, sondern auch eine große Familie, die in Wahljahren diszipliniert und geschlossen auftritt, hat Kramp-Karrenbauer gute Chancen. Sie ist eine Menschenfischerin und wirkt wie eine Therapeutin, die das Beste aus den Menschen herausholen kann. Und die beim Aufteilen des Kuchens jedem das Gefühl vermittelt, er hätte das größte Stück bekommen. Als Mutter einer fünfköpfigen Familie lernt man so etwas.

Es war für sie noch aus einem anderen Grunde wichtig, in die Bundespolitik einzusteigen: Annegret Kramp-Karrenbauer ist eine leidenschaftliche Europäerin. Diese Haltung bekommt man im Saarland schon mit der Muttermilch eingeflößt. Wer in einem Land lebt, das in unmittelbarer Nachbarschaft zu Lothringen und Luxemburg liegt und das mehrfach Zankapfel zwischen den einstigen Erbfeinden Frankreich und Deutschland war, wird nachhaltiger gegen das Gespenst des Nationalismus immun. Kramp-Karrenbauer ist aus Lust und Leidenschaft frankophil, sie liebt das Savoir-vivre des Nachbarn. Als mögliche Kanzlerin kann sie sich allerdings keine übertriebene Liebe erlauben, da geht es darum, deutsche Interessen zu vertreten. Aber auch in der internationalen Politik macht der Ton die Musik. Und Charme hat noch nie bei politischen Verhandlungen geschadet. »Madame Annegret«, wie sie in Frankreich genannt wird, geht zum Lachen nicht in den Keller. Und es ist kein Zufall, dass ihr 2015 in Aachen der »Orden Wider den tierischen Ernst« verliehen wurde, die wichtigste Karnevalsauszeichnung für Politiker. Dass sie zudem selbst kabarettistische Qualitäten hat und sich in den tollen Tagen als Landtagsputzfrau Gretel in Kittelschürze auf eine Bühne traut, hat dafür gesorgt, dass sie noch mehr bewundert wird. Eine Politikerin, die über sich selbst lacht – das ist erfrischend, einfach souverän. Und es spricht auch Menschen an, die sich nicht über die Feinheiten der Flüchtlingskrise und der Rentenproblematik informieren wollen oder können. Die Menschen mögen zwar nicht alles verstehen, aber sie spüren alles, vor allem die Echtheit, heißt eine alte politische Weisheit.

Kramp-Karrenbauer ist eine Frau der Mitte, Links-rechts-Strickmuster lehnt sie ab. In der Mitte sein heißt aber nicht mittelmäßig sein, sondern es ist die hohe Kunst, auf griffige, verständliche Art eine Mehrheit im Lande anzusprechen oder sie zumindest nicht abzuschrecken. Wofür steht sie? Für ein christliches Menschenbild, das sie aber nicht so penetrant wie Markus Söder vor sich herträgt; das »C« ist für sie nicht bloße Dekoration und Mittel zum Zweck im politischen Wettbewerb. Das hat sie aber nicht gehindert, mit Flüchtlingen härter umzuspringen als in vielen anderen Bundesländern und sich von ihnen nicht auf der Nase herumtanzen zu lassen. Da gibt es natürlich Widersprüche zur reinen biblischen Nächstenliebe und zur unantastbaren Würde des Menschen, die im Grundgesetz für alle und nicht nur für Menschen mit deutschem Pass garantiert wird. Politik muss heute viel besser erklärt werden als früher. Der Ton ist rauer geworden, manchmal vulgär. Die Wähler treten fordernder auf als früher, ungeduldiger. Politik im Internetzeitalter ist ein knallharter Job. Kramp-Karrenbauer ist eine gute Politikerklärerin, sie benutzt kaum Fremdwörter und Politikerkauderwelsch. Sie hat die Sprache der einfachen Menschen nicht verlernt und wirkt bei weitem nicht so hölzern wie die Kanzlerin. Eine gute Voraussetzung, um eine neue Gesprächskultur auf der Berliner Ebene zu etablieren. Nicht so grob und holzschnittartig wie die CSU, mit der sie sich auch gerne mal anlegt, wenn die kleine Schwester zu frech wird, aber sie drückt sich oft klar wie Kloßbrühe aus. Als Hausfrau, die auch gerne mal selbst kocht, weiß sie, was für ein seelenwärmendes Kunstwerk ein Kloß ist. Die CDU-Generalin wärmt die Seele der Partei. Bessermacher sind ihr näher als Besserwisser. Und Zuhören ist für sie eine Kunst. Annegret Kramp-Karrenbauer wirkt nicht gelangweilt, wenn sie Menschen lauscht, die ihr Leid klagen, sie hat eine Engelsgeduld. Manchmal fragt man sich, wo sie alle diese mitunter bizarren Geschichten in ihrer Seele verstaut. Sie will alle mitnehmen, eine Art Mutter der Nation sein, eine nahbare Schwester, eine diskrete Pfarrerin. Die Lehrerstochter wirkt nicht belehrend, aber sie handelt ganz im Sinne von Albert Camus, dem großen französischen Philosophen: »Geh nicht vor mir her, vielleicht folge ich dir nicht. Geh nicht hinter mir her, vielleicht führe ich dich nicht. Geh neben mir und sei einfach mein Freund.«

Annegret Kramp-Karrenbauer ist ehrgeizig, aber sie ist keine Ich-AG. Ihr nimmt man den programmatischen Satz ab, den sie einmal gesagt hat: »Eitelkeit und Egoismus sind schlechte Begleiter.«[2] Sie betet täglich, aber sie ist keine Frömmlerin. Mut, Demut und auch ein wenig Anmut – das ist ihr Dreiklang. Vor dem Hochmut, einer der sieben christlichen Todsünden, schützt sie ihre christliche Erziehung. Die Arroganz, die sich immer rächt, überlässt sie gerne anderen. Diese in der Politik häufig anzutreffende Eigenschaft ist die missratene Schwester des gesunden Selbstbewusstseins. Und selbstbewusst ist Kramp-Karrenbauer allemal, und dazu gehört auch, sich seiner Schwächen bewusst zu sein. Auch um die wird es in diesem Buch gehen, denn Perfektion ist einschüchternd.

Annegret klingt urdeutsch, es ist ein Doppelname aus Anna und Margarethe, den man mit »die Begnadete« und »die Perle« übersetzen kann. Ein gutes Omen für die CDU. Für Rita Süssmuth, ein Urgestein der Partei, die Eisbrecherin für Frauenrechte, ist Kramp-Karrenbauer einfach nur »ein Schatz« für eine Partei, die sich nach den schwammigen Merkel-Jahren ganz dringlich eines wünscht: Identität. Wer sind wir? Und wer ist sie? Es ist unmöglich, vorherzusagen, ob AKK eine Erlöserin ist oder nur eine Episode, aber die folgenden Kapitel deuten an: Sie ist eine der spannendsten Politikerinnen in Deutschland. »Es gibt keine Aufgabe, die man Annegret nicht anvertrauen kann«, sagte Peter Müller, ihr Mentor und Vorgänger als saarländischer Ministerpräsident.[3] Was zu beweisen ist. Die Wahrheit ist auf dem Platz, heißt es im Fußball. Und in der Politik ist sie im Berliner Polittheater.

Annegret Kramp-Karrenbauer ist keine, die wie der junge Gerhard Schröder am Zaun des Kanzleramts rüttelt und »Ich will da rein« schreit. Sie ist cleverer und cooler. Sie kennt die Hausherrin – und die ist ihr wohlgesonnen und empfiehlt sie als Nachmieterin. Frauen regieren die Welt. Die Macht ist weiblich. Die Macht bleibt weiblich.

I. Die Heimat – wo Annegret Kramp-Karrenbauer verwurzelt ist

Das Große im Kleinen: Das Miteinanderland an der Saar – wo »es Annegret« herkommt

Ein Ei ist im Saarland nicht einfach ein Ei. Ein Ei ist der Schlüssel zu fast jedem Gespräch. »Ei joo« heißt auf Saarländisch »Na klar doch«, ein Füllwort, das der Saarländer lieb gewonnen hat und nie ablegen will. »Ei gudd«, antwortet die angesprochene Person auf die minimalistische Nachfrage zu den aktuellen Lebensumständen bei der Begrüßung: »Unn?«. Das »Wie geht es dir?« wird mitgedacht und verschluckt.

»Wo kommst du denn her?« ist die meist gestellte Frage der Welt, egal in welcher Kultur. Der Landstrich, aus dem jemand entstammt, erzählt immer eine Geschichte. Die Frage, in welches Milieu man hineingeboren wurde, kann über Lebenswege entscheiden und ist tief im Unbewussten gespeichert. Das sieht auch Annegret Kramp-Karrenbauer so, die herrlich im saarländischen Dialekt schwätzen kann, aber auch jederzeit in ein gepflegtes Hochdeutsch wechseln kann – im Gegensatz zu Baden-Württembergs Ministerpräsident Winfried Kretschmann, dem man das Schwäbische immer anhört. Aber in diesem Bundesland ist ja auch der geniale Werbespruch erfunden worden: »Wir können alles – außer Hochdeutsch.« Im Saarland ist man nicht minder stark in der

Selbstdarstellung. Hier heißt die offizielle Imagekampagne: »Wo Großes im Kleinen entsteht.« An Minderwertigkeitskomplexen leidet kaum ein Saarländer. »Die wirklich guten Leute gehen ins Saarland oder kommen aus dem Saarland«, meinte Tagesschau-Chefsprecher Jan Hofer, der lange beim Saarländischen Rundfunk gearbeitet hat.[4] Dem wird Annegret Kramp-Karrenbauer nicht widersprechen. Sie ist eine Herzens-Saarländerin, ihre Familie ist seit Generationen hier verwurzelt. Das heißt auch: Angeborener Optimismus statt masochistisches Trübsalblasen. Annegret Kramp-Karrenbauer ist die beste Visitenkarte des kleinen, aber feinen Landes, das wie eine Katze sieben Leben zu haben scheint, vielleicht auch ein paar mehr: »Im Saarland tut sich was: Statt Kohle fördern wir heute Talente – und das in den ungewöhnlichsten Bereichen. Nicht umsonst sind wir heute High-Tech-Schmiede und Gourmetland zugleich. Bei uns schreibt halt jeder seine ganz persönliche Erfolgsgeschichte. Und dabei hilft ihm saarländische Lebensart. Denn erfolgreich ist man bei uns gemeinsam. Wir sind ein Miteinanderland. Alle ziehen an einem Strang und sorgen dafür, dass das Saarland auch ihr Chancenreich wird.« So bringt es Anke Rehlinger, die Kramp-Karrenbauers Stellvertreterin und Ministerin für Wirtschaft, Arbeit, Energie und Verkehr war, in einer Imagebroschüre auf den Punkt.[5]

Ein Miteinanderland, was für ein Begriff. Das Saarland ist nicht dumpf und hinterwäldlerisch, sondern modern, weltoffen und durch und durch europäisch. Nur weil man in der Provinz lebt, muss man ja nicht gleich provinziell sein. Und es gibt viele Saarländer, die Großes geleistet haben: Dieter Müller hat die Motel-One-Hotelkette gegründet, Roland Mary das Berliner Promilokal »Borchardt«, in dem auch die Kanzlerin und die Berliner Politikelite speist.

Das winzige Saarland ist ein ganz erstaunliches Politikerbiotop, das man in Deutschland nur noch mit dem Hotspot Hannover vergleichen kann. Es kommen überdurchschnittlich viele Spitzenpolitiker aus dem Land: im Bundeskabinett sitzen mit Wirtschaftsminister Peter Altmaier und Außenminister Heiko Maas gleich zwei politische Schwergewichte aus dem kleinen Land. Die Umweltministerin im Kabinett Kramp-Karrenbauer, Simone Peter, war immerhin vier Jahre lang eine der beiden Bundesvorsitzenden der Grünen. Und dann gibt es die berühmten Altvorderen, Legenden der Politik: Der Rheinschwimmer Klaus Töpfer war der erste Bundesumweltminister und der Lehrmeister von Kramp-Karrenbauer, sie folgte ihm in den Bundestag nach und hat sich vieles von ihm abgeschaut. Und dann natürlich Oskar Lafontaine, der von 1985 bis 1998 ein brillanter Ministerpräsident des Saarlandes war, um dann als Bundesfinanzminister im Kabinett von Gerhard Schröder plötzlich das Handtuch zu werfen; 2005 war er maßgeblich an der Bildung der »Linkspartei.PDS« beteiligt. Lafontaine wirkt in einer oft nahezu aufreizend zur Schau gestellten Selbstgefälligkeit wie das Gegenmodell zur ruhigen Kramp-Karrenbauer, aber die beiden haben auch etwas gemeinsam. Beide stellen sich an Fastnacht bereitwillig in die Bütt. Allerdings ging Lafontaine als Napoleon und Kramp-Karrenbauer als die Putzfrau Gretel – das ist vielsagend. Und dann gibt es da noch einen Mann, auf den das Saarland nicht unbedingt stolz ist: Erich Honecker aus Neunkirchen – der einzige Saarländer, der es bislang zum Regierungschef brachte und der von 1971 bis 1989 als Generalsekretär des Zentralkomitees der SED die DDR führte.

Annegret Kramp-Karrenbauer ist heute auch Generalsekretärin, aber der Titel ist auch das Einzige, was sie mit dem ZK-Chef der SED gemeinsam hat. In der Demokratie ist dies ein dienender Job, kein allmächtiger.

Die Auswahl an großen Namen in der Politik – auch die Linken-Ikone Sahra Wagenknecht wohnt liebend gerne bei ihrem Ehemann Oskar Lafontaine im Saarland – ist imponierend, gemessen an der Größe des kleinsten deutschen Bundeslandes. Man muss nur sechzig Kilometer fahren, um das Saarland von Nord nach Süd zu durchqueren, von West nach Ost sind es immerhin neunzig. Gerade mal 2570 Quadratkilometer misst das kleinste deutsche Flächenland. Es ist klein, aber oho – das Saarland war häufig ein Konfliktthema zwischen Frankreich und Deutschland. Trotz des vielen Hin und Hers – mal wurde es in der Geschichte an Frankreich angegliedert, mal ans Deutsche Reich – fühlen sich die Saarländer, die Französisch so sprechen wie andere Denglisch, mehrheitlich immer deutsch. Das zeigte sich in Volksabstimmungen wie etwa im Jahr 1935. Damals unterstand das Saarland dem Völkerbund, nachdem es 1920 wieder einmal aus dem Deutschen Reich ausgegliedert worden war. In dieser Volksabstimmung stimmten neunzig Prozent der Teilnehmer dafür, sich Deutschland anzuschließen – das damals schon unter der Herrschaft von Adolf Hitler stand. Die schlimmsten Verbrechen der Nazis vorherzusehen, war damals vielen Saarländern nicht möglich. Nach dem Ende des Zweiten Weltkrieges und des Nazireiches wurde das Saarland zur französischen Besatzungszone. Aber anstatt es einfach wieder an Frankreich anzugliedern, waren die Franzosen für ein selbstständiges Saarland. So kam es, dass das Saarland ein paar Jahre als eigenständiges Land auftrat – bei Olympischen Spielen 1952 in Helsinki, bei der Qualifikation zur Fußball-WM 1954 in der Schweiz (Trainer war der spätere deutsche WM-Trainer Helmut Schön). Es hatte eigene Briefmarken, eine eigene Flagge, eine eigene Währung – die Saar-Mark.

Aber es war schnell klar, dass das Saarland aus eigener Kraft kaum überlebensfähig ist und 1955 stimmte das Volk wieder ab. Klar entschieden sich die Menschen für die Zugehörigkeit zum demokratischen Nachkriegsdeutschland. So kam es 1957 dann zu dem, was die Saarländer schmunzelnd als »kleine Wiedervereinigung« bezeichnen, wobei die begehrte D-Mark allerdings erst 1959 eingeführt wurde.

Das Miniaturland ist ein Überlebenskünstler. Im Saarland gibt es gerade mal 44 Millionäre, der reichste Mann mit zwei Milliarden soll Globus-Gründer Thomas Bruch sein. Es bleibt also ein Kleine-Leute-Land. Annegret Kramp-Karrenbauer passte dazu. Die Frau, die fast sieben Jahre

Ministerpräsidentin war und das Land wie ihre Handtasche kennt, ist nicht in einer reichen Familie aufgewachsen. Sie weiß, dass Arbeitsplätze ganz elementar sind. Und dass wichtige Schlüsselindustrien gehätschelt und gepflegt werden müssen. Vierzehn Millionen Autos sind bei Ford in Saarlouis seit 1970 vom Band gelaufen. 70 000 Menschen arbeiten heute in der Autoindustrie und bei ihren Zulieferern – das sind mehr als die 60 000, die früher im Bergbau Beschäftigung fanden. Der Strukturwandel gelang, das Saarland blüht wieder – allein 18 000 Franzosen pendeln täglich zur Arbeit ins Saarland. Auch einer der Gründe, warum sich viele Saarländer mit den typischen französischen Wangenküsschen begrüßen.

Die Saarländer werden wegen der grenznahen Lage ihres Landes Rucksackfranzosen genannt. Aber auch die echten Franzosen schätzten die legendäre saarländische Gemütlichkeit. Die zeigt sich am besten am Schwenkgrill, einer Spezialität des Landes. Der Schwenkbratenständer ist das wichtigste Utensil in einem saarländischen Haushalt. Sogar die Uni in Saarbrücken beschäftigte sich damit und bot am Institut für angewandte Mathematik einen Vortrag zum Thema »Optimale Strategien beim Schwenken« an. Der Mensch denkt, Gott lenkt, der Saarländer schwenkt, heißt ein beliebter Spruch. Nirgendwo wird so viel gegrillt und gefeiert wie hier. Im Jahr 2000 wurde die Sperrstunde abgeschafft. Ich esse, also bin ich – das verkörpert nicht nur Peter Altmaier, die wohlbeleibte Allzweckwaffe der Bundesregierung. Hier gibt es einige Restaurants, die sich mit Michelin-Sternen schmücken dürfen, das mit drei Sternen dekorierte Gästehaus Klaus Erfort gilt als ein Top-Restaurant in ganz Deutschland. Christian Bau wurde in seinem Restaurant Victor's Fine Dining 2017 vom renommierten Restaurantführer »Gault & Millau« zum Koch des Jahres gewählt.

Zum Feiern braucht es im Saarland aber nicht unbedingt das Spitzenrestaurant. In der Region mit den meisten Sonnenstunden in Deutschland feiert man gerne den Alltag. Und zwar am liebsten im Garten vor dem eigenen Haus: Das Saarland hat die höchste Eigenheimquote der Bundesrepublik, hier können sich Normalverdiener noch ein eigenes Nest leisten. Ein Erbe aus der Zeit, als die Bergleute sich ihr kleines Stück vom Reichtum abschnitten. Der Saarländer knaupt, das ist Saarländisch für werkeln, er bietet Nähe an, ohne sich aufzudrängen. »Ich kenn do änner, der …«, heißt die saarländische Version des Kölner Klüngels. Außerdem ist fast jeder Mitglied in mindestens einem Verein, es scheint fast so, als sei die Vereinsmeierei im Saarland erfunden worden. Es geht einfach um Geselligkeit. »Der Saarländer ist kein Eisberg, bei dem neun Zehntel seiner Gefühle unter Wasser schwimmen, eher neun Zehntel seiner Gefühle über Wasser. Seine positive Grundstimmung trägt ihn. Aus ihr bezieht er seinen Selbstrespekt. Der Saarländer lacht gerne spontan, laut und lang. Zuweilen derb, aber ohne Gift. Er ist schlagfertig, aber gutmütig. Er ist kein Legehuhn, keine Batteriehenne. Er ist ein begabter Lebenskünstler«, schreibt Peter Waldbauer, Autor von »Homo Saarlandicus – was es heißt ein Saarländer zu sein.«[6] Wahrscheinlich ist es auch kein Zufall, dass das Saarland sich dreizehn gesetzliche Feiertage leistet – deutlich mehr als anderswo. Der fröhliche Saarländer lebt nicht, um zu arbeiten – sondern arbeitet, um zu leben. Deshalb verabschieden sich Menschen im Saarland gerne mit den mahnenden Worten »Schaff nicht so viel« – das »Frohes Schaffen« aus anderen Bundesländern ist hier ungebräuchlich.

ZDF-Mann Peter Hahne hat lange im Saarland gelebt, er charakterisiert seine alte Heimat so: »Für Streit und Flügelkämpfe ist das Saarland viel zu klein. Der Saarländer ist auf Harmonie bedacht: Bloß kein Ärger, sonst krischte die Fräck oder die Flemm. wirst also rundum kränklich. Die typische Lebensart: Hauptsache gudd gess, denn zahlen tut ja ohnehin der Finanzausgleich. Aus dem ›Reich‹ – so wird alles jenseits Blieskastel genannt.«

Der saarländische Schriftsteller Ludwig Harig, dessen Hörspiel »Staatsbegräbnis« wegen Verunglimpfung des Andenkens an Konrad Adenauer nicht im Saarländischen Rundfunk laufen durfte, hat es mal so zusammengefasst: »Wer vom Saarländer sagt, er sei mal so, mal anders, der sagt nicht die Wahrheit. Der Saarländer ist nie so und er ist nie anders, sondern er ist immer die Aussöhnung des So- und Andersseins gewesen. Der Saarländer ist ein harmonischer Mensch.«[7]

Und weil er so ist, mag er auch Schlager: Nicole, die Siegerin des Grand Prix d'Eurovision aus dem Jahr 1981 (»Ein bisschen Frieden«) wohnt im Saarland, das Gesangsduo Cindy und Bert hat hier seine Wurzeln, die Sängerin Sandra und Popproduzent Frank Farian ebenfalls. Fußballstar Stefan Kuntz, Europameister 1996, ist im Saarland aufgewachsen, Fußballmanager Rudolf Assauer stammt auch von hier. Der aktuelle Nationalspieler Jonas Hector spielte bis 2010 noch in der 5. Liga beim SV Auersmacher. Tennisstar Claudia Kohde-Kilsch lebt hier. Und der Genusspapst Reiner Calmund ist extra mit seiner Familie aus dem schönen Rheinland ins noch schönere Saarland gezogen. An Prominenz mangelt es also nicht. Am prominentesten ist aber derzeit Annegret Kramp-Karrenbauer. Die Saarländer beobachten genau, wie sich ihre Star-Politikerin auf der Berliner Bühne schlägt. Und wahrscheinlich hat der deutsche Psychologe Peter Winterhoff-Spurk sie gemeint, als er den modernen Saarländer charakterisierte: »Ist er im Land, will er möglichst schnell raus, am besten nach Berlin. Lebt er außerhalb, sucht er sich bald einen Saarländer-Stammtisch. Dort sitzt er dann, bei mitgebrachtem Lyoner, hat Heimweh nach Sätzen, die mit »Ei« beginnen, nach Streuobstwiesen, nach frischem Baguette am Sonntagmorgen und liest dabei »Nemmeh Dehemm«, die Zeitung für Exil-Saarländer.«[8]

Zu dieser Gruppe gehört Annegret Kramp-Karrenbauer. Die Imagekampagne des Saarlandes kann man getrost auf sie anwenden: »Woanders wächst man auf. Bei uns wird man groß.« Aber in Berlin wird ihr niemand »e gudden Bonjour« wünschen. Man kann nicht alles haben. Kramp-Karrenbauer wird auch die schmucke Sonnenuhr an der Wettersäule neben der Saarbrücker Staatskanzlei vermissen. »Non numero nisi serenas horas« steht da – ich zähle nur die heiteren Stunden. Die gibt es in Berlin eher nicht so oft. Vielleicht trällert sie innerlich auch die erste Strophe der Hymne des Saarlandes: »Und Dörfer und Städte auf grünender Flur und Menschen von kernigem Schlage/Das ist meine Heimat im Lande der Saar, laut preis ich sie all meine Tage.«[9] Vielleicht macht sie sich auch die Gedenktafel am Geburtshaus des Filmregisseurs Wolfgang Staudte in Saarbrücken noch einmal zu eigen: »Feigheit macht jede Staatsform zur Diktatur.« Wie wahr. Es gibt zwar in allen Parteien Kadavergehorsam und wenig Zivilcourage. Aber Kramp-Karrenbauer ist ganz sicher nicht aus dem Saarland weggegangen, um in Berlin das Fürchten zu lernen.

Wie wichtig und weltbekannt das Saarland mitunter ist, zeigt eine kleine Anekdote: Am 27. März 2017 rief US-Präsident Donald Trump Kanzlerin Angela Merkel an, um ihr zum Wahlerfolg der CDU im Saarland zu gratulieren. Ein Triumph, den vor allem Annegret Kramp-Karrenbauer dank ihrer überragenden Persönlichkeitswerte errungen hatte. Angela Merkel wird ihr das nie vergessen, denn das war die Wende im Bundestagswahlkampf 2017.

Die Kraft aus der Provinz:
Warum Püttlingen das neue
Würselen ist

Wenn eine kleine Stadt, von der kaum jemand bisher gehört hat, eine mediale Karriere macht, liegt es meistens an einem prominenten Bewohner. Sage mir, wo du herkommst – und ich sage dir, wer du bist. So war das 2017 mit Martin Schulz, der fast in jeder Wahlkampfrede darauf hinwies, dass er aus Würselen stammt. Nicht etwa aus Würselen bei Aachen, der Stadt Karls des Großen, etwa vier Kilometer entfernt, nein, Schulz wies ironisch gerne darauf hin, dass er Aachen bei Würselen meinte. Das sympathische rheinländische Städtchen, in der früher auch der Bergbau die Existenzgrundlage war, wurde von der Weltpresse heimgesucht. Und rasch, wie Journalisten eben so sind, wurden Skandale ans Tageslicht gefördert: Dass Martin Schulz in seiner Zeit als Bürgermeister ein völlig überdimensioniertes Spaßbad genehmigt hatte, wodurch die Stadt in eine dramatische Schuldenkrise stürzte.

Bei Püttlingen und Annegret Kramp-Karrenbauer ist dergleichen nicht zu befürchten. Sie spricht nicht von einem Saarbrücken bei Püttlingen. Sie war auch nie Bürgermeisterin, nur Beigeordnete der kleinen Stadt, vierzehn Kilometer vom großen Saarbrücken entfernt. Und ein größenwahnsinniges Spaßbad gibt es dort auch nicht. Aber Kramp-Karrenbauer hat mindestens eine so starke Bindung an ihre Stadt wie es bei Martin Schulz mit Würselen der Fall ist – auch wenn sie noch keine Ehrenbürgerin ist. Man muss kein Prophet sein, um zu sagen: Püttlingen wird das neue Würselen – von den Menschen in der Großstadt leicht belächelt, aber insgeheim auch bewundert.

Stadtluft macht frei – dieser Spruch geht auf einen Rechtsbrauch im Mittelalter zurück. Demnach konnte eine Person, die in Leibeigenschaft stand, sich von diesem Status befreien, indem sie in einer Stadt untertauchte. Der Spruch gilt gewissermaßen auch für Püttlingen. Die Gemeinde, die erst vor 50 Jahren die Stadtrechte bekommen hatte – da war die kleine Annegret gerade mal fünf Jahre alt – ist eine liebenswerte Stadt im Grünen mit einer hohen Lebensqualität. Bei der Gemeindegebietsreform von 1974 wurde der Ortsteil Köllerbach in die Stadt Püttlingen eingemeindet. Allerdings war das Verhältnis zwischen den beiden Ortsteilen manchmal so angespannt wie das zwischen Garmisch und Partenkirchen. Oder zwischen CDU und CSU. Das Rathaus ist ein schmuckes Barockschlösschen; der Hexenturm, der Rest einer alten Wasserburg, in dem früher Bösewichte eingesperrt wurden, steht jetzt in einer Parklandschaft, die zum Spazieren einlädt. Aus dem Bergmannsdorf ist ein gut gepflegtes Schmuckkästchen geworden. Die Grube Viktoria, einst das Wahrzeichen und der Reichtum der Stadt, arbeitet schon lange nicht mehr. Der Förderturm steht noch und die Industriebranche ist heute Teil eines neuen Gewerbegebietes. In einem anderen Stadtteil gibt es ein Bergbau-Freilichtmuseum, in dem man sich die schwere Arbeit des Bergmanns mit Bohrwagen, Lokomotive und Schrämmaschine plastisch vorstellen kann. Nur die Staublunge, an der die meisten Kumpel früh starben, kann man nicht sehen. Püttlingen ist ein Erfolgsmodell für das ganze Saarland, meint Tobias Hans, seit März 2018 Ministerpräsident des Landes: »Trotz Montankrise und Bergbauende ist Püttlingen ein rascher Wandel von einer ehemals vom Bergbau geprägten zu einer modernen Wohnstadt mit guter Infrastruktur gelungen. Die Bürgerinnen und Bürger fühlen sich wohl hier, nicht zuletzt wegen der zahlreichen Erholungs- und Freizeitmöglichkeiten.«[10]

Es ist ein bisschen heile Welt hier, eine Insel der Glückseligen in einer hektischen und aggressiven Welt. 18 000 Menschen leben in Püttlingen, und die meisten leben sehr gerne hier. Dank einer Ring-Linie kann man mit dem Bus alle Stadt-und Ortsteile erreichen. Es gibt sechs Kitas und drei Grundschulen, ein Mehrgenerationenhaus, ein Seniorenbüro, ein Sozialkaufhaus, einen Integrationsverein und eine Erwerbslosenselbsthilfe. Für die Fitness der Bürger bietet der Ort einen Trimmtreff, ein Hallenbad und eine Sporthalle. Und natürlich die Knappschaftsklinik, die 900 Menschen beschäftigt. Sie ist ein akademisches Lehrkrankenhaus der Uni Saarbrücken, auf das andere Gemeinden neidisch werden könnten. Auch eine Krankenpflegeschule gehört dazu. Im Köllertal werden schottische Hochlandrinder gezüchtet, robuste kleine Konik-Pferde und es grasen vom Aussterben bedrohte ungarische Steppenrinder und Wasserbüffel umher. Püttlingen ist alles andere als überlaufen. Hier findet jeder seinen Platz, was auch an den niedrigen Mieten liegt. Die Stadt bringt auch ihre Flüchtlinge, das sind vor allem Syrer und Afghanen, dezentral in Wohnungen unter. Das funktioniert prima – Ärger gibt es keinen. Vielmehr werden Willkommensfeste veranstaltet, Hass und Aggression gegen Ausländer sind nicht zu spüren. »Die Stadt versteht sich als liberal und weltoffen. Dass Letzteres kein bloßes Lippenbekenntnis ist, hat sie in den vergangenen beiden Jahren nicht zuletzt durch ein ausgesprochen hohes Engagement bei der Flüchtlingsintegration unter Beweis gestellt«, lobt Jürgen Fried, Präsident des Saarländischen Städte- und Gemeindetages, der auf das »städtische Gepräge« von Püttlingen hinweist.[11] Die Gemeinde ist kein Dorf, sondern eine Stadt mit Herzensbildung. Hilfsbereitschaft wird hier groß geschrieben. Vielleicht liegt das auch an der katholischen Tradition. Püttlingen hat einen echten Bischof als Ehrenbürger. Clemens Mauer wurde Missionar und wanderte nach Bolivien aus, wo er der erste Kardinal des südamerikanischen Landes wurde. Er ließ zahlreiche Siedlungen und Schulen für die bitterarme bolivianische Landbevölkerung bauen. Seinen Bischofsstab, die Mitra sowie den goldenen Ring und das Brustkreuz hat er seiner Heimatstadt vermacht.

Püttlingen hat auch einen Bahnhof, aber der ist stillgelegt. Es steht nur noch ein Waggon auf dem Abstellgleis. Aber die Stadt hat aus der Not eine Tugend gemacht und den Bahnhof in Kulturbahnhof umgewandelt. Fünfzig Kulturvereine sind in der Stadt aktiv – eine stolze Zahl. Highlights der Kultureinrichtungen sind das Saarländische Uhrenmuseum und die Musikschule mit 700 Schülern. Kinder, Erwachsene und auch Senioren lernen Akkordeon, Blockflöte, E-Bass, Saxophon, Harfe. Die Schule hat fünfzig Lehrkräfte, für so eine kleine Stadt ist das viel. Über 180 Vereine stehen den Bürgern hier offen, einsam muss in Püttlingen wirklich keiner sterben.

Wie sehr Annegret Kramp-Karrenbauer zu ihrer Heimatstadt steht, zeigte sich bei der 50-Jahr-Feier der jungen Stadt im Mai 2018: Sie hielt eine leidenschaftliche, aber auch nachdenkliche Rede über ihre Heimat, die sie nie verlassen hat. Mehr Loyalität geht kaum: »Ich bin stolz darauf, Bürgerin dieser Stadt sein zu dürfen. Wenn man Glück hat, in einer Stadt groß werden zu dürfen und auch alt, muss man das wertschätzen.

Man wird in eine Familie hineingeboren, das ist einem sehr bewusst. Was einem weniger bewusst ist, dass man auch in eine Stadt hineingeboren ist. Die Stadt trägt einen Teil dazu bei, was und wie man wird.«

Eine Stadt steht immer auf den Schultern ihrer Vergangenheit, sagt die CDU-Generalsekretärin, aber das gilt auch umgekehrt. Kramp-Karrenbauer zählt auf, was sie Püttlingen verdankt: »Die Liebe zum Sport im Turnverein Püttlingen und die Liebe zur Musik. Ich habe dieser Stadt die ersten Schritte meiner Bildung zu verdanken, und auch die meiner Kinder, im Kindergarten, in der Grundschule. Ich habe schon als Kind das Bewusstsein für das ehrenamtliche Engagement gelernt, das man unbewusst von Kindesbeinen an mit aufnimmt und nicht verliert.«

Die Politikerin spricht auch davon, dass sie Weltoffenheit und Solidarität hier gelernt hat – vor allem auch von Kardinal Maurer, der in Bolivien ganz vielen Menschen Entwicklungsmöglichkeiten bot. So ein altruistisches Vorbild hinterlässt Spuren. »Die Hilfsbereitschaft der Püttlinger gerade in den Kirchengemeinden zeigte sich schon bei den Boat People aus Vietnam, jetzt sind es Flüchtlinge aus Syrien, die hier eine neue Heimat finden. Aber es gibt auch Solidarität im Inneren. Ich bin 1962 geboren, als hier die Viktoria-Grube schloss. Nach der wirtschaftlichen Umstrukturierung und der Arbeitslosigkeit gründete sich die Erwerbslosen-Selbsthilfe. In Püttlingen wird in schwierigen Situationen nicht der Kopf in den Sand gesteckt. Die Stadt hat es immer geschafft, neue Schritte nach vorne zu gehen. Stillstand ist Rückschritt, das ist hier das Bewusstsein. Püttlingen wird weiter dynamisch nach vorne gehen.«

Ihre Zeit im Stadtrat war auch eine wunderbare Ausbildung für die große Politik, erläutert Annegret Kramp-Karrenbauer: »Die Begegnungen in der Kommunalpolitik haben mich gelehrt, dass es keine große und kleine Politik gibt, sondern nur gute und schlechte. Kommunalpolitik braucht Herzblut, Kreativität und Hartnäckigkeit und sehr viel mehr Mut zur 1:1-Begegnung als in Berlin oder Brüssel.«

Das Leben geteilt durch acht: Aufwachsen in der Großfamilie

Nein, Politiker wollte Hans-Günter Kramp nie werden. Der große Bruder von Annegret Kramp-Karrenbauer, 61 Jahre alt, ist Kämmerer der Stadt Püttlingen – und für einen Etat von achtzig Millionen Euro zuständig. Als seine Schwester Innenministerin war und damit auch für die Kommunen zuständig, war sie quasi seine Vorgesetzte. Es ist sein Traumjob: »Ich kann gut mit Geld umgehen. An der Höheren Handelsschule habe ich die Ausbildung gemacht, an der Verwaltungsschule habe ich mich abends weitergebildet in Betriebswirtschaftslehre und Volkswirtschaftslehre. Aber mein Job ist nicht einfach. Die saarländischen Kommunen sind permanent unterfinanziert. Es gibt hier nur wenige Großunternehmen. Bei uns ist die Firma Dürr der größte Gewerbesteuerzahler, die Mess-Anlagen für Autos baut. Die Schuldenlast beträgt rund siebzig Millionen, aber da stehen natürlich auch Werte gegenüber. Wir müssen sehr sparsam sein.«

In die CDU ist Hans-Günter Kramp erst vor sechs Jahren eingetreten, er hat den Aufstieg seiner Schwester hautnah erlebt – schon in der Familie. Annegret Kramp-Karrenbauer wurde in eine Großfamilie hineingeboren, als vorletztes von sechs Kindern kam sie 1962 zur Welt. Eigentlich hatten die Eltern sieben Kinder, aber Tochter Maria Elisabeth starb mit drei Jahren an Kinderlähmung; bevor die kleine Annegret auf die Welt kam. »Meine Mutter hatte gar keine richtige Zeit zum Trauern, weil sie sich ja um die anderen Kinder kümmern musste«, erinnert sich Hans-Günter Kramp.

Der Familienalltag war eine Welt, in der die Lust an der Bildung täglich vorgelebt wurde. Der Vater war Studiendirektor an einer Schule für Lernbehinderte, die Mutter Hausfrau. Aber auch mit einem ordentlichen Lehrergehalt kann man mit sechs Kindern keine großen Sprünge machen. Deswegen lernten die Kinder früh die Kunst und Notwendigkeit des Teilens, Gönnens und Mitarbeitens. Soziale Kompetenz entwickelt man in der Großfamilie besonders schnell, wenn jeder eingebunden ist. Es kann aber natürlich auch vorkommen, dass man an manchen Tagen untergeht und sich nicht gewürdigt fühlt. Annegret litt nie unter allzu viel Eifersucht von ihren Geschwistern, sie wurde geschätzt und geschützt. Weil sie unauffällig war. Damals zeichnete sich ihre besondere Gabe der Menschenführung noch nicht ab. Sie war nicht die Tonangebende unter den Geschwistern, das war schon wegen der Geburtenfolge unmöglich. Als Erstgeborene hätte sie vermutlich eine andere Stellung gehabt. So war zum Beispiel Sigmund Freud das Älteste von acht Kindern. Für seine Mutter war er der »goldene Sigi«. Ein echter Vorteil, fand Sigmund Freud: »Wenn man der unbestrittene Liebling der Mutter gewesen ist, so behält man fürs Leben jenes Eroberergefühl und jene Zuversicht des Erfolges, welche nicht selten den Erfolg nach sich zieht.«[12]

Aber als das fünfte von sechs Kindern muss man sich erst einmal hinten anstellen. Oder eine Nische finden, in der man konkurrenzlos gewürdigt und nicht immer nur mit den anderen verglichen wird. Ihr Bruder Hans-Günter erinnert sich: »Sie hat sich auf eine ruhige Art entwickelt. Dass sie so viel gelesen hat, hat meinem Vater gefallen. Er vertrat sie deshalb sogar beim Abtrocknen am Sonntag, wenn sie sich wieder mit einem Buch zurückgezogen hatte. Das Abspülen und Abtrocknen war sehr gerecht aufgeteilt, wir Buben mussten das Gleiche wie die Mädchen machen.« Das war damals durchaus modern und frei von Geschlechterklischees. In der Familie Kramp lernten auch die Jungs Hausarbeit. Es musste eben gerecht zugehen. Und so etwas schärft auch das politische Bewusstsein.

Unterdrückt oder zu kurz gekommen fühlte sie sich als kleines Mädchen nie: »Ich habe eine ausgesprochen glückliche Kindheit verbracht, weil das wirklich eine Großfamilie gewesen ist«, erinnerte sie sich in einer Gesprächssendung des ARD-Bildungskanals alpha. Darin berichtete sie, dass die Familie ein richtiger Mehrgenerationenhaushalt war, zumal sie quasi zwei Omas hatte, weil im Haus der Familie auch noch eine alleinstehende Tante lebte. »Ich hatte zu meinen Eltern ein sehr enges Verhältnis, vor allem zu meinem Vater, was vielleicht auch daran lag, dass ich das jüngste Mädchen in der Reihe war. Insofern halten mir meine älteren Geschwister heute noch vor, sie hätten für alle Privilegien, die wir Jüngeren in Anspruch genommen haben, zuerst einmal den Weg freikämpfen müssen und wir seien unendlich verwöhnt worden im Vergleich zu ihnen. Das weisen wir selbstverständlich immer von uns. Das war auch eine Kindheit, die gar nicht so sehr geprägt war von großen, materiellen Möglichkeiten, sondern vor allem von einer wirklich sehr tief empfundenen Freiheit als Kind. Das habe ich sehr genossen und davon zehre ich auch heute noch.«[13]

In dieser Familie ist aus allen etwas geworden: Die älteste Schwester Ulrike, 1951 geboren, wurde Hauswirtschafterin im Allgäu, Bruder Engelbert, Jahrgang 1952, ging als Berufsoffizier zur Bundeswehr nach Bayern; die zweitälteste Evi, 1954 geboren, wurde Trainerin für Behinderte – ein Job, der sie bis zu den Paralympics brachte. Das Nesthäkchen Michael kam 1963 zur Welt, er ging als Bergmann unter Tage und wurde später frühpensioniert. »Er war sehr wichtig für Annegret, wenn er in die Disco mitging, durfte sie auch länger bleiben, deshalb wurde er zu ihrem Lieblingsbruder, sie waren ja nur ein Jahr auseinander«, erzählt Hans-Günter Kramp.

Hat man als fünftes von sechs Kindern Vorteile? Man steht quasi auf den Schultern der Älteren. Außerdem spüren die später geborenen Kinder kaum die Last der elterlichen Erwartungen, der Projektionen. Das erste Kind ist für die Mama, das zweite für den Papa, das dritte steht für sich selbst, die anderen danach sowieso – das bestätigen Psychologen. Die Aufmerksamkeit der Eltern ist nicht mehr ganz so penibel, das Aufwachsen gestaltet sich großzügiger. Und auch die Eifersucht der Geschwister ist weniger stark, wenn sie sich auf mehrere Kinder verteilen kann.

In der Familie von Annegret Kramp-Karrenbauer werden familiäre Werte bis heute hochgehalten. Es ist, wenn schon keine heile Welt, zumindest doch eine verlässliche. In der heutigen Zeit gibt es nur noch wenige Großfamilien – meistens bei sehr reichen oder sehr armen Leuten. Warum bekamen denn die Kramps so viele Kinder? »Meine Eltern kamen selbst aus kinderreichen Familien, beide wuchsen mit vielen Geschwistern auf. Sie waren beide sehr katholisch und kohlrabenschwarz«, erzählt Hans-Günter Kramp. Familienplanung im strengen Sinn mit Verhütungsmitteln war damals kaum verbreitet. Das Wort »Kindersegen« wirkte längst nicht so exotisch und antiquiert wie heute. Es war einfach ganz natürlich, Kinder zu bekommen. Wo acht Leute an einem Tisch saßen, konnten genauso gut neun oder zehn sitzen. Die Großmutter von Annegret Kramp-Karrenbauer lebte auch mit im Haus, ebenso eine Großtante nach dem Tod ihres Mannes. »Die war Chefsekretärin und hatte keine Kinder, es war toll, dass sie uns manchmal Geld gegeben hat, damit wir uns vergnügen können«, sagt Hans-Günter Kramp, der in der Familie als Viertgeborener entweder der Jüngste von den Großen oder der Älteste von den Kleinen war. An seine kleine Schwester Annegret hat er fast nur angenehme Erinnerungen. »Annegret war immer eine gute Schülerin, nicht überragend, aber in Deutsch war sie ganz stark. Sie sang auch im Chor, einmal habe ich sie sogar auf der Gitarre begleitet, als sie zum Lied von Pippi Langstrumpf ein paar freche Texte auf die Lokalpolitik verfasst hat. Dass an Weihnachten bei uns gesungen und die Weihnachtsgeschichte verlesen wurde, war Standard. Alle haben ja auch Blockflöte gespielt.« Eine bürgerliche Idylle, wohlerzogen und kommunikativ. Die Eltern sprachen mit ihren Kindern auch über Politik, Annegret Kramp-Karrenbauer lernte das Diskutieren am Küchentisch. Und sie konnte beobachten, wie der Onkel, ein passionierter Gewerkschafter, mit dem geliebten Vater um politische Themen rang. »Aber das war nie so, dass die beiden sich zerstritten und kein Wort mehr miteinander sprachen, es gab eine gemeinsame Diskussionskultur«, erzählt der Bruder.

Welche Rolle hatte die Mutter? Sie war, auch wenn sie im ganzen Lärm der Kinder durchaus mal resolut mit der Hand auf den Tisch hauen konnte, das ausgleichende Element. Sie glättete die Wogen – eine Fähigkeit, die auch bei Tochter Annegret gut ausgeprägt ist. Und der Vater war ein schmächtiger Mann mit einer Körpergröße von gerade einmal 1,63 Metern, aber mit großer Autorität. Er nahm seine Kinder öfters mal mit in die Schule, die immer neue Namen hatte: Hilfsschule, Sonderschule bis hin zu Schule für Lernbehinderte. Die Kramp-Kinder hatten keine Berührungsängste mit Kindern aus bildungsfernen Schichten, die in der Gesellschaft oft als »Asoziale« abgestempelt wurden. Eine Sicht, die Vater Kramp überhaupt nicht teilte, wie sein Sohn Hans-Günter klarmacht: »Er hat viele auf einen soliden Lebensweg gebracht, viele seiner Schüler haben den Absprung aus ihrem Milieu geschafft, etliche haben sich noch Jahre danach bei ihm bedankt. Asoziale gibt es nicht, nur sozial Schwache, das hat er uns beigebracht. Auch wenn es immer wieder Polizeieinsätze an der Berufsschule gab, an der er auch unterrichtete, heute würde man Brennpunkt dazu sagen.«

Natürlich ist eine große Familie nicht vor Tragödien gefeit. Der Vater, ein klassisches Familienoberhaupt, wurde frühpensioniert und starb mit 56 Jahren an Leukämie. Ein Schock für Annegret, seine Lieblingstochter: »Der Tod meines Vaters war ein tiefer Einschnitt, da endete ein Lebensabschnitt. Von diesem Tag an war ich erwachsen, ein neuer Lebensabschnitt konnte beginnen.«[14] Auch Engelbert, der Bruder, der bei der Bundeswehr war, erhielt sein Todesurteil mit nur 48 Jahren: Gehirntumor. Schwester Annegret musste auch ihn loslassen. Das sind sehr traurige Ereignisse und große menschliche Verluste, an denen der Mensch aber auch reift. Und die Familie hält bis heute eisern zusammen. Das gilt auch für die Kinder von Annegret Kramp-Karrenbauer: Tobias, der Älteste, ist Polizist geworden, ein Elitepolizist, ausgebildet beim Son-

dereinsatzkommando der Polizei. Zuvor hatte er eine Lehre als Mecha-
troniker gemacht – eine abgeschlossene Ausbildung ist die Voraussetzung für die Anstellung bei der Polizei, wenn man kein Abitur, sondern
nur die Mittlere Reife hat. Immer wieder mal weist Kramp-Karrenbauer darauf hin, dass sie viel Verständnis für die Nöte der Polizei hat.
Nicht zuletzt, weil sie einen Polizisten in der Familie hat und aus erster
Hand informiert wird, wie hart der Job der Gesetzeshüter mitunter sein
kann.

Julian, mit zwanzig der jüngste Sohn von Kramp-Karrenbauer, hat
etwas ganz Besonderes vor: Er hat sich für einen klassischen Frauen-
beruf entschieden, in den nur wenige Männer streben. Er will Erzieher
werden. In zwei Kindergärten hat er schon Praktika gemacht, der Beruf
begeistert ihn offenbar. Wenn das nicht fortschrittlich ist. Es wäre ein
Segen, wenn mehr Männer als Erzieher in Kitas arbeiten würden. Man
kann durchaus annehmen, dass Annegret Kramp-Karrenbauer auch aus
eigener Erfahrung für eine bessere Bezahlung und ein besseres Image
für Polizisten und Erzieher kämpft. Zwischen den beiden Jungs gibt es
noch Tochter Laurien, die nach einem Auslandsjahr in Australien eine
Ausbildung als Hotelfachfrau gemacht hat. Heute studiert sie Sozialpä-
dagogik. Auch sie wird also einen wertvollen Beitrag zur Gesellschaft
leisten und ihre Mutter stolz machen. Und Mutter Annegret macht alles
richtig: Nur weil sie als Juristin und Politologin Akademikerin ist – übrigens die erste in der Familie Kramp nach dem Vater –, verlangt sie von
ihren Kindern nicht dasselbe. Sie dürfen praktische Berufe erlernen. Berufe, die nicht reich, aber glücklich machen. Standesdünkel ist in der Familie von Annegret Kramp-Karrenbauer ein Fremdwort. Dafür hat eine
gehörige Portion Realitätssinn am Esstisch Platz genommen. Ihre Kinder sind keine verwöhnten Wohlstandszöglinge, sondern Menschen, die
wissen, wo es in der Gesellschaft knirscht und ächzt.

Das weiß auch Elisabeth Müller, die Vorsitzende des Verbandes der
Kinderreichen, der rund 25 000 Mitglieder hat und sich gerne auf CDU-

Parteitagen zeigt. Die Apothekerin, die sechs Kinder großgezogen hat und selbst mit fünf Geschwistern aufgewachsen ist, zeigt sich hocherfreut über die Biographie von Kramp-Karrenbauer: »Es ist schön, dass sie in einer Großfamilie aufgewachsen ist und selbst drei Kinder hat – das ist das europäische Mindestmaß für kinderreich. In einer großen Familie lernt man Teamfähigkeit, Rückgrat, Verantwortungsgefühl und Geduld – man muss einfach miteinander auskommen. Aber die Familie ist auch immer ein Netz, das jeden auffängt. Und man lernt, sich nicht zu wichtig zu nehmen, nach Höhenflügen wieder auf den Boden der Tatsachen zurückzukommen. Für einen Politiker keine schlechte Übung.«

Ein Bergmann als Mann fürs Leben: Familie und Karriere – Ja, bitte!

Eines hat Annegret Kramp-Karrenbauer in der Großfamilie ganz sicher gelernt: Dass Gemeinschaft Sinn ergibt und oft genug glücklich macht. Ein Leben ohne Kinder, wie es heute viele Akademikerinnen führen, die beruflich aufgestiegen sind, wollte sie nie. Dabei war ihr Motto nicht »ganz oder gar nicht«, sondern »das Eine mit dem Anderen verbinden«. Geht nicht gibt's nicht. Dafür braucht man aber den richtigen Mann. Einen, der partnerschaftlich denkt und sich auch mal zurücknehmen kann; einen, der Kindererziehung nicht für eine weibliche Kernkompetenz hält und sich heraushält, weil er dazu unfähig oder nicht dafür zuständig sei.

Das Internetzeitalter war noch sehr fern, als sich Annegret Kramp und Helmut Karrenbauer im Sportverein kennenlernten. Der TV Püttlingen ist der größte Verein der Stadt, hier kommt man sich auf eine sehr lockere Art näher. Beide liebten den Sport, erzählte die Politikerin: »Ich war Turnerin, Lieblingsgerät Schwebebalken, Helmut Läufer von 400 bis 5000 Metern. Da muss man sich richtig quälen. Er hat mir schon an der Bushaltestelle gefallen. Das Auge isst mit, sagte meine Mutter. Und wir teilen Werte: Wir kommen beide aus kinderreichen Familien, da war es klar, dass wir auch Kinder haben wollen. Nicht nur eins.«[15]

Die beiden verliebten sich rasch ineinander, auch wenn sie ein bisschen wie ein ungleiches Paar erschienen. Die junge Abiturientin, die Jura und Politik studierte, machte die ersten Karriereschritte und wollte hoch hinaus: Was kostet die Welt? Helmut Karrenbauer war Bergbauingenieur, er verkörperte die alte saarländische Tradition, unter Tage die Schätze der Erde hervorzuholen. Eine ehrenwerte Kunst, aber Anfang der Achtzigerjahre war klar, dass die Tage des Kohleabbaus gezählt waren.

Annegret Kramp gefiel die Vitalität ihres kräftigen Mannes und seine zupackende Art. 1984 trat sie mit ihm vor den Traualtar und zwar ohne vorher mit ihm zusammengelebt zu haben. Sie heiratete mit gerade mal 22 Jahren, obwohl alle skeptisch waren. Die Begründung klingt nach einer großen Entschlossenheit und einem unverbrüchlichen Glauben an die große Liebe: »Wir wollten gleich Nägel mit Köpfen machen.«[16]

Heute überlegen die Menschen immer länger – das aktuelle Durchschnittsalter bei einer Eheschließung liegt bei 29 Jahren. Jung gefreit, oft bereut – das trifft auf die Kramp-Karrenbauers nicht zu. Wer die beiden sieht, spürt eine tiefe Zuneigung, auch wenn Helmut Karrenbauer Auftritte im Scheinwerferlicht nicht ausstehen kann. Er ist niemand, der sich im Glanz seiner berühmten Frau sonnt, sondern er bleibt lieber im Hintergrund. Er muss schließlich niemandem etwas beweisen. »Als Annegret Chefin der Sportministerkonferenz wurde, hat Helmut es sehr genossen, mit ihr zu Länderspielen zu fahren. Als sie Präsidentin der Kultusministerkonferenz war, hat er das Ballett lieber geschwänzt, Kultur ist nicht so seine Passion«, sagt Annegrets Bruder, Hans-Günter Kramp.

1988 – im vierten Ehejahr – kam Sohn Tobias auf die Welt, 1990 Tochter Laurien und 1997 schließlich Sohn Julian. Annegret Kramp-Karrenbauer erzählt gerne, dass sie als Rabenmutter angefeindet wurde, weil sie sich nicht auf das Dasein als Hausfrau beschränken wollte.

So etwas muss man aushalten und eine Annegret Kramp-Karrenbauer lässt sich davon nicht beeindrucken. Das Entscheidende war, dass sie von ihrem Mann Helmut Rückendeckung erhielt. »Gleichberechtigung zeigt sich natürlich auch in der Partnerschaft. Wir hatten zwei Prinzipien: Derjenige, der weniger verdient, bleibt zu Hause oder arbeitet nur Teilzeit. Und in einer funktionierenden Familie können nicht beide Karriere machen, den Kindern zuliebe.«[17] Helmut Karrenbauer sah es nicht als Angriff auf seine Männlichkeit an, dass er zumindest zeitweise Hausmann wurde: »Ich bin durch und durch Familienmensch und habe meiner Frau jeden politischen Aufstieg gegönnt. Sie geht darin auf, ich nehme mich dafür gerne zurück. Er war klar, dass ich die zehn Monate Erziehungsurlaub nehme und nicht sie.«[18]

Das bedeutet aber nicht, dass Annegret Kramp-Karrenbauer auch die Chefin der Familie war. Ihr Mann war ihr immer ebenbürtig, seine Meinung war ihr wichtig, auch wenn es in der Karriere voran ging: »Als ich im Jahr 2000 Deutschlands erste Innenministerin werden sollte, habe ich ihn angerufen und gefragt: Glaubst du, ich kann das? Typisch Frau. Aber seine Meinung ist mir sehr wichtig. Helmut ist mein wichtigster Wahlhelfer, der hat sehr viel Menschenkenntnis und redet mir nicht nach dem Mund. Das ist nicht immer angenehm, aber richtig.«[19]

Nicht ohne meinen Mann und meine Kinder – dieses Prinzip lebt Kramp-Karrenbauer. »Mein Erfolg ist nicht mein Erfolg, es ist unser Erfolg. Wenn die Familie nicht mitzieht, wäre ich nie Ministerpräsidentin geworden. Das schlechte Gewissen ist bei einer dreifachen Mutter immer dabei.«

Helmut Karrenbauer hat ihr das schlechte Gewissen oft genug erspart. Mit einfachen Tricks: »Manchmal habe ich ihr nicht erzählt, wenn die Kinder Probleme in der Schule hatten. Ich wollte ihr den Rücken freihalten.«

Helmut Karrenbauer hat akzeptiert, dass er heute Frührentner ist: »Bergbauingenieur war mein Traumberuf. Aber ich habe auch verstanden, dass es mit der Steinkohle zu Ende ging, wir waren auf dem Weltmarkt nicht mehr konkurrenzfähig. Meine Frau hat damals die Abschiedsrede in unserem Betrieb gehalten.« Da flossen Tränen, zumal Annegret Kramp-Karrenbauer in der eigenen Familie mehr als einen Malocher hat. »Mein Opa war auch Bergmann, mein Bruder bei der Grubenwehr. Das war schon sehr emotional.«

Emotionen verstehen und nicht gleich versachlichen – das ist eine der großen Stärken der Politikerin, die das Leben eben nicht nur aus Hörsälen, Arbeitskreisen und Fraktionssitzungen kennt.

Helmut Karrenbauer ist der ideale Partner für die Politikerin. Es ist sehr selten, das ein Mann sein Leben so auf seine Frau abstimmt: »Er ist mein Fels in der Brandung«, sagt sie und singt ein Loblied auf ihren Mann: »Ich habe Helmut immer bewundert, es ist keine Selbstverständlichkeit, dass er zu Hause bleibt. Schon in der Krabbelgruppe war er der Hahn im Korb als einziger Vater. Aber ihm fällt ja die Decke nicht auf den Kopf. Mein Mann hat viele Hobbys, wie Motorrad fahren, manchmal machen wir Touren. Und er hat einen Tanzkurs mit seiner Tochter besucht. Und er lernt Klavier. Ich habe ihm Klavierstunden geschenkt, damit er nicht immer nur das eine Lied klimpert. Aber es klingt besser als meine Blockflötenkünste. Da lief sogar unser Hund jaulend aus dem Zimmer.«

Wenn es in der Politik mal nicht mehr weitergehen sollte, wenn sich das Glück einmal gegen sie wendet, hätte Annegret Kramp-Karrenbauer auch kein Problem damit. Es gibt Politiker, die deutlich süchtiger nach der Droge Aufmerksamkeit sind. Sie ist zu geerdet, um ihr Heil nur in der Politik zu suchen. Bei Fahrradausflügen mit der Familie ist sie eine ganz normale Frau, kein Polit-Junkie. Dass Macht immer nur Macht auf Zeit ist, daran besteht für die überzeugte Christin kein Zweifel. »Dann geht das Leben weiter. Freunde gehen manchmal, aber die Familie bleibt. Man erlebt Freuden und Schicksalsschläge immer zusammen, das pralle

Leben. Wir werden nie aus Püttlingen weggehen, unserer Heimat. Dort sind wir Annegret und Helmut.«[20] Nicht die CDU-Generalsekretärin und langjährige Ministerpräsidentin. Hier, wo sie ungestört einkaufen kann, kann sie immer wieder ihre Batterien aufladen: »Da zählt die Person, nicht das Amt«, sagt sie erleichtert. Und da muss Helmut Karrenbauer auch keine Anzüge tragen, wie bei offiziellen Anlässen. Wenn es denn mal sein muss, macht er das eigentlich nur ihr zuliebe.

Familie first, Politik second – das gilt in der Familie Kramp-Karrenbauer zumindest an den Geburtstagen. Da ist sie immer da, die sind ihr heilig. Ansonsten ist sie immer auf dem Handy erreichbar, wenn ein Kind ihr etwas erzählen oder sein Herz ausschütten will.

Für sie selbst ging es bisher immer nur bergauf. Unvergessen, wie Annegret Kramp-Karrenbauer ihren Mann nach dem Sieg bei der Landtagswahl auf offener Bühne küsste. »Ich bin platt. Das ist so ein geiler Abend.«[21] Sie will die Triumphe mit ihm teilen – und eben die Freuden des Familienlebens: Bei Kramp-Karrenbauers wird der Vatertag schon mal als gemeinsamer Eltern- und Familientag gefeiert, etwa wenn sie am Muttertag dienstlich unterwegs ist. Hauptsache gut gefeiert.

Dass seine Frau einen Doppelnamen trägt, hat Helmut Karrenbauer auch akzeptiert. Dies geschah nicht aus einer feministischen Laune heraus, verriet sie 2011: »Für mich stand fest, dass ich meinen Mädchennamen unbedingt behalten möchte. Aus Verbundenheit zu meiner Familie und weil ich an dem Namen hänge. Da mein Mann vier Schwestern hat, war klar, dass sein Name unser Familienname wird. Also musste ich mich für den Doppelnamen entscheiden, damals gab es leider noch nicht die Möglichkeit, dass die Frau ihren Namen allein behalten kann.«[22]

Annegret Kramp-Karrenbauer würde also aus pragmatischen Gründen lieber Annegret Kramp heißen, weil der volle Namen so schlecht in Zeitungsschlagzeilen passt. Der Doppelname ist zwar ein Markenzeichen, hat aber auch etwas von einem Zungenbrecher. Klar, man hat sich auch an die unvergessliche Ex-Justizministerin Sabine Leutheusser–Schnarrenberger (Spitzname: Schnarre) gewöhnt, aber bei ihren Kanzlerkandidaten mögen die Deutschen klare Namen: Merkel, Schröder, Kohl, Schmidt, Brandt, Kiesinger, Erhard, Adenauer. Aber die Zeiten ändern sich, warum soll eines Tages keine Frau mit Doppelnamen ins Kanzleramt ziehen. Eine war ja schon drin: Doris Schröder-Köpf, wenngleich nur als First Lady. Aber ihr Name geht heute vielen leicht über die Lippen. So werden die Deutschen sich auch daran gewöhnen, den Namen Kramp-Karrenbauer auszusprechen, ohne sich die Zunge zu brechen. »Mit meinem Namen wird viel Schabernack getrieben. ich finde ihn aber unkomplizierter als Leutheusser-Schnarrenberger«, sagt die CDU-Politikerin.[23] Über eines ist sie sich in diesem Zusammenhang bewusst: Ein Doppelname signalisiert auch Modernität, Aufbruch, Emanzipation, weibliches Selbstwertgefühl und Stärke in einer Wir-Beziehung. Keine schlechten Eigenschaften für eine Frau, die noch etwas werden will im Leben.

II. Aufstieg in der Politik: Eine Frau will im Saarland nach oben

Ein Zufall namens Töpfer: Wie Annegret Kramp-Karrenbauer für ein halbes Jahr in den Bundestag kam

Das Saarland hat viele wichtige Politiker hervorgebracht, aber auf einen ist das ganze Land besonders stolz, weil er längst über den Parteigrenzen schwebt, und ein weltweit bekannter und geschätzter Elder Statesman ist: Klaus Töpfer, Bundesumweltminister unter Helmut Kohl von 1987 bis 1994. Er war das grüne Gewissen der CDU, die immer im Verdacht stand, sich im Zweifelsfall für die Wirtschaft und gegen die Umwelt zu entscheiden. Richtig bekannt wurde er, als er 1988 in einem Neoprenanzug durch den Rhein schwamm, um zu beweisen, dass die Wasserqualität viel besser geworden ist.

1994 wurde Klaus Töpfer dann Bauminister im Kabinett Kohl, aber in dieses Ressort legte er nicht sein ganzes Herzblut. Es war ein Job, aus dem er dann ein halbes Jahr vor Ablauf der Wahlperiode ausschied. Das Angebot, als Exekutivdirektor des Umweltprogrammes der Vereinten Nation in Nairobi zu arbeiten, war zu verlockend. Als Töpfer 1998 auch sein Bundestagsmandat zurückgab und nach Afrika ging, war Annegret Kramp-Karrenbauer die Erste auf der Nachrückerliste. Also durfte sie ihn beerben.

Ihre Zeit als Bundestagsabgeordnete war eine Art politisches Schnupperpraktikum, denn der Aufenthalt im Hohen Haus dauerte nur ein halbes Jahr, weil dann wieder gewählt wurde. Nach der krachenden Niederlage Helmut Kohls gegen Gerhard Schröder war auch Kramp-Karrenbauers Zeit in Berlin schnell abgelaufen. Sie kandidierte zwar wieder für den Bundestag, unterlag aber einer SPD-Konkurrentin. Dies ist eine der wenigen herben Niederlagen, die Annegret Kramp-Karrenbauer bisher erlitt. Aber jeder Gewinn ist auch immer ein Verlust und jeder Verlust ein Gewinn. So atmete die Familie wieder auf, weil sie keine Fernbeziehung mehr führen musste. Die Kinder waren ja erst acht, sieben und ein Jahr alt. Kramp-Karrenbauer erinnerte sich im Gespräch mit der Tageszeitung *Die Welt* im Jahr 2013: »Als ich das erste Mal zum Bundestag nach Bonn gefahren bin, war unser Jüngster drei Monate alt. Ich habe die ganze Strecke von zu Hause bis nach Bonn geheult, denn ich hatte unglaubliches Heimweh nach meiner Familie. Das hat sich dann aber eingespielt.«[24]

Nicht vergessen hat Kramp-Karrenbauer auch ihre negativen Erfahrungen mit der eigenen Basis, die beim Thema Vereinbarung von Familie und Karriere noch lange nicht so weit war wie die Jungpolitikerin: »Natürlich habe ich die Diskussion ›Rabenmutter‹ auch erlebt. Als ich in den Bundestag nachrückte, hatte ich mich ja auch gleich um das Direktmandat hier beworben. Ich musste von Gemeindeverband zu Gemeindeverband reisen und mich vorstellen.« Dabei war immer eine der Hauptfragen: Wie machen Sie das mit dem Kind? Haben Sie nicht die Befürchtung, dass das Kind darunter leidet? »Ständig musste ich mich rechtfertigen. Die Fragesteller waren hauptsächlich Männer, von denen ich wusste, dass sie alle mehr Stunden in der Politik verbrachten als zu Hause. Manchmal musste ich darüber lachen, manchmal aber hat mich dieses Verhalten auch wütend gemacht.«[25]

Rabenmutter – Annegret Kramp-Karrenbauer spricht offen darüber, wie rückständig ihre Partei war. »Politik beginnt mit dem Betrachten der

Wirklichkeit«, dieser Satz des SPD-Vorsitzenden Kurt Schumacher, gerne von Unionsfraktionschef Volker Kauder und dem ehemaligen baden-württembergischen Ministerpräsidenten Erwin Teufel übernommen, ist ihr Politikansatz. Und diese Wirklichkeit war Anfang der Neunzigerjahre noch zum Davonlaufen – oder zum Standhalten. »Tausend mal, direkt oder indirekt« wurde Kramp-Karrenbauer als Rabenmutter beschimpft und es waren nicht nur einzelne Ausrutscher von besonders rückwärtsgewandten CDU-lern. »Empörung hat auch ausgelöst, als ich mit meinem damals fünf Wochen alten Baby auf einem Landesparteitag war. Heute ist so etwas selbstverständlich«, reflektierte die Politikerin 2011 in einem Zeitungsinterview.[26] Was kann man daraus lernen? Der Fortschritt ist eine Schnecke. Aber er ist unaufhaltsam.

Die Frau mit dem Doppelnamen hat sich früh was getraut. Was auf Parteitagen der Grünen normal war, hat sie auch in die CDU hineingetragen: Dass man Kinderfreundlichkeit nicht nur in Sonntagsreden fordern kann, sondern auch im öffentlichen Raum leben darf. Wieder war ein alter Zopf abgeschnitten. Die Politikerin ließ sich nicht irritieren und beschloss, sich auf die Landesebene zu konzentrieren – ein Jahr später kandidierte sie für den Landtag. Was zum Erfolg führte: Diesmal fiel ihr das Mandat nicht einfach durch den Rücktritt eines Kollegen zu, diesmal eroberte sie es aus eigener Kraft.

Klaus Töpfer ist einer der Ratgeber von Kramp-Karrenbauer geblieben, sie war seine Referentin, die beiden tauschen sich regelmäßig aus. Der mehrfache Professor, Vizepräsident der Welthungerhilfe und Vorsitzender der Ethikkommission für eine sichere Energieversorgung der Bundesregierung hat die Gabe, den Horizont der Menschen zu erweitern. Das ist vielleicht die größte Schwäche von Annegret Kramp-Karrenbauer: Sie ist, nimmt man mal Frankreich, Luxemburg und Belgien aus, in der Welt noch nicht so weit herumgekommen. Im Sommer 2018 reiste sie in die USA, dort war sie vorher 16 Jahre nicht – für eine Frau, die Kanzlerin werden will, ist das nicht ideal. Sie hat nie im Ausland gelebt, sondern das Saarland blieb lange ihre Scholle. Sie bezeichnet das als geerdet, andere halten es für provinziell. Die Tatsache, dass auch das Saarland ein bunter Schmelztiegel sei, hat den *Welt*-Journalisten Alan Posener wohl nicht sehr beeindruckt. Im Interview hielt er Kramp-Karrenbauer vor: »Man könnte auch sagen, das ist nicht gerade ein weiter Horizont.«[27] Die Antwort von Kramp-Karrenbauer fiel recht scharf aus: »Sie unterstellen, dass man sich örtlich verändern muss und viele verschiedene Dinge erlebt haben muss, um einen weiten Horizont zu haben. Das sehe ich anders (…), wenn ich über die Vereinbarkeit von Familie und Beruf rede, dann tue ich das aus einer ganz anderen Perspektive als etwa ein Kollege aus dem Bundestag, dessen Frau zu Hause die Kinder großzieht. Ich habe das zusammen mit meinem Mann selbst gemanagt und ich weiß, wie schwierig das ist (…). Die Weite des Horizonts hängt von der Offenheit des Herzens ab, und ich kenne viele Weitgereiste, die in ihrem Horizont beschränkt sind, und viele Ortsgebundene mit einem sehr weiten geistigen Horizont.«[28]

Da ist was dran. Und was ist dagegen zu sagen, wenn eine Frau offen zu ihrer Heimat steht? »Ich bin immer froh, wieder zu Hause zu sein.« Es haben schon viele Politiker ihrer Seele geschadet, indem sie so viel hin- und herjetten, dass sie gar nicht mehr wissen, wo sie eigentlich sind. Heimat ist nicht der röhrende Hirsch. Heimat ist da, wo man sich einen Schwank erzählt und am Schwenker steht. Miteinander grillen ist die beste Art, Vorurteile aufzulösen – so sieht man es zumindest im Saarland.

Interview mit Klaus Töpfer, Bundesumweltminister (1987 bis 1994) und Exekutivdirektor des Umweltprogrammes der Vereinten Nationen (1998 bis 2006)

Annegret Kramp-Karrenbauer kam zu Ihnen als Referentin in die Saar-CDU. Zeichnete sich da schon ihr politisches Talent ab?

Da kam eine kluge junge Frau, in keiner Weise fordernd auftretend, bescheiden, aber klar und kundig. Sie hat nie den Eindruck erweckt: Ich will unbedingt was werden. Wir suchten dann 1994 eine Frau, die auf Platz 4 der Saarliste für die Bundestagswahl kandidieren sollte, die ersten drei Plätze waren an Männer vergeben. Keine wollte diesen unsicheren Platz übernehmen, dann kam ich auf Annegret. Und wenige Jahre später rückte sie für mich in den Bundestag nach, weil ich den Bundestag verließ und zu den UN ging.

Verloren Sie sich dann aus den Augen?

Ich habe ihren Aufstieg mit höchstem Interesse verfolgt. Weil sie die Sache, der sie sich sicher war, immer vor die persönliche Ambition stellt. In jedem Karriereschritt ist sie mit sich im Reinen. Ich freue mich, dass sie sich der Bundes-CDU mit ihrer Qualität zur Verfügung stellt. Sie macht eben gerne das Schwierige, wohl auch das Überraschende. Wenn man Generalsekretär ist, kann man General oder Sekretär sein, Angela Merkel hatte vor AKK vornehmlich nur Sekretäre. Sie ist kluge Generalin, strategisch und taktisch hoch qualifiziert. Wie Heiner Geißler ist sie eine freie Persönlichkeit aus eigenem, nicht abgeleitetem Recht. Sie ist nicht davon abhängig, dass die Kanzlerin sagt: Du bist mein geliebtes Kind, an dem ich mein Wohlgefallen habe. Mit ihren Feinden wird sie fertig, aber auf die Freunde, die in der eigenen Partei, muss man als Politiker immer achten.

Kann Sie eines Tages Kanzlerin?
Sie hat alles, was man dafür braucht, und sie ist im besten Politikerin-
nenalter. Sie hat jetzt nur ihre Aufgabe im Blick, ist voll konzentriert:
Die CDU modernisieren, ihr neues Profil geben, sie nicht mehr in der
Enge der Kanzlerpartei belassen. Sie geht da nicht rein, weil sie etwas
Größeres werden will, sondern weil sie was machen will. Bei vielen
anderen, über die heute diskutiert wird und die sich in den Vordergrund
drängeln, ist es genau umgekehrt. Es wird spannend zu sehen: Wo ist das
ethische Fadenkreuz der Partei? Die Verantwortung für die Schöpfung
finde ich bei einer christlichen Partei ganz wichtig.

Eine Seele und ein Herz:
Annegret Kramp-Karrenbauer
und ihr Mentor Peter Müller

Wie beginnen eigentlich politische Karrieren? Man kann als Seitenein-
steiger durchstarten, aber dann muss bei einer Partei der Karren so tief
im Dreck stecken, dass es schon fast egal ist, wer antritt. Wenn man
vorher auf konventionellen Wegen alles versucht hat, aber ohne Erfolg,
dann ist jeder Newcomer als Geheimwaffe willkommen. So nominierte
die CDU in Bremen, dem Bundesland, wo die CDU noch nie den Regierungschef gestellt hat, den Internetunternehmer Carsten Meyer-Heder
als Spitzenkandidaten für die Bürgerschaftswahl 2019. Das war im Mai
2018, er hat zwar noch nie Plakate für die CDU geklebt und war erst
zwei Monate zuvor überhaupt erst in die Partei eingetreten. Doch das
tat der Wahl zum Spitzenkandidaten keinen Abbruch – 98,5 Prozent der
Delegierten stimmten beim Landesparteitag für ihn. Generalsekretärin
Annegret Kramp-Karrenbauer fand das richtig gut, fiel dem neuen Mann
im Norden beim Parteitag um den Hals und gratulierte herzlich zur Nominierung. So zeigt sich die CDU im Jahr 2018: Experimentierfreudig,

durchlässig, innovativ – ein Überraschungspaket. In Hamburg soll die Muslimin Aygül Özkan Spitzenkandidatin der CDU werden. Plötzlich öffnet eine Partei, die unter ihren verkrusteten Strukturen leidet, die Fenster und lässt frischen Wind herein. Eine moderne Partei, die nicht mehr nur im eigenen Saft schwimmen will.

Bei Annegret Kramp-Karrenbauer ging alles viel langsamer, aber vielleicht war das auch gesünder. Die junge Saarländerin, die ihren Magister in Politikwissenschaften und Öffentlichem Recht erwarb, arbeitete sich Schritt für Schritt nach oben. Im Prinzip hat sie nie etwas anderes gemacht als Politik – was ja für manche gar kein ordentlicher Beruf ist. Kreißsaal, Hörsaal, Plenarsaal – das trifft auch auf sie zu. Anders als einige andere Volksvertreter hat sie es sich geschenkt, erst einmal Erfahrung in einem politikfernen Fachgebiet zu sammeln, bevor Sie sich ins Parlament wählen lässt. Ihr Masterplan, direkt in der Welt der Politik, die sie fasziniert hat, schnell durchzustarten, ging auf. Mit achtzehn Jahren trat sie in die Junge Union ein, lernte in Püttlingen die Feinheiten der Kommunalpolitik und wurde Beigeordnete der Stadt. Rasch verschaffte sie sich unter vielen Männern Respekt und Bürgermeister Rudolf Müller erkannte ihr Talent und förderte sie. Von 1991 bis 1998 übernahm sie den Job der Grundsatz- und Planungsreferentin in der Landesgeschäftsstelle der CDU Saar. Damit begann ihre Laufbahn, in der sie die Politik zu ihrem Beruf machte. Und es war der Beginn der politischen Ochsentour: Plakate kleben, Kampagnen planen, Themen setzen. Sie lernte Politik von der Pike auf und spürte auch bald, dass Politik kein Wunschkonzert ist und die Bäume nicht in den Himmel wachsen. 1994 gewann die SPD die Landtagswahl, der charismatische Landesvater Oskar Lafontaine war ähnlich populär wie Annegret Kramp-Karrenbauer 2017. Als der SPD-Vorsitzende 1998 dann als Bundesfinanzminister nach Berlin ging, war der Weg für die CDU frei. Der allzeit fröhliche Peter Müller, Spitzenkandidat der Union, der wegen seiner breiten Aussprache »Bräd Pitt« genannt wurde, gewann 1999 die Landtagswahl und nahm dem Lafontaine-

Nachfolger Reinhard Klimmt das Amt weg. Die Zeit war einfach reif für einen Machtwechsel. Und eine Person hatte daran auch einen wichtigen Anteil: Annegret Kramp-Karrenbauer. Sie war die Büroleiterin von Peter Müller, die Strippenzieherin, bei der alle Fäden zusammenliefen. Die beiden entwickelten früh ein echtes Vertrauensverhältnis. Beide Katholiken, beide leutselig, machtbewusst und instinktsicher, beide Eltern von drei Kindern und tief im bürgerlichen Milieu verwurzelt.

Kramp-Karrenbauer zog 1999 in den Landtag ein und es war schnell klar, dass sie trotz der familiären Doppelbelastung nicht für die Rolle einer Hinterbänklerin geschaffen war. Wille und Wege – das ging bei Kramp-Karrenbauer immer zusammen. Sie war einfach keine Frau für die zweite Reihe. Bereits im Jahr 2000 ernannte Peter Müller seine loyalste Mitarbeiterin zur Innen- und Sportministerin im Saarland – ein gewaltiger Vertrauensbeweis. Es folgte das Amt der Ministerin für Familie, Frauen, Kultur, Arbeit Prävention und Soziales – es gab quasi keinen Politikbereich, den Peter Müller nicht seiner Lieblingsministerin anvertraute. Hätte das Saarland eine eigene Armee gehabt, hätte Müller ihr womöglich auch noch das Verteidigungsministerium anvertraut.

Bevor sie Ministerin wurde, sammelte sie wertvolle Erfahrungen im Politikmanagement: Sie wurde Parlamentarische Geschäftsführerin der CDU-Landtagsfraktion – eine Schlüsselposition, bei der man Kontakt zu allen Abgeordneten hat. Während der Krankheit von Fraktionschef Peter Hans managte sie 1999/2000 auch die Landtagsfraktion – ihr Talent zur politischen Führung blitzte da schon auf. Es sind solche Zufälle, die politische Karrieren fördern: Wenn sich eine Tür auftut, muss man durchgehen, wenn eine Lücke da ist, muss man reinspringen und zeigen: Klar kann ich das. Sie wäre wohl auch nicht Innenministerin geworden, wenn der Amtsinhaber Klaus Meiser nach einem Strafbefehl in einer Finanzaffäre beim 1.FC Saarbrücken nicht zum Rücktritt gezwungen worden wäre. Glückliche Zufälle, Geschenke des Schicksals – solche Vorlagen nimmt eine tüchtige Politikerin dankend an.

Es ist aber nicht so, dass sich Kramp-Karrenbauer einfach in ge-machte Nester setzen konnte. In allen Funktionen musste sie vom ers-ten Moment an Leistung bringen. Dabei hatte sie es faustdick hinter und zwischen den Ohren – das spürte Ministerpräsident Peter Müller ganz deutlich. Er hatte das Talent der politischen Allrounderin entdeckt und wurde ihr Mentor. Zwischen die beiden passte kein Blatt Papier, sie waren wie ein Herz und eine Seele. Und sie lobten sich gegenseitig über den grünen Klee. Aber Kramp-Karrenbauer wollte nie nur das Ge-schöpf von Peter Müller sein, sondern als eigenständige Persönlichkeit mit klaren Konturen wahrgenommen werden. Den abschätzigen Aus-druck »Müllers Mädchen« hat sie gehasst und als politische Verleum-dung empfunden. Das sei ein gängiges Muster, als wenn jede Frau in der Politik einen Ziehvater bräuchte.

Kramp-Karrenbauer konnte sich emanzipieren – weil Peter Müller nicht an seinem Amt klebte. Ihr war früh klar, dass der Einserjurist Mül-ler, der schon als Richter am Amts- und Landgericht gearbeitet hatte, ei-nen großen Lebenstraum hatte: Mitglied am Bundesverfassungsgericht in Karlsruhe zu werden. Für einen so profilierten Politiker eigentlich fast nicht zu machen, denn Verfassungsrichter werden mit breiter Mehrheit vom Bundestag gewählt, brauchen also auch die Zustimmung des politi-schen Gegners. Kramp-Karrenbauer brachte es fertig, in zähen Verhand-lungen die nötigen Mehrheiten für den Möchtegern-Verfassungsrichter Peter Müller zu beschaffen, so dass dieser trotz großer Bedenken des politischen Gegners die Nachfolge von Udo Di Fabio antreten konnte.

Damit ist den beiden ein Kunststück gelungen: Eine politische Amts-übergabe ohne Verletzungen und mit ganz viel Harmonie. Niemand wurde weggerempelt, das Drehbuch für den Machtwechsel, das Müller und Kramp-Karrenbauer gemeinsam geschrieben hatten, ging voll auf.

Es gab nur einen Unterschied: Als Peter Müller Ministerpräsident der ersten deutschen Jamaika-Koalition wurde, erhielt er alle Stimmen der drei Parteien, von CDU, FDP und von den Grünen. Bei Annegret

51

Kramp-Karrenbauer kam es zu einem Drama. Als sie von den Landtags-
fraktionen als Müllers Nachfolgerin ins Amt der saarländischen Ministerpräsidentin gewählt werden sollte, erhielt sie im ersten Wahlgang nur
25 statt 27 Stimmen der Jamaika-Koalitionäre. Ihr Herausforderer für
das Amt, Heiko Maas von der SPD, erhielt ebenfalls 25 Stimmen. Wollte da jemand eine Rechnung begleichen? War es ein versteckter Ausdruck von Frauenfeindlichkeit? Schon kamen Erinnerungen auf an einen magischen, verhängnisvollen Tag im deutschen Parlamentarismus:
Als Heide Simonis, die Ministerpräsidentin von Schleswig-Holstein von
1993 bis 2005, bei ihrer anstehenden Wiederwahl im März 2005 in vier
Wahlgängen die absolute Mehrheit verfehlt hatte. Nach dem Patt gegen
ihren Herausforderer von der CDU, Peter Harry Carstensen, gab sie ent-
nervt auf und legte alle Ämter nieder. Es war die größte Demütigung
einer deutschen Politikerin; Wer ihr die Stimme verweigerte, somit der
»Heide-Mörder« ist, wurde bis heute nicht bekannt.

Annegret Kramp-Karrenbauer blieb diese Schmach erspart. Nach außen hin versuchte sie cool zu bleiben, aber innerlich dürfte ihr Herz
bis zum Hals geschlagen haben, als sie es im zweiten Wahlgang doch
schaffte. Diesmal stimmten 26 Abgeordnete für sie – die knappste absolute Mehrheit im saarländischen Parlament. Aber Mehrheit ist Mehrheit. Kramp-Karrenbauer konnte aufatmen. Sie war ganz oben ange-
langt – zwar nur im Saarland, aber das war deutlich mehr als das, was
ihr in die Wiege gelegt worden war. Wie hauchdünn die Mehrheit war,
hat Kramp-Karrenbauer schnell verdrängt. 2011 sagte sie dazu: »Ich beschäftige mich mit der Frage nicht mehr. Das habe ich in dem Moment
abgehakt, als der zweite Wahlgang erfolgreich war. Ich blicke nach vorne. Der Vorgang hat aber in aller Deutlichkeit die dunkle Seite des Po-
litikgeschäftes aufgezeigt. Insofern haben alle, die sich so verhalten haben, der Politik insgesamt einen Bärendienst erwiesen.«[29]

Law and Order kann eine Frau auch: Die erste Innenministerin in Deutschland

Wenn es gilt, ein Tabu zu brechen, werden in vielen Fällen dazu eine oder mehrere mutige Frauen gebraucht. Das war bei den Fußballerinnen so, die Jahrzehnte beharrlich weiterkickten, bis der DFB ihnen gestattete, Länderspiele auszutragen – später wurde die deutsche Frauen-Elf gleich mehrfach Weltmeister. Das war bei den Boxerinnen so, denen in Deutschland erst durch das Energiebündel Regina Halmich eine ernsthafte Würdigung zuteilwurde. Das ist bei den Astronautinnen so – derzeit wird eine Deutsche für den Flug ins All gecastet. Und das war im Kanzleramt so, wo viele Machos erst ab 2005 ganz langsam ernüchtert begriffen, dass eine Frau genauso gut regieren kann wie die Männer vor ihr.

Eine der eindeutigen Testosteronzonen der deutschen Politik ist die Innenministerkonferenz. Bis zum Jahr 2000 war es eine frauenfreie Zone. Bis Annegret Kramp-Karrenbauer kam. Die zierliche Frau, gerade mal 1,63 Meter groß, wurde in der Männerdomäne aber sofort sehr freundlich aufgenommen. Die Minister hatten anscheinend sehr schnell gemerkt, dass sie fachlich voll auf der Höhe war. Und sie trat erst einmal bescheiden auf. »Ich habe durchaus gemischte Gefühle. Ich bin stolz darauf, dass ich in diese Männer-Domäne vordringen soll, habe aber auch eine gehörige Portion Respekt vor dem Amt. (…) Aber ich kann auf Angriff umschalten, wenn es sein muss.«[30] So klang ihre unerschrockene Haltung, eine Mischung aus Mut und Demut, mit der sie selbstbewusst auftrat. Innenpolitik war für sie keine Zauberei und auch kein martialisches Politikhandwerk, sondern es ging um die grundsolide Lösung von Problemen. »Arbeit hat mich noch nie geschreckt. Ich glaube, dass ich durch Erfahrungen, die ich als Frau in den unterschiedlichen Lebensbereichen gemacht habe, vielleicht an manchen Dingen näher dran bin.«[31]

Bei der Innenministerkonferenz gab es Dauerbrenner, erinnert sich Kramp-Karrenbauer im April 2018 bei der Auftaktveranstaltung ihrer

Zuhörtour durch die Republik in Konstanz: »Als ich das erste Mal dabei war, ging es schon um kriminelle Großfamilien aus dem Libanon, die in Berlin ihr Unwesen trieben. Das Problem ist bis heute nicht gelöst.« Aber in ihrer Zeit als Ministerin wurden auf der Innenministerkonferenz eben auch ganz maßgebliche Probleme gelöst. So war sie daran beteiligt, in der Innenministerkonferenz die gesetzlichen Anpassungen im Zuge der Alarmpläne nach den Terroranschlägen in den USA am 11. September vorzubereiten. An der Spitze der Sportministerkonferenz setzte sie das Alkoholverbot in deutschen Stadien durch. Auch die Gründung der Nationalen Anti-Doping-Agentur fiel in ihre Amtszeit – ein Meilenstein der Doping-Bekämpfung. Als ehemalige Sportlerin war ihr das Erschleichen von Vorteilen mithilfe von Pharma-Betrug ein Gräuel.

Bei aller fachlichen Kompetenz war Annegret Kramp-Karrenbauer als erste Frau in der Innenministerkonferenz schon eine Exotin und wurde von den Kollegen etwas neugierig beäugt: »Da gab es am Anfang schon ein gewisses Maß an Verunsicherung, weil sich die Innenministerkonferenz schon immer mit sehr harten Themen befasst. Da war man schon ein bisschen verunsichert: Muss man jetzt an den Umgangsformen schleifen oder so?«[32] Da sie aber mit drei Brüdern aufgewachsen war und im gesamten politischen Umfeld – von der Jungen Union über die CDU, den Bundestag bis in die Landtagsfraktion – immer mehr mit Männern als mit Frauen zu tun hatte, war dieser Umgang für sie nichts Neues.

»Und ich bin ja vom Umgang her ohnehin ein eher pragmatischer Typ und auch vom Erscheinungsbild her weniger dieser Typ ›Prinzessin auf der Erbse«, erklärte sie weiter. Insofern habe man sich in der Innenministerkonferenz sehr schnell aneinander gewöhnt. »Da ich von Hause aus – meine Mutter behauptet immer, das sei genetisch angelegt – jemand bin, der auch noch abends nach den offiziellen Sitzungen gerne den Austausch pflegt, war das dann gar kein Problem mehr. Diese Zeiten in der Innenministerkonferenz habe ich daher sehr genossen.« So sind über die Parteigrenzen hinweg viele Freundschaften entstanden, die bis zum heutigen Tag halten und die Annegret Kramp-Karrenbauer, wie sie sagt, bis zum heutigen Tag pflegt.[33]

Eine davon besteht mit Volker Bouffier, dem heutigen Ministerpräsidenten von Hessen, der elf Jahre Innenminister war. Er erinnert sich: »Ich war ja Sprecher der Innenminister in Deutschland. Wir waren sehr irritiert als eine Frau kam, wir waren nur Männer. Sie hat sehr schnell klargemacht, dass sie nicht das Sahnehäubchen ist, das halt noch dabei sitzt. Sie hat eine sehr eigene Persönlichkeit, und ist trotzdem kollegial.« Innenminister sind aus einem besseren Holz geschnitzt, meint Bouffier: »Wer das Amt über Jahre wahrnimmt, ist gestählt. Sie stehen morgens auf und wissen nicht, wie der Tag zu Ende geht. Es passiert immer irgendwas. Sie müssen entscheiden, und das können Sie nicht mit allgemeinem Geschwätz. Da müssen Sie sehr klar sortiert sein, und das war Annegret.«

Bei ihrem ersten Auftritt als Innenministerin vor der Jungen Union in St. Wendel wurde sie versehentlich als »Kramp-Kampfhausen«[34] bezeichnet. Das ist zwar unfreiwilliger Humor, aber trifft es ganz gut. Kramp-Karrenbauer kann bei aller Geschmeidigkeit im Umgang mit Menschen auch mal die Ellenbogen ausfahren. Als Innenministerin war sie oberste Dienstherrin über Polizei, Kommunen und Sport. Kramp-Karrenbauer hatte keinerlei Berührungsängste mit den Sicherheitsorganen. Durch viele Gespräche stellte sie Vertrauen her. Dazu musste sich nicht etwa so martialisch inszenieren wie der frühere RAF-Anwalt und Bundesinnenminister Otto Schily, der sich bewusst mit Schlagstock und Polizeihelm fotografieren ließ. Eine Eiserne Lady wollte sie nicht sein, aber eine Innenministerin, die Politik mit menschlicher Einfühlsamkeit umsetzen will, und die klare Regeln durchsetzt, die bei Nichtbeachtung Strafen nach sich ziehen.

Natürlich gab es auch wirklich schwierige Situationen für sie, in denen sie als Mensch, der Familie hat, sehr gefordert war. Denn sie war auch für die Abschiebung von Flüchtlingen zuständig, wobei die christliche Nächstenliebe mehrfach der juristischen Unerbittlichkeit unterlag. Während ihrer Rundreise durch die Republik, ihrer Zuhörtour, sprach die Juristin in Konstanz: »Wer nicht zu Abschiebungen steht, gefährdet das ganze Asylrecht.« Da bleibt sie hart, manchmal auch brutal: »Eine Familie mit Kleinkindern gegen ihren Willen in einen Flieger zu setzen, ist auch für die beteiligten Beamten sehr belastend.«

Lange hat sie dafür gekämpft, dass es eine einheitliche Registrierung der Flüchtlinge gibt. Das Bundesamt für Migration und Flüchtlinge, die Polizei und die Ausländerbehörden verwendeten verschiedene Computersysteme, was dazu führte, dass mehrfach Sozialleistungen bezogen werden konnten und die Identitätsfeststellung erschwert war. Kramp-Karrenbauer trat auch als Verfechterin der Leitkultur auf – allein schon in Bezug auf Äußerlichkeiten. So ließ sie Lehrerinnen das Tragen von Kopftüchern verbieten. Es ist für sie ein Zeichen der Unterdrückung, wenngleich sie auch Ärztinnen aus dem Sudan kennengelernt hat, die hochemanzipiert waren und trotzdem ein Kopftuch trugen. Sie regte an, dass unbegleitete männliche Flüchtlinge ärztlich untersucht werden, um festzustellen, ob sie wirklich noch Jugendliche sind und nicht längst erwachsen. Das Lebensalter könne man durch Röntgen feststellen, erklärte sie. Veräppeln lassen wolle sie sich nicht, für sie gibt es Grenzen der Toleranz, wie diese Aussage von Akk's Zuhörtour belegt: »Wenn muslimische Jungs das Essen verweigern, weil es von einer Frau gereicht wird, sagen wir: ›O.k., Jungs, weitergehen, heute gibt es kein Essen.‹« Klare Ansagen, keine falsche Toleranz gegenüber einer Machokultur – darauf kann sich jeder Asylbewerber einstellen.

Ein Fall aus dem Ressort der Innenministerin schmerzt die dreifache Mutter bis heute: Der spektakulärste Kriminalfall in ihrer Amtszeit wurde nie aufgeklärt. Das skandalöse Verschwinden des fünfjährigen Saarbrücker Jungen Pascal vor sechzehn Jahren. Die Soko »Hütte« konnte den Jungen trotz hunderter Zeugenaussagen nicht finden. Nur einen Gedenkstein im saarländischen Schwalbach gibt es. Zwölf Menschen waren damals angeklagt, nach einem Indizienprozess mussten alle freigelassen werden. Der Verdacht, dass er im Hinterzimmer des Lokals »Tosaklause« vergewaltigt und getötet wurde, wurde aber nie ausgeräumt. Kramp-Karrenbauer hätte die Täter gern überführt. Der Polizei wurden Pannen vorgeworfen, aber sie war machtlos. Das schmälerte ihre Bilanz, aber sie galt als gute Innenministerin, keine Scharfmacherin. keine Lautsprecherin. Sie regierte sachlich, nüchtern, unaufgeregt. Und damit erfüllte sie die Aussage des Mannes, der ihr das Vertrauen geschenkt hatte, mit Leben. Peter Müller. Der wertete ihre Berufung dann auch als Signal dafür, dass es »keine vorbehaltenen Räume für Männer gibt.«[35]

Dass Kriminalität jeden betrifft, auch Politiker, bekam Hausbesitzerin Annegret Kramp-Karrenbauer im November 2017 zu spüren: Einbrecher verschafften sich durch ein aufgebrochenes Fenster Zutritt zu ihrem Haus, sie erbeuteten Schmuck und eine Summe unter 1000 Euro. Dass die Täter die Räume durchwühlten, wird Kramp-Karrenbauer geschockt haben – so wie jeden anderen Menschen, bei dem eingebrochen wird. Nach so einer Tat geht man anders in sein Haus zurück, ein Stück Urvertrauen ist weg.

Nach Kramp-Karrenbauer ist übrigens bundesweit nur noch eine weitere Frau Innenministerin geworden: Monika Bachmann im Saarland, berufen von Annegret Kramp-Karrenbauer. Alle Bundesinnenminister waren Männer, die den starken Staat symbolisieren sollten.

Nach ihrer Zeit im Innenministerium wurde Kramp-Karrenbauer Bildungsministerin: Das passte, weil es kaum eine bildungshungrigere Politikerin gab, die Wissen als Mittel zum sozialen Aufstieg begriff. Es forderte sie, für Schulen und Universitäten zuständig zu sein, als Präsidentin der Kulturministerkonferenz gewann sie Profil. Auf *ARD-alpha*, dem Bildungskanal im Ersten, gab sie bereitwillig Auskunft: »Als ich Bildungs- und Kultusministerin wurde, habe ich mir zuerst einmal gedacht: Oh Gott, diese Zeit muss ich jetzt irgendwie überstehen. Danach schaue ich, wie es weitergeht. Ich hätte mir nie vorstellen können, dass ich mein Herz an dieses Thema verliere. Das ist aber passiert und das ist auch bis zum heutigen Tage so geblieben.«[36]

In der Diskussion um den Pisa-Test und bei der Kompetenzverteilung in Sachen Bildung zwischen Bund und Ländern, hat sie sich klar als Föderalistin positioniert. Bundesweit einheitliche Maßstäbe, etwa bei Pisa, hält sie für schlecht durchsetzbar. Sie fragt sich, »welches Niveau das denn sein soll, wenn wir 16 Bundesländer auf ein Niveau bringen wollen. Wir sehen ja im Pisa-Test und auch in den anderen Vergleichsstudien, dass es zwischen den Ländern große Unterschiede gibt, auch hinsichtlich der Leistungsfähigkeit der Kinder und Jugendlichen.« Ihre Befürchtung: aufgrund der deutschen Traditionen und Debatten komme nicht mehr als eine Einigung auf den kleinsten Nenner zustande. »Ich glaube, das kann aber wiederum nicht im Interesse der Kinder und Jugendlichen in der Bundesrepublik sein.« Als Präsidentin der Kultusministerkonferenz hat sie bei ihren Kollegen auch immer eine stärkere Abstimmung angemahnt. Man solle auf die Gemeinsamkeiten schauen. »Denn ansonsten wird eine Abstimmung mit den Füßen stattfinden. Das heißt, es liegt an uns selbst, ob wir den Föderalismus als solchen im Bildungsbereich auch wirklich lebendig und attraktiv halten.«[37] Auch hier ganz Pragmatikerin forderte sie ihre Kollegen in diesem Zusammenhang auf, mal die eigenen Eitelkeiten hinter sich zu lassen und eine Zusammenarbeit zu suchen – und zwar auch mit dem Bund. Annegret Kramp-Karrenbauer als Stimme der Vernunft und des Ausgleichs – hier war sie wieder in ihrem Element.

Schock am Dreikönigstag:
Das Ende von Jamaika

Am Dreikönigstag herrscht im Saarland normalerweise Ruhe. An diesem katholischen Feiertag klopfen Kinder verkleidet als die Heiligen Drei Könige aus dem Morgenland, Caspar, Melchior und Balthasar, an die Haustüren. Viele Menschen machen Ausflüge und nach den vielen Feiertagen steht die Familie noch einmal im Mittelpunkt. An Dreikönig steht bei der FDP jedes Jahr ihr großes Hochamt im politischen Terminkalender: das Dreikönigstreffen. Dann kommen die Liberalen in ihrem Stammland Baden-Württemberg in das Stuttgarter Theater und schwören sich mit markigen Reden auf das Jahr ein. Bevor allerdings am 6. Januar 2012 die festliche Veranstaltung mit dem Hauptredner Guido Westerwelle begann, platzte eine politische Bombe: Annegret Kramp-Karrenbauer, gerade erst vor einem halben Jahr zur Ministerpräsidentin des Saarlandes gewählt, ließ über die Nachrichtenagenturen verlauten, dass die Jamaika-Koalition im Saarland, die erste in ganz Deutschland, am Ende ist. Das Bündnis der CDU mit FDP und Grünen hätte keine Zukunft mehr.

Der Schritt kam völlig überraschend. Nie zuvor hatte Kramp-Karrenbauer vom möglichen Ende ihrer Regierung gesprochen. Jamaika war ein politisches Experiment, von dem sich viele Anregungen für die Neuordnung der künftigen Parteienlandschaft in ganz Deutschland versprochen hatten. Die Schuld am plötzlichen Ende eines Modellprojektes, das ihr Vorgänger Peter Müller ersonnen hatte, schob Kramp-Karrenbauer auf einer Pressekonferenz in der Saarbrücker Staatskanzlei im Januar 2012 den Liberalen zu: »Die FDP-Landtagsfraktion, aber auch der Landesverband der FDP Saar befinden sich in einem Zustand der Zerrüttung. Eine nachhaltige Befriedigung und eine Rückkehr der FDP Saar zu geordneten Verhältnissen ist aus meiner Sicht in absehbarer Zeit nicht mehr zu erwarten. Damit ist auch eine stabile, verlässliche und vor allem sachorientierte Regierungsarbeit in dieser Konstellation nicht mehr voll-umfänglich gewährleistet.«

Aus staatspolitischer Verantwortung müsse sie die aus ihrer Sicht chaotische FDP rauswerfen – so lautete das Argument. Denn sie hatte ja in ihrem Amtseid versprochen, Schaden vom Lande abzuwenden.

Und die Vorgänge bei den Liberalen seien alles andere als zuträg-lich für das Wohlergehen im Saarland: andauernde Personalquerelen, das Fehlen eines Fraktionsvorsitzenden, weil der designierte Nachfol-ger den Posten wegen einer Dienstwagenaffäre doch nicht wollte und schließlich noch staatsanwaltschaftliche Ermittlungen gegen FDP-Poli-tiker. Das war zu viel. Das Saarland sei zum Gespött der Republik ge-worden, sagte sie hinterher. Es klang nach einer Art Staatsnotstand. Was allerdings nicht ganz ins Bild passte: Bei derselben Pressekonferenz zog Kramp-Karrenbauer ein positives Fazit der zwei Jahre Jamaika-Koali-tion. Das Saarland hätte das zweithöchste Wirtschaftswachstum aller Bundesländer, es hätte die Finanzkrise gut bewältigt, der Sparhaushalt sei verabschiedet worden und die Rückführung der öffentlichen Ver-schuldung gewährleistet.

An all diesen Wohltaten für das Land war zwar auch die FDP beteiligt, aber Kramp-Karrenbauer machte sie zum Sündenbock und stellte das Verhalten der Liberalen als Tiefpunkt der Politik dar. Zu dem schlechten Ruf hatte die Partei durchaus selbst einiges durch interne Querelen bei-getragen. Im Dezember hatte der FDP-Fraktionschef Christian Schmitt das Handtuch geworfen, zermürbt von den eigenen Kollegen. Deswegen trat er sogar aus der FDP-Fraktion aus und wechselte als Parteiloser in die CDU-Fraktion.

Was die FDP-Parlamentarier aber Annegret Kramp-Karrenbauer be-sonders übel nahmen, war, dass sie aus den Medien erfahren mussten, dass sie nicht mehr gebraucht wurden und ihnen der Stuhl vor die Tür gestellt wurde. Persönlich hart getroffen reagierte Christoph Hartmann, er war Minister für Wirtschaft, Wissenschaft und Landwirtschaft im Kabinett von Kramp-Karrenbauer: »Annegret und ich, wir kennen uns seit 20 Jahren, natürlich haben wir uns geduzt. Aber sie hat es nicht fertig gebracht, mich vor der Verkündigung ihres Entschlusses anzurufen und ihre Beweggründe zu erläutern. Ein übles Foul. Später hat sie sich noch mal gemeldet, aber da war alles schon öffentlich. Stillos, einfach stillos, ebenso wie die Pressekonferenz, die sie in der Staatskanzlei abhielt – mit ihrem Regierungssprecher. Eingeladen dazu waren wir nicht.«

Was in FDP-Kreisen besonders übel aufstieß: Der FDP-Landeschef Oliver Luksic war gerade im Kreißsaal bei der Geburt seines Sohnes und stand seiner Frau bei. Damit war er für den politischen Tagesbetrieb aus verständlichen Gründen abgemeldet. Kramp-Karrenbauer soll das gewusst haben – Luksic hat es ihr selbst gesagt.

Für Noch-Wirtschaftsminister Christoph Hartmann war es das Ende in der Politik. Heute ist er an einer Luxemburger Privatuniversität Professor für Betriebswirtschaftslehre und im Vorstand eines mittelständischen luxemburgischen Unternehmens. In der Firma mit 370 Mitarbeitern ist er für Finanzen zuständig. »Es geht mir sehr gut, der neue Job ist mindestens so befriedigend wie das Ministeramt«, sagt Hartmann. Man kann sagen, dass sich der Ex-Minister wieder berappelt hat nach dem traumatisierenden Rausschmiss aus der Regierung. Solch eine brutale Aktion hätte er seiner langjährigen Bekannten aber nicht zugetraut: »Sie hat uns nie vorgewarnt, nie eine gelbe Karte gezeigt. Das Amt hat mir sehr viel Freude gemacht, ich habe es geliebt. Anfang Dezember haben wir noch den gemeinsamen Haushalt verabschiedet, die Insolvenz bei Saar-Gummi haben wir sehr gut gemeistert. Fachlich war unsere Arbeit in der Regierung o.k. Und im Dezember waren wir ja noch gut genug, ihren Vorgänger Peter Müller zum Verfassungsrichter zu wählen, da hat sie uns noch gebraucht. Wir waren nur ihre nützlichen Idioten. Später haben wir erfahren, dass da schon längst Gespräche mit der SPD liefen. Kramp-Karrenbauer wollte die Große Koalition, aber sie war nicht ehrlich zu uns und stellte uns vor vollendete Tatsachen.«

Falls Annegret Kramp-Karrenbauer tatsächlich mal Kanzlerkandidatin wird und sollte das Wahlergebnis eine erneute Jamaika-Koalition nahelegen, dürften im Saarland bei der FDP die Alarmglocken schrillen. Hartmann erklärte weiter: »Wir werden Christian Lindner genau informieren, wie das damals ablief. Helmut Kohl hat der FDP in schweren Zeiten immer einen Erfolg gegönnt, damit sie überleben kann, Kramp-Karrenbauer ist da ganz anders. Aber man sieht sich im Leben immer zweimal.«

Christian Lindner selbst ist der ehemaligen Ministerpräsidentin heute nicht gram. Der FDP-Chef ist selbstkritisch, er kann verzeihen, aber nicht vergessen: »Inhaltlich lag das ja auch an unserem Landesverband, der damals in keinem guten Zustand war. Vom Stil her war die Bekanntgabe des Koalitionsendes natürlich ein Foulspiel, weil die FDP zur gleichen Zeit ihr Dreikönigstreffen in Stuttgart abhielt. Ein Rätsel, was sie da getrieben hat, sie hätte durchaus ein paar Stunden damit warten können. Wenn sie es bewusst gemacht hat, ist es eine Charakterfrage, die Fragen aufwirft. Wenn sie es nicht bewusst gemacht hat, frage ich mich, wie weit Sensibilität und Umfeldwahrnehmung bei ihr entwickelt sind. Das muss man sich historisch merken, spielt aber für die Gegenwart keine Rolle mehr.«

Christoph Hartmann sieht das im Gespräch über AKK etwas anders – traut er ihr die Kanzlerschaft zu? »Bis vor kurzem hätte ich ja gesagt, es gibt ja keinen richtigen Kandidaten in der CDU. Aber jetzt gilt sie wegen ihrer Nähe zu Angela Merkel wieder als Merkels Mädchen. Und ich weiß nicht, wofür sie steht, was will sie bewegen, wofür brennt sie? Sie hat auch im Saarland keinen inhaltlichen Food-Print hinterlassen, ihr ging es immer nur um die Macht.«

Aber nicht nur die FDP war enttäuscht, auch die Ministerinnenkarriere von Simone Peter, der späteren Grünen-Vorsitzenden, war zu Ende. Die Grünen waren ja unschuldig an der Regierungskrise. Von ihnen hatte Kramp-Karrenbauer in ihrer denkwürdigen Pressekonferenz gar nicht gesprochen, mal abgesehen von der Erwähnung der persönlichen Härten, die die entlassenen Minister jetzt trafen. Simone Peter, Tochter der früheren SPD-Ministerin Brunhilde Peter, kostete es das Amt als Ministerin. Sie war erbost: »Ich habe an der Abschiedsfeier eines Referatsleiters aus dem Hause teilgenommen, als eine Mitarbeiterin hereinkam und sagte: Habt ihr schon die Meldung vernommen? Ich bin sofort in mein Büro und habe die Ministerpräsidentin angerufen und sie gefragt, wieso ich über die Presse eine solche Schlagzeile erfahre. Wenn man partnerschaftlich zusammenarbeitet, wäre es auch schön, wenn der Partner einen auch darüber informiert, und man es nicht über die Medien erfährt.«[38]

Eine Regierungschefin muss Unwuchten ausgleichen, muss Krisenmanagerin, Psychologin und Mediatorin sein – all das vermissten die FDP und die Grünen bei AKK. »Sie hat es nicht geschafft, zu moderieren« – das ist ein zentraler Vorwurf von Simone Peter.[39] Und die Gespräche zwischen CDU und SPD liefen wohl schon länger – ohne dass die Partner in der Regierung eingeweiht gewesen wären. Direkt nach dem Amtsantritt hätte Kramp-Karrenbauer schon fremdgeflirtet. Hätte Simone Peter das gewusst, hätte sie der CDU keine – wie sie es ausdrückt – »Laufzeitverlängerung« gegeben. Das heimliche Gemauschel zwischen CDU und SPD empfand Simone Peter als miserablen Stil: »Es war ein Affront uns Grünen gegenüber. Am Tag vor der Aufkündigung gab es noch ein Staatssekretärstreffen, auch da wurde nichts angedeutet. Man hätte im Koalitionsausschuss darüber reden müssen. Das war sehr unprofessionell und unkollegial. Meinen Masterplan Energie konnte ich nicht mehr umsetzen. In zehn Tagen musste ich mein Ministerium abwickeln. Wir fühlten uns aus dem Amt gejagt, obwohl wir nicht schuldig waren.«

Politisch ist Kramp-Karrenbauer mit ihrem Koalitionscrash ein unglaublich großes Risiko eingegangen: Es hätte sein können, dass sie nur ein halbes Jahr Ministerpräsidentin bleibt und dann von einem Vertreter der SPD abgelöst wird. Es war keineswegs sicher, dass bei den Neuwahlen die CDU die stärkste Kraft werden würde. Sie zockte – und sie gewann. Am Ende lag die CDU mit 35,2 Prozent klar vor der SPD mit 30,6 Prozent. Linke, Piraten und Grüne kamen noch ins Parlament. Aber die FDP war am Boden zerstört: Ganze 1,2 Prozent hatten für die Liberalen gestimmt, nachdem Kramp-Karrenbauer sie als Schuldige am Koalitionsbruch an den Pranger gestellt hatten. 1,2 Prozent – das war genauso viel wie die NPD 2012 im Saarland erhielt. Auch bei der Landtagswahl 2017 hatte sich die FDP noch immer nicht von dem Haken erholt, den ihr Annegret Kramp-Karrenbauer verpasst hatte: Sie kam auf 3,3 Prozent. Die Grünen, die 2012 mit 5,0 Prozent gerade noch den Sprung in den Landtag geschafft hatten, flogen mit 4,0 Prozent raus. Die beiden Jamaika-Partner, die Kramp-Karrenbauer so unsanft in den Orkus befördert hatte, waren im Zustand der politischen Bedeutungslosigkeit angekommen. Ist das ein Erfolg für die CDU-Frau als Strategin? Wohl nur kurzfristig. Nach der Wahl ist immer auch vor der Wahl. Der Argwohn gegen sie ist größer geworden, jeder weiß jetzt, dass sie trotz ihrer sanften Ausstrahlung eine Killerin ist. Eine, die kein Problem hat, kleinen Parteien den Garaus zu machen. Allerdings kann man sagen, dass die Wähler ihr ihre entschlossene Art, das Land mit harter Hand zu regieren, nicht übel genommen haben. Sie haben es vielmehr honoriert. Kramp-Karrenbauer hat auf ihren eigenen Instinkt gehört – und nicht auf den von Angela Merkel. Die hatte ihr davon abgeraten, das Jamaika-Bündnis aufzulösen, schon allein aus Rücksicht auf die FDP in der Bundesregierung. Es war nicht das letzte Mal, dass sich Annegret Kramp-Karrenbauer den Luxus einer eigenen Meinung leistete.

Das Desaster mit dem Kunst-Pavillon:
Die Elbphilharmonie auf Saarländisch

Zu jeder politischen Karriere gehört ein kleiner Skandal, es gibt wohl kaum einen Politiker mit einer komplett tadellosen Biographie. Bei Annegret Kramp-Karrenbauer ist es eindeutig ein Pavillon, der ihre schmucke Bilanz im Saarland etwas trübt, ein Museumsbau als Symbol für Verschwendung in einem Land, das in einer Haushaltsnotlage steckt. So etwas kommt bei den sparsamen Saarländern gar nicht gut an. Andere Bundesländer haben zwar auch Großprojekte wie die Hamburger Elbphilharmonie, Stuttgart 21 und den Berliner Flughafen, deren Bau viel länger dauerte als geplant und die Steuerzahler ungeahnte Milliarden kostete. Im Saarland ging es nur um Millionen, aber der Vierte Pavillon, der Erweiterungsbau der Modernen Galerie des Saarlandmuseums, war über Jahre hinweg ein Streitthema. Allerdings weniger bei Kunstfreunden: Immerhin umfasst die Moderne Galerie, die Kunst vom 19. Jahrhundert bis zur Gegenwart zeigt, eine der wichtigsten Sammlungen des deutschen Impressionismus und Expressionismus. Im Anbau wurde die Ausstellungsfläche in acht Sälen um 1.500 m² erweitert.

Annegret Kramp-Karrenbauer hatte das Prestigeprojekt von ihrem Vorgänger geerbt. Seit Ende 2007 war sie Bildungs- und Wissenschaftsministerin und damit zuständig für den sündhaft teuren Bau, den sich das arme Saarland eigentlich nicht leisten konnte. Der Landesrechnungshof wäre in einem Sonderprüfbericht über die Baukosten für die Galerie der Gegenwart 2011 auf eine Gesamtsumme von 25 Millionen Euro gekommen, schrieb die *Frankfurter Allgemeine Zeitung*. Das Blatt vermutete, dass der Kostenvoranschlag der Stiftung Saarländischer Kulturbesitz mit 11,5 Millionen »unrealistisch niedrig« gewesen sei. Die Behörde meinte, dass »offensichtlich die Kostenangaben bewusst niedrig gehalten wurden, um bei den Gremien des Landtags und der Stiftung Saarländischer Kulturbesitz eine Freigabe für die Umsetzung der Neubaumaßnahme zu erreichen.«[40] Zahlreiche Verträge mit teuren Architekten und Beratern und überzogene Informationsreisen durch ganz Europa hätten zudem für unnötige Kosten gesorgt.

Annegret Kramp-Karrenbauer gestand 2011 Fehler ein: »Ich mache mir im Rückblick Vorwürfe«, sagte sie der Zeitung.[41] Sie habe das Projekt unkritisch und ohne Zwischenbilanz von ihrem Vorgänger übernommen – nicht gerade die hohe Regierungskunst. Ganz offen und zerknirscht trat sie in einer Regierungserklärung die Flucht nach vorne an: »Die Politik hat versagt, das ist der eigentliche Grund für die Vertrauenskrise. Viele Menschen in diesem Land haben Vertrauen in uns – auch mich gesetzt. Dieses Vertrauen ist enttäuscht worden, das bedrückt mich sehr.«[42] Fehler offen zuzugeben, das tun die wenigsten Politiker. Dabei ist es so menschlich. Kein Mensch arbeitet fehlerlos. Für Kramp-Karrenbauer war die Offenbarung ihrer Defizite ein Befreiungsschlag. Ein totes Pferd weiterzureiten. ist nicht ihr Politikstil.

Der Opposition war das nicht genug. Für sie war die Ministerin in diesem Punkt eine notorische Lügnerin. Vier Wochen vor der Landtagswahl am 30. August 2009 habe Kramp-Karrenbauer beim symbolischen ersten Spatenstich die Kosten auf 14,5 Millionen beziffert, ganz am Anfang wäre sogar nur von neun Millionen die Rede gewesen. Das Problem dabei: Der Ministerrat, das saarländische Kabinett des damaligen Ministerpräsidenten Peter Müller hatte zuvor im Geheimen eine Kostenermächtigung über 20 Millionen Euro beschlossen, also einen Freibrief für höhere Ausgaben für das Prestige-Museum ausgestellt. Dieses wichtige kleine Detail enthielt Kramp-Karrenbauer den Wählern vor. »Ich wollte damit dafür sorgen, dass es kein Diffamierungspotenzial gibt.« Wenn ich gewusst hätte, was das an Diskussion, an Wirrwarr auslöst, dann hätte ich die Zahlen damals entsprechend anders kommuniziert«, meinte die reuige Sünderin im März 2012 im *Deutschlandradio*.[43] Transparenz sieht natürlich anders aus.

Am Ende kostete die Eröffnung des Galerie-Neubaus den saarländischen Steuerzahler satte 39 Millionen – viermal so viel wie eingangs geplant. Das ist nicht wenig für ein Land, das auf den Länderfinanzausgleich angewiesen ist und sich ansonsten dafür rühmt, viele Sparmaßnahmen durchzuführen. Kramp-Karrenbauer kam mit einem blauen Auge davon. Und bei der Eröffnung hingen rote Herzen und ein in sich verdrehter Regenbogen der amerikanischen Künstlerin Pae White im Museum. Es war ein buntes Spektakel und alle hatten sich wieder lieb. War da mal ein Skandal? Das Saarland kann Kunst und lässt sie sich auch etwas kosten – das war die Botschaft. Auf dem Museumsvorplatz wurden Worte wie »Regierungsverantwortung«, »Rechnungshof« und »Akzeptanz der Kostensteigerung« an die Mauern projiziert – das Haus nahm sich so selbst etwas auf die Schippe. Das Desaster wurde zum Kunstwerk, das hatte sich der Frankfurter Künstler Michael Riedel einfallen lassen. Und auch die SPD, die Kramp-Karrenbauer lange zugesetzt hatte, war versöhnt. »39 Millionen sind für ein Museum dieser Größenordnung und in dieser Exzellenz nicht zu viel. Den Fehler haben die gemacht, die damals gesagt haben, dass man so was für neun oder zwölf Millionen bekommt«, sagte der saarländische Kulturminister Ulrich Commerçon.[44] Und Monika Grütters, Bundeskulturministerin im Kabinett Merkel fügt hinzu: »Das Saarlandmuseum braucht keine internationalen Vergleiche zu scheuen. Saarbrücken gehört jetzt zu den Nummer-Eins-Adressen der Kunstszene.«[45]

Ach ja, im November 2017 war die feierliche Eröffnung. Annegret Kramp-Karrenbauer war nicht dabei. Sie war unabkömmlich bei den Jamaika-Verhandlungen in Berlin. Möglicherweise war das besser für sie. Sie hätte die Pracht des neuen Museums sicher mit sehr gemischten Gefühlen betrachtet. Und sich beim Smalltalk des Eröffnungsempfangs vielleicht doch noch die eine oder andere süffisante Bemerkung anhören müssen. Denn fast wäre sie über den künstlerisch wertvollen Bau gestürzt – die Opposition hatte sie der arglistigen Täuschung bezichtigt.

Auch wenn FDP und Grüne nie ihren Rücktritt forderten, sondern die Beurteilung des Skandals den Wählern überlassen wollte. Und deren Urteil fiel gnädig aus: AKK gewann 2012 die Wahl.

Die Landesmutter: Immer nah bei den Menschen

Einen radikalen politischen Kurswechsel vollzog Kramp-Karrenbauer nach ihrer Wahl nicht, sie stand für Kontinuität und Entwicklung. In den wesentlichen Fragen stimmte die »aufgeklärte Konservative« ja mit ihrem Vorgänger Peter Müller überein: Das Saarland als Bundesland erhalten, die Schuldenprobleme lösen, die Autoindustrie loben, die Digitalisierung als Chance und weniger als Risiko begreifen, sich nicht einigeln, sondern europäisch öffnen. Der Lebenslüge der damaligen CDU und vor allem der CSU, dass Deutschland kein Einwanderungsland sei, redete sie nie das Wort. Kramp-Karrenbauer wusste, dass das Saarland Zuwanderung braucht, um seine eigene Substanz zu erhalten und um sich zu erneuern. Politik beginnt mit dem Abwerfen von Ideologie – das ist Kramp-Karrenbauers Überzeugung. Dazu gehört auch das Denkmuster, die Republik könnte auf Dauer ohne Zuwanderung auskommen. »In Sachen Integration gehörte mein Vorgänger Peter Müller zu denjenigen, die ganz früh schon gesagt haben: Deutschland ist ein Zuwanderungsland. Mit der Anerkennung dieser Lebenswirklichkeit könnte sich die CDU zu einer Partei entwickeln, die eine konsequente Integrationspolitik betreibt, die weder von Multikulti-Träumereien verstellt wird, noch von dem Hin und Her geprägt ist, wie es die SPD betreibt, nach dem Motto Sarrazin für die Stammtische, Ausländerquote für die Gutmenschen.«[46]

Die gesunde Mitte, das ist der Platz, den Kramp-Karrenbauer beansprucht. Und sie wusste auch, dass sie immer ansprechbar sein muss für die Nöte der kleinen Leute – in einem überschaubar kleinen Land umso mehr. Sie kennt sich aus, sie weiß noch, was ein Pfund Butter und ein Kilo Kartoffeln kosten, sie kauft noch selbst im Supermarkt ein. Sie weiß, dass die meisten Saarländer nicht auf großem Fuß leben. Wer arbeitet, muss immer mehr Geld haben, als jemand, der Geld vom Staat bekommt – das ist ihre Grundüberzeugung.

Der Umstand, dass fleißige Menschen mit einem regulären Arbeitsplatz, oder sogar auch zwei oder drei Jobs, sich und ihre Familie von dem Einkommen nicht ernähren können, hat sie immer entsetzt. Für sie ist das ein Skandal. Das hat ihrer grundsätzlichen Wirtschaftsfreundlichkeit zwar nie Abbruch getan. Aber die Ausbeutung von Arbeitskräften, um das Bruttosozialprodukt zu steigern, hat Kramp-Karrenbauer nie unterstützt.

Auch die Tatsache, dass sie eine Mutter ist, die mit beiden Füßen im Leben steht und der nichts Menschliches fremd ist, führte zu einer Veränderung der Politik. Sie setzte sich für Ganztagsschulen ein, die Gemeinschaftsschule, die die CDU in vielen anderen Bundesländern mit ideologischem Eifer bekämpft, wurde im Saarland Realität. Die Zahl der Kinderkrippen im Land stieg – und die Zahl der reinen »Hausfrauenehen« ging zurück. Die Ministerpräsidentin beschrieb ihre Lebenswirklichkeit so wie viele Eltern sie kennen. Wenn das erste Kind morgens wach wird und krank sei, dann müsse man organisieren, sagte sie. Als Multitasking-Mutter durchlief sie ja eine kostenlose, aber nervenaufreibende Management-Ausbildung auf hohem Niveau – learning by doing. Genau das macht einen firm für die Politik. Wer eine Rasselbande Kinder unter Kontrolle kriegt, hat schon einmal genug Nervenstärke für die politische Arena.

Ihre Mitarbeiter behandelte sie gut. Eine Szene wie bei Wolfgang Schäuble, der als Finanzminister seinen Pressesprecher bei einer Pressekonferenz als unfähig bloßstellte, ist bei ihr unvorstellbar. Es ist nicht bekannt, dass sie jemals ihre Mitarbeiter angeschrien hätte und aus der

Haut gefahren wäre. Sie ist sich ihrer Rolle als Chefin sehr bewusst, aber sie will, dass sich ihre Mitarbeiter optimal in ihren besten Talenten entfalten können. Ein kooperativer Führungsstil bringt bessere Stimmung und bessere Leistung hervor – da ist sie sich sicher. Bis heute hat ihr noch niemand den sprichwörtlichen Dreck hinterher geworfen. Auch das sagt viel über eine Politikerin aus, die nach oben will, dafür aber nie über Leichen gehen wollte.

Es gibt zwei Sichtweisen auf die Politik: Der Mensch verändert das Amt. Oder das Amt verändert den Menschen. Letzteres kommt deutlich häufiger vor – und die Veränderung verläuft oft zum Negativen. Nicht alle Menschen verkraften es, wenn sie hofiert, gebauchpinselt oder auch verdammt werden. Nicht so bei Annegret Kramp-Karrenbauer. So langsam wie sie in ihre Aufgabe als Landesmutter hineinwuchs, so wenig hob sie ab. Ihr Auftreten blieb zugänglich, nahbar, offenherzig, freundlich. Die Menschen spüren so etwas. »Es Annegret« hatte einen Platz in ihrem Herzen. Das lag auch an ihrem Politikstil, den Kramp-Karrenbauer so beschrieb: »Es ist mir wichtig, dass sich in der Politik etwas bewegt und dass wir Fragen und Probleme, die sich ergeben, auch tatsächlich lösen. Ich versuche das immer mit einem ganz persönlichen Ansatz anzugehen, indem ich mich als Bürger frage. Wie geht es mir? Wie empfinde ich das? Was würde ich mir wünschen? Ich glaube, als Bürgerin würde ich mir vor allem wünschen, dass man versucht, egal welche politische Meinung man hat, ein Problem gemeinsam anzugehen. Dieser Ansatz, gemeinsam etwas zu tun, ist mir ganz wichtig.«[47] Vielleicht sei das auch eine Art landsmannschaftliche Prägung, die sich aus den sozialen Beziehungen und der Interaktion ergibt, wenn man aus so einem kompakten Bundesland kommt. Daraus ergibt sich auch ein sehr pragmatischer Politikansatz, mit dem man in eine Kontroverse nicht um der Kontroverse willen einsteigt, damit man in der politischen Debatte wahrgenommen wird. »Dennoch sagt dieser pragmatische Politikansatz schon auch sehr selbstbewusst: Es gibt Unterschiede, es gibt auch in der einen oder anderen Frage sehr grundlegende Unterschiede und die darf man dann auch nicht verwischen, nur um irgendeinen Kompromiss zu bekommen. Das heißt, ich trete nicht immer laut auf, aber dann, wenn es nötig ist, erhebe ich sehr wohl meine Stimme. Ich versuche also, genau diese Abwägung hinzubekommen.«

Natürlich war Kramp-Karrenbauer vor allem mit einem beschäftigt: Sparen, aber ohne das Land kaputtzusparen. Das Land unterliegt der Kontrolle des Stabilitätsrats und ist zu einem strengen Konsolidierungskurs verpflichtet. Die Schuldenbremse, die bundesweit eingeführt wurde, stand immer wie eine Bedrohung vor der Ministerpräsidentin, eine Knute, die fast jeden Gestaltungsspielraum einschränkte. Aber Kramp-Karrenbauer wollte auch nicht ständig als Bettlerland auftreten: »Wenn man das Saarland als eigenständiges Bundesland akzeptiert, dann muss man ihm auch in einer – wie ja festgestellt wurde – unverschuldeten Haushaltslage helfen. Wenn man das nicht will, dann muss man ehrlich sein und sagen: Wir wollen eigentlich weniger Bundesländer als bisher.«

Der ehemalige *Spiegel*-Reporter Jürgen Leinemann hat in seinem Buch *Höhenrausch* beschrieben, wie abhängig Politiker von der Macht sind, warum sie nicht loslassen können. Ist Politik auch für die grundsolide Frau Kramp-Karrenbauer eine Droge? In *ARD-alpha* bejahte sie das, ohne dass man sich danach um sie Sorgen machen musste: »Ja natürlich ist die Politik eine Droge bzw. hat sie etwas Drogenartiges an sich. Denn wenn man eine gewisse Grundleidenschaft dafür hat und in diesem politischen Feld tätig ist – egal ob das im kommunalpolitischen Bereich oder im landes- oder bundespolitischen Bereich ist – und zum ersten Mal dieses doch sehr befriedigende Gefühl erlebt, Probleme wirklich lösen zu können, politische Erfolge erzielen zu können, dann ist das etwas, was einen ungeheuer motiviert. Auf der anderen Seite habe ich jedoch das Glück, und ich empfinde das wirklich als Glück, sehr geerdet zu sein durch meine Familie – und ich habe eine sehr große Familie – und durch das sehr bodenständige Klima im Saarland.« Das bewahre sie davor, sich etwa nur noch mit politischen Freunden oder Konkurrenten zu unterhalten. Vielmehr sei die familiäre Verankerung eine Hilfe dabei, das Leben in seiner ganzen Breite wahrnehmen zu können. »Das bringt einem auch immer wieder die Erkenntnis, dass es viele andere Dinge gibt, die vielen Menschen sehr viel wichtiger sind als die Frage, ob eine Landtagsdebatte als Sieg für den einen oder anderen gewertet wird. Man braucht einfach so ein gewisses Korrektiv.«

Gute Politik machen, ist das Eine; diese Politik geschickt zu vermitteln, das Andere. Kramp-Karrenbauer hat sich schon immer intensiv Gedanken über politisches Marketing gemacht. »Das Produkt muss stimmen und es muss im Kern stimmen. Ein schlechtes Produkt kann man nicht so gut bewerben, es wird nicht überzeugen. Aber zu den Aufgaben eines Politikers, der in der heutigen Zeit Verantwortung trägt, gehört halt auch mit dazu, dass er auch die entsprechenden Kommunikationskanäle beherrscht. Kommunikation in verbaler Form und vor allem auch in nonverbaler Form wird heute in der Tat ein Stück weit verlangt. Da steckt aber auch durchaus etwas an Handwerk drin und deswegen sage ich, dass Politik auch ein Stück Handwerk ist.«[48] Ein Handwerk, das sie beherrscht, denn sonst hätte sie nicht zwei Wahlen gewonnen. Nach dem Ende der Jamaika-Koalition 2011 war klar, dass es nur eine Große Koalition geben kann – strittig war nur, wer sie anführt: Der smarte Heiko Maas von der SPD, der von seinem ehemaligen Ziehvater Oskar Lafontaine immer als »Heikochen« verspottet wurde, oder Annegret Kramp-Karrenbauer, die muntere Landesmutti. Die charmante Ministerpräsidentin, die im Gespräch mit dem Wähler viel lockerer war als der eher distanzierte Heiko Maas, gewann die Wahl mit 35,2 Prozent, die SPD bekam nur 30,6 Prozent. Die Linke kam auf 16.1 Prozent, die Grünen auf 5,0. Rot-Rot-Grün wäre also möglich gewesen, aber genau das hatte Heiko Maas vor der Wahl ausgeschlossen. So blieb Annegret Kramp-Karrenbauer im Amt. In der Politik ist man eben auch von den strategischen Entscheidungen der Mitbewerber abhängig. Kramp-Karrenbauer hatte Glück, dass Rot-Rot-Grün als Modell auch auf Bundesebene nicht gewollt war. Sonst hätte es passieren können, dass ihre Karriere abrupt gestoppt worden wäre.

Interview mit Reinhard Klimmt, SPD-Legende im Saarland

Reinhard Klimmt kennt sich mit Aufstieg und Fall in der Politik aus, 1990 leitet er den Bundestagswahlkampf der SPD mit dem Spitzenkandidaten Oskar Lafontaine, der schlecht für den Saarländer ausging. Aber in vielen Wahlkämpfen glänzte Klimmt als der siegreiche Ober-Strippenzieher. Von 1985 bis 1998 war Klimmt Vorsitzender der SPD-Landtagsfraktion im Saarland, die mit absoluter Mehrheit im Parlament ausgestattet war. Dann beerbte Klimmt Oskar Lafontaine als Ministerpräsident, ein Jahr später verlor er das Amt aber an Peter Müller. Die SPD holte ihn dann als Bundesverkehrsminister in die Bundesregierung.

Sie waren immer der politische Gegner von Annegret Kramp-Karrenbauer, wie empfinden Sie den Star der CDU?
Sie hatte immer einen erkennbaren Ehrgeiz. In der Politik braucht man Standfestigkeit und Engagement. Dafür muss man vom Naturell her geschaffen sein, denn finanziell lohnt sich die Politik ja nicht so sehr. Aber ihre Politik hat keine Vision, es geht nicht um den großen Wurf, sie hat keine faszinierende Botschaft. Dafür ist sie verlässlich. Ich wollte die Gesellschaft verändern. Sie will die Gesellschaft bewahren – auch das ist ein Politansatz, der legitim ist, weil viele Werte gefährdet sind. Die katholische Ethik nimmt man ihr ab. Und dann profitiert sie von den Fehlern unserer Partei. Selbst Ortsvereinsvorsitzende der Sozialdemokratie haben sie 2017 gewählt, weil sie unbedingt Oskar Lafontaine

verhindern wollten. Der Flirt der SPD mit den Linken hat uns nicht gut getan, die Vorstellung dass ein Sozi unter Oskar Lafontaine Ministerpräsident wird, hat abgeschreckt. Die großen Zeiten von Oskar Lafontaine sind eben auch im Saarland vorbei, seine Großflächenplakate mit Sahra Wagenknecht kamen nicht an, da war vielen Saarländern AKK näher.

War Kramp-Karrenbauer ein Glück für das Saarland?
Eher nicht. Sie hat thematisch immer nur auf Sicherheit gespielt. Das hat sie sehr geschickt gemacht. Sie kann sich auf jedes Publikum einstellen und freie Reden halten. Sie ist nicht mitreißend, aber überzeugend, keine Luftnummer, kein Bluff. Sie hat auch versucht, die Bergleute zurückzugewinnen. Dafür zog sie schon mal eine Knappen-Uniform an, diese Form der Wertschätzung kam an. Viele konnten sich mit ihr identifizieren, schon von der Erscheinung. Sie ist nicht so pummelig wie Angela Merkel, eine schlanke jugendliche Frau, aber nicht zu schön, nicht einschüchternd. Sie ist auch kein Hörfunktyp, so nannte Johannes Rau mal die Politiker, die nicht so gut aussehen. Eine Julia Klöckner ist deutlich schicker, aber die scheiterte in Rheinland-Pfalz daran, dass sie zu viel Paris und zu wenig Pirmasens verkörperte. Da haben die Menschen ein feines Gespür dafür.

Nehmen die Saarländer ihrer Annegret übel, dass sie nach Berlin ging und damit ihr Wort brach, dass Sie sich für die volle Wahlperiode wählen lässt?
Nein, ich glaube, die Leute sind daran gewöhnt, auf solche Worte nicht so viel zu geben. Ob es sich lohnt, wird man sehen. AKK ist vom gleichen Stamm wie Merkel. Zwei vom gleichen Typ, das verengt anstatt dass es erweitert. Ein Jens Spahn verkörpert da einen ganz anderen leidenschaftlichen ungestümen Politikansatz, aber er hat eine unangenehme Ausstrahlung. Und Äußerlichkeiten zählen heute mehr denn je in der Politik. Annegret Kramp-Karrenbauer schreckt niemanden ab.

―――――――

Den Schulzzug gestoppt:
Die neue Heldin in der CDU

In der Politik gibt es Zeitfenster, die sich mal kurz öffnen und dann auch gleich wieder schließen. Anfang 2017 war so eine Phase, in der sich die Welt zu drehen schien, in der alle Gewissheiten neu ausgewürfelt wurden. Die SPD hatte einen Kanzlerkandidaten gefunden, der, so schien es, das Zeug zu einer Lichtgestalt hatte. Der unbeliebte Parteichef Sigmar Gabriel hatte auf die Kandidatur verzichtet und Martin Schulz übernahm die Herkulesaufgabe, die am Boden liegende Sozialdemokratie wieder zur alten Größe zu führen. Selten hat die Nominierung eines Kanzlerkandidaten so eine Euphorie ausgelöst. Die Umfragewerte schossen plötzlich in die Höhe, mehr als 10.000 Menschen – viele davon junge Leute – traten spontan in die SPD ein. In Umfragen wie dem *ARD-Deutschlandtrend* im Februar 2017 war der bärtige Mann aus Würselen schon beliebter als Angela Merkel. Die SPD nominierte ihn am 19. März 2017 mit 100 Prozent der Delegiertenstimmen zu ihrem Vorsitzenden. Eine Partei berauschte sich an sich selbst und vergaß für ein paar Wochen ihre traditionellen Schwächen. Die Sozialdemokraten liefen lächelnd und mit stolzgeschwellter Brust landauf, landab durch die Republik: Wir sind wieder wer. Nicht mehr ausgemergelt und abgemerkelt, sondern selbstbewusst und wiedererweckt. Ein politisches Wunder schien wahr zu werden. Dass Schulz ein One-Hit-Wonder war, kaum einen Plan in der Schublade hatte und kein Gewinnerthema fand, war damals noch nicht abzusehen. Auch der Umstand, dass die Konzepte der Wahlkampfzentrale »Kampa 17« im Berliner Willy Brandt-Haus Beobachtern zufolge nicht professionell ausgereift, ja stümperhaft, wirkten, sollte sich als wenig hilfreich erweisen.

Genau in dieser Phase fand die Landtagswahl im Saarland statt. Es war die erste Wahl, bei der zumindest indirekt auch über die Strahlkraft des SPD-Kanzlerkandidaten abgestimmt wurde. Der dazu saarländische

Wurzeln für sich reklamieren durfte: Sein Vater kam ursprünglich aus dem Saarland, aus dem kleinen Ort Elversberg. Klar, dass der Großcousin, der noch dort lebt, Besuch vom neuen SPD-Star bekam. »Ich bin ein halber Saarländer«, brüstete sich Schulz, der immer im Rheinland gelebt hat, wenn er nicht gerade in Brüssel oder Straßburg war. Die Voraussetzungen, um Annegret Kramp-Karrenbauer beim Auftakt in das Superwahljahr das Amt strittig zu machen, waren gar nicht so schlecht. Martin Schulz mischte sich mächtig in den Wahlkampf ein. Die Umfragezahlen signalisierten nach seinem Auftauchen auf der politischen Bühne in Deutschland, dass es diesmal für Rot-Rot-Grün reichen könnte. Eine Koalition mit der Linkspartei, die im Saarland dank des SPD-Abtrünnigen Oskar Lafontaine besonders stark ist, schloss Schulz bewusst nicht aus. Und die SPD-Spitzenkandidatin Anke Rehlinger, Wirtschaftsministerin im Kabinett Kramp-Karrenbauer, hatte sich an den Schulzzug angehängt. Sie war es, die beim SPD-Parteitag das Traumergebnis von 100 Prozent der Stimmen verkünden durfte, mit denen Schulz zum neuen Vorsitzenden gewählt worden war. Der Vorsprung von Kramp-Karrenbauer zur SPD, die zuvor mal in Umfragen die Nase um 13 Prozentpunkte vorne hatte, war zusammengeschmolzen.

Aber sie blieb cool und machte sich lustig über die Versuche von Martin Schulz, sich eine saarländische Identität zu geben: »Wenn ich einen bayerischen Dackel habe, bin ich dann ein Verwandter von Horst Seehofer?«[49]

Die Königsidee von Kramp-Karrenbauers Kampagne war hochriskant: Entweder ihr Saarländer wollt mich behalten – oder ich verschwinde aus der Politik. »Als Oppositionsführerin werde ich nicht zur Verfügung stehen.«[50] Das hatte sie ein halbes Jahr vor der Wahl verkündet – eine harte Ansage. Bei jedem anderen Politiker wäre das als Arroganz interpretiert worden, als emotionale Erpressung. Bei ihr fanden es die meisten Saarländer einfach nur ehrlich. Und Kramp-Karrenbauer wurde noch deutlicher in ihrer Alles-oder-Nichts-Haltung: »Ich stehe im Fall einer Wahlniederlage im Saarland weder für ein Regierungsamt noch für Ämter in der Fraktion zur Verfügung – ich werde auch nicht für den Bundestag kandidieren. (…) Ich werde nicht auf der Türschwelle von Frau Merkel campieren und auf ein Regierungsamt warten.«[51]

Kramp-Karrenbauer kämpfte in diesen ersten drei Monaten im Jahr 2017 wie nie zuvor in ihrem Leben. Sie ließ 100 000 Briefe an alle saarländischen Haushalte verschicken. Im Klinkenputzen ist sie Weltklasse und sich auch für nichts zu schade. Jeder kann ihr die Hand drücken. Sie weiß, dass sie beliebt ist im Saarland, 75 Prozent der Menschen sind Umfragen zufolge mit ihrer Arbeit zufrieden. Der Versuchung, den Blinker nach rechts außen zu setzen und so wie die CSU eine Obergrenze für Flüchtlinge zu fordern, widersteht sie. Sich von Angela Merkel abzusetzen, ist allerdings auch schon Julia Klöckner in Rheinland-Pfalz nicht gut bekommen. Kramp-Karrenbauer trat zweimal gemeinsam mit der Kanzlerin im Wahlkampf auf. Die Politik der offenen Grenzen unterstützt sie, da ist sie loyal. Das entspricht ja auch ihrer Überzeugung. Aber die Ministerpräsidentin widmet sich einem anderen Emotionsthema: Sie verbietet Wahlkampfauftritte türkischer Politiker im Saarland im Vorfeld des Referendums in der Türkei für eine neue Präsidialverfassung, durch die Staatschef Erdogan mehr Macht erhalten sollte. Solche Auftritte waren im Saarland zwar überhaupt nicht geplant, aber sicher ist sicher, erklärte Kramp-Karrenbauer im Interview mit der *Zeit* im März 2017: »Ich wünsche mir, dass wir in Europa zu einer gemeinsamen Regelung kommen, dass man darauf verzichtet, seinen Wahlkampf und damit seine inneren Konflikte in Nachbarländer zu tragen. Eine solche Regelung ist dringlicher denn je notwendig. Wenn zunehmend deutlich wird, dass dadurch der innere Frieden bei uns oder in anderen europäischen Staaten gefährdet wird, dann gehören Wahlkampfauftritte ausländischer Politiker, die genau dies verursachen, verboten.«[52]

Ein weiteres wichtiges staatstragendes Argument dafür, dass Kramp-Karrenbauer ihre Arbeit fortsetzen will: Große Koalitionen sind immer dann gut, wenn sie auch große Aufgaben vor sich haben und meistern. Nachdem die finanzielle Zukunft des Saarlandes gesichert sei, weil Kramp-Karrenbauer bei der Neuordnung des Länderfinanzausgleiches 500 Millionen mehr ab 2020 herausgehandelt hat, müssten jetzt Themen wie Überalterung und Digitalisierung angepackt werden. Diese großen Fragen könnte eine Koalition von zwei Volksparteien besser lösen.

Es war eine Wiederbelebung des alten CDU-Mottos aus der Adenauerzeit: Keine Experimente! Offenbar hat das die Wähler überzeugt. Am Wahlabend sah man eine strahlende Annegret Kramp-Karrenbauer, die ihren Mann Helmut küsste. Über 40 Prozent, das hätte sie in ihren kühnsten Träumen nicht erwartet. Und dass sie den vermeintlichen SPD-Superstar Martin Schulz entzaubert hatte, machte das Glück perfekt. Statt eines Schulz-Effekts hatte es im Saarland einen AKK-Effekt gegeben, frohlockte sie: »Der einzige Effekt ist der, dass er uns auf 40 Prozent katapultiert hat. Damit können wir sehr gut umgehen. Und weiter: »Wir haben dreimal gewonnen: Gegen die SPD, gegen Schulz, gegen Lafontaine.« Der drohende Linksruck war abgewendet – und wurde gleich als neue Lösung für die Bundestagswahl ausgegeben. »Die Menschen wollen eines nicht: Und das ist rot-rot-grün.« Das war nicht einfach nur nachträgliches Wahlkampfgetöse, sondern es hatte Auswirkungen auf die Strategie der SPD. Denn Rot-Rot-Grün war die einzige halbwegs realistische Machtperspektive für Martin Schulz auf Bundesebene. Die war nun im Saarland auf den Müllhaufen der Geschichte geworfen worden. Seitdem sprach sich Schulz nicht mehr für ein linkes Dreierbündnis aus, weil er wusste, dass es unpopulär war und viele Leute abschreckte. Diesen Zahn hatte ihm Kramp-Karrenbauer gezogen. »Du heißt ab heute Annegreat«, twitterte Peter Tauber, damals noch Generalsekretär der CDU. »Es ist ein toller Schub, das ist die Menschwerdung von Herrn Schulz, das Ergebnis motiviert uns und demotiviert diejenigen, die geglaubt haben, sie können über Wasser laufen«, meinte Volker Bouffier.[53] Und CDU-Lautsprecher Jens Spahn, damals noch Staatssekretär bei Finanzminister Wolfgang Schäuble, sparte nicht mit Häme: »Erst hieß es, Herr Schulz könne über Wasser gehen. Dann fiel er in die Saar.«[54]

Schulz ist Geschichte, Kramp-Karrenbauer ist Gegenwart und Zukunft zugleich. Der Wahlsieg 2017 war ihr ganz persönlicher Triumph. Die Saarländer wollten sie nicht verlieren. Die Ironie der Geschichte liegt darin, dass sie sie gerade durch diesen Wahltriumph verloren, denn dadurch wurde sie in Berlin richtig interessant.

Von diesem Karrieresprung konnten die Saarländer zum Zeitpunkt der Wahl noch nichts ahnen. Die Landesmutter ist begehrt, das war schon klar. Sie war schon 2016 als mögliche Kandidatin für das Amt der Bundespräsidentin im Gespräch. Mit Verweis auf die wichtige Landtagswahl hatte sie das aber abgelehnt. Hätte sie damals zugegriffen, wäre die Wahl im Saarland wohl anders ausgegangen. Und Frank-Walter Steinmeier wäre heute nicht Bundespräsident. Kramp-Karrenbauer galt als eine Kandidatin, die allen politischen Lagern vermittelbar war. Sie hätte springen können, aber sie wollte nicht. Wohl auch aus Rücksicht auf Ehemann Helmut: Er hätte seine Frau nämlich ständig begleiten müssen. Die Rolle als First Gentleman an der Seite seiner Frau war nicht sein Ding. Er fühlt sich unwohl, wenn er zu viele repräsentative Aufgaben erfüllen muss oder das Saarland verlassen muss. Der Mikrokosmos ist ihm allemal wichtiger als die weite Welt. Als potenzieller Kanzlergatte kann man sich weitgehend entziehen. Chemieprofessor Joachim Sauer, der Ehemann von Angela Merkel, macht das vor. Als Gatte einer Bundespräsidentin ist man aber zum Repräsentieren verurteilt. Und das wäre eine Pein für Helmut Karrenbauer geworden. Für das Scheinwerferlicht ist er eben nicht geboren.

Der Machtwechsel: Hans, der kann's

Wenn eine Mutter ihre Kinder alleine lässt und arbeiten geht, stellt sich immer gleich die Frage: Ist das nicht arg egoistisch, sich selbst zu verwirklichen? Darf die das? Für eine Landesmutter, die wie man im Saarland sagt, »uff Mondaasch« gehen will, gilt das umso mehr. Die Saarländer hatten 2017 Annegret Kramp-Karrenbauer geglaubt, dass sie für fünf Jahre kandidiert und im Amt bleibt. Wenn Kramp-Karrenbauer die Wahrheit gesagt hätte, dass sie durchaus irgendwann mit einem Wechsel in die Bundespolitik liebäugelt, wäre ihr Wahlsieg in ernsthafte Gefahr geraten. Wenn man es penibel genau nimmt: Sie hat ihre Zusage nicht eingehalten und sich deshalb des Wählerbetruges schuldig gemacht. Noch 2017 hat sie immer wieder betont, der Wechsel nach Berlin sei »kein Thema«. Vor der Wahl machte sie den Saarländern das klare Angebot, wer wolle, dass sie bleibe, müsse CDU wählen.[55] Und jetzt ist sie weg.

Aber man kann es auch anders sehen: Sie hat die Saarländer stolz gemacht. Weil sie jetzt noch einen Big Player in Berlin haben, eine Frau, auf die die ganze Republik schaut. Große Demos und lautstarke Empörung gegen ihren Weggang hat es jedenfalls nicht gegeben – nur bei Oskar Lafontaine: »Wenn eine Ministerpräsidentin wechselt, wäre es verständlich, wenn sich diese Arbeit auch für das Land auszahlen würde. Dass man als Generalsekretärin der CDU für das Saarland spürbare Verbesserungen bewirken kann, ist eher unwahrscheinlich.«[56] Ach, Oskar. Die Saarländer haben es fatalistisch hingenommen. Was nicht zu ändern ist, ist nicht zu ändern. Der Wechsel ins 730 Kilometer entfernte Berlin war nicht aufzuhalten. Dafür war sie einfach zu gut. Saarländer sind es gewohnt, dass ihre Besten irgendwann mal gehen.

Kramp-Karrenbauer hat damit argumentiert, dass sie das Land ja nicht in einem verwüsteten Zustand hinterlässt, sondern in einem wohlgeordneten. Da ist was dran. Bei den Verhandlungen zum Länderfinanzausgleich, die hinter verschlossenen Türen stattfinden, hat sie erreicht, dass dem Saarland ab 2020 immerhin 500 Millionen Euro mehr zufließen werden. Sechzehn Länder und Bundesfinanzminister Wolfgang Schäuble einigten sich auf ein Modell, das im Saarland ersonnen wurde. Das ist ein Erfolg ihres Verhandlungsgeschicks, ein Abschiedsgeschenk an ihre Heimat. Die Zukunft des Saarlandes sieht einigermaßen rosig aus. Und Kramp-Karrenbauer konnte sich wieder einmal dafür rühmen, dass sie die Kunst beherrscht, den Kuchen geschickt zu verteilen. Wenn jeder der Meinung ist, das ihm angemessene Stück zu haben, ist alles gelungen.

Der Machtwechsel lief geräuschlos ab, es gab auch keinen hässlichen Kampf um ihre Nachfolge. AKK stellte die Weichen, sie hatte sich auf Tobias Hans festgelegt, den CDU-Fraktionschef, ein smarter Mann von gerade vierzig Jahren. Tobias Hans verkörpert sowohl Erneuerung als auch Tradition: Schon sein Vater war Fraktionsvorsitzender im Landtag. Und dass er mit seiner Frau jetzt Zwillinge bekommt, ist auch ein Signal dafür, dass er ganz persönlich an der Bewältigung der Überalterung des Saarlandes mitarbeitet.

Tobias Hans ist Studienabbrecher, hat 2015 eine Landratswahl verloren und war nie Minister in ihrem Kabinett – all das störte Kramp-Karrenbauer nicht. Hans – der kann's, da ist sie sich sicher. Bei ihm hatte sie einfach das beste Gefühl. Ihre Menschenkenntnis hat eine hohe Trefferquote.

Menschlichkeit und Miteinander: Warum es im Saarland keine Probleme mit den Flüchtlingen gibt

Auf eines ist Annegret Kramp-Karrenbauer bei ihrer Leistungsbilanz als Ministerpräsidentin im Saarland besonders stolz: Im traditionell ausländerfreundlichen Saarland hat sich der Zuzug von Flüchtlingen nie zu einer Krise entwickelt. Das liegt an einer klugen Politik, die Menschlich-keit mit Konsequenz verbunden hat. Und an Persönlichkeiten wie dem hemdsärmeligen Innenminister Klaus Bouillon, der ein Macher ist und sich auch auf politische Symbolik versteht. Im August 2015 verlegte er sein Büro von Saarbrücken in die Landesaufnahmestelle für Flüchtlinge in Lebach. Zusammen mit zwei seiner engsten Mitarbeiter arbeitete er drei Wochen lang in einem doppelten Bürocontainer. Der wurde auf dem Gelände der Landesaufnahmestelle mit Schreibtischen, Konferenztisch und Lageplänen eingerichtet. Dieser demonstrative Schritt kam sehr gut an – bei den Einwohnern des Saarlandes, aber auch bei den Flüchtlin-gen. Das Gelände auf dem früher Vertriebene, Spätaussiedler und vietna-mesische Boat People lebten, gilt als Musterbeispiel dafür, wie man eine humane, aber effektive Flüchtlingspolitik betreibt.

Das Grundstück ist nicht umzäunt, die meisten Menschen in Lebach haben sich daran gewöhnt, dass viele Flüchtlinge in der Stadt unterwegs sind und sie keine Gefahr darstellen. Wer gut behandelt wird, behandelt auch andere Menschen gut – dieses Prinzip wird hier gelebt. Dass die-se Stadt nicht ausländerfeindlich ist, sieht man daran, dass es sehr viele Kleiderspenden gab und gibt, in der Nachbargemeinde Eppelborn muss-te dafür eine zusätzliche Halle angemietet werden.

Die Einrichtung hat eine eigene Arztpraxis mit mehreren Ärzten für allgemeinmedizinische, gynäkologische und kinderärztliche Behand-lung, es gibt auch eine Hebammenstation. Klaus Bouillon lässt sich ger-ne in der Babystation fotografieren und lächelt dabei – ein ausländi-sches Kind ist für ihn ein wertvolles schutzbedürftiges menschliches Wesen. Die Sanitätsstation ist rund um die Uhr durch das Rote Kreuz oder die Bundeswehr besetzt. Die Bundeswehr? Ja, Klaus Bouillon hat die Dienste der Armee immer wieder angefordert, sie arbeitet mit Po-lizei und Innenministerium Hand in Hand. Er denkt einfach praktisch: Sicherheit geht vor. Die Bundeswehr stellt Reisebusse, Kleinbusse und LKW bereit. Sie verteilt die Flüchtlinge, die eine gute Chance auf ein

Bleiberecht haben auf die saarländischen Kommunen. Auch beim Aufbau von winterfesten Hallen packte das Bundeswehrkontingent »Helfende Hände« mit an. In einer Halle, die rund 1000 Quadratmetern groß ist, haben rund 400 Menschen Platz.

Klaus Boullion denkt vor allem auch an die Kinder: Es gibt eine Kita, die je zur Hälfte mit Kindern aus der Stadt Lebach und Kindern aus der Landesaufnahmestelle besetzt ist, am Nachmittag wird eine Hausaufgabenhilfe angeboten. Langeweile ist ein Keim für Aggression, weiß der Minister, der die Menschen sinnvoll beschäftigen will. Das Technische Hilfswerk bot den Flüchtlingen an, beim Aufbau von Betten und Transportarbeiten mitzumachen, die Resonanz war groß.

Bei einem Helfer- und Begegnungsfest wurden für die Asylbewerber und die Helfer Würste gegrillt, Nudeln gekocht und Kuchen ausgegeben, der Minister stand selbst am Grillstand. So viel persönliches Engagement wurde dankbar aufgenommen. Die Bewohner der Landesaufnahmestelle bedankten sich beim Minister mit einem selbstgestalteten Transparent, auf dem ein Text auf Deutsch und Arabisch geschrieben war: »Danke, Klaus Boullion«. Auf den deutschen Hinweisschildern stand »Herzlich willkommen« auf Deutsch und Arabisch – so schaut Willkommenskultur auf Saarländisch aus.

Aber Klaus Bouillon ist kein Einwanderungsromantiker. Er hat sich lange darüber geärgert, dass es lange Probleme mit den Fingerabdrücken gab, weil es drei Systeme in Deutschland gab, die nicht kompatibel waren. Die Abschiebequote im Saarland lag bei 65,5 % – die höchste in ganz Deutschland. Bouillon lässt unbegleitete minderjährige Flüchtlinge auf ihr Alter untersuchen, weil er weiß, dass dort auch betrogen wird. Wenn der Verdacht auf Täuschung besteht, wird der Handknochen der Person geröntgt, da gibt es kein Pardon. Dass die Fingerabdrücke genommen werden und endlich deutschland- und europaweit verglichen werden können, ist jetzt auch Standard. Die Asylbewerber bekommen auch nur Sachleistungen statt Bargeld. Asylbewerber ohne Bleibeperspektive werden erst gar nicht auf die Kommunen verteilt. Die anderen aber schon – auch das ist ein wesentlicher Unterschied zu den Plänen von Bundesinnenminister Horst Seehofer, der alle Asylbewerber bis zur Entscheidung über ihren Antrag in Sammelunterkünften festhalten will. Zehn Millionen Euro hat der Innenminister aufgelegt, damit saarländische Kommunen Häuser für Flüchtlinge aufkaufen oder sanieren können. Im Saarland stehen schließlich auch 20 000 Häuser leer. Wenn Horst Seehofer »Ankerzentren« für jedes Bundesland fordert, in denen alles Hand in Hand läuft, lächelt Klaus Bouillon nur. »Wir sind da anderen Bundesländern meilenweit voraus«, sagte er der *Saarbrücker Zeitung*. »Vieles von dem, was im Koalitionsvertrag zwischen CDU und SPD auf Bundesebene als Aufgabenstellung und Zielsetzung für Ankerzentren beschrieben ist, ist in der Landesaufnahmestelle Lebach bereits erprobte Praxis.«[57] Die Bearbeitung eines Asylantrags dauert im Saarland durchschnittlich 1,9 Monate, im Bundesdurchschnitt sind es 2,7 Monate. Einen Rückstau von mehr als 2000 Personen bei Erst-Registrierung und Asylantrag bekam man dadurch in den Griff, dass das Personal verdreifacht wurde. Eine Bilanz, die Annegret Kramp-Karrenbauer natürlich stolz präsentierte. Sie konnte zeigen, dass sie mit ihrem Innenminister die Hausaufgaben gemacht hatte, die unaufgeregte Asylpolitik des Saarlandes wurde zum Vorbild für andere Bundesländer. Der »Notstand«, von dem Bouillon gesprochen hatte, war zu bewältigen. Der ehemalige Feldjäger sagt dazu: »Damit eine so große Landesaufnahmeeinrichtung funktionieren kann, muss sie militärisch straff geregelt sein.«[58] Schon vor der Flüchtlingswelle gab es im Saarland eine zentrale Aufnahmeeinrichtung. Das habe sich dann als großer Vorteil erwiesen. »Wir haben eine weltoffene Einrichtung, die ihresgleichen sucht. Die Strukturen, die ich mit viel Herzblut, viel Engagement und vielen Leuten aufgebaut habe, die bleiben selbstverständlich.«[59]

Interview mit Klaus Bouillon,
Innenminister des Saarlandes

Er war 32 Jahre lang Bürgermeister der Kleinstadt St. Wendel; bei seiner letzten Wahl erhielt er 85 Prozent der Stimmen. Und er sorgte sogar dafür, dass die Tour de France durch seinen Ort fuhr. Klaus Bouillon war ein extrem beliebter Kommunalpolitiker, bevor ihm Kramp-Karrenbauer das Amt des Innenministers anbot.

Wie groß war die Herausforderung im Herbst 2015, als die Flüchtlingswelle voll im Gange war?
Sehr groß. Aber ich bin es als Reserveoffizier der Bundeswehr gewöhnt, die Ärmel hochzukrempeln und anzupacken. Wo vorher 1200 Leute zu betreuen waren, gab es auf einmal 5000. Statt 25 Anträgen am Tag haben wir 250 bearbeitet. Wir haben die Flüchtlinge, die eine klare Bleibeperspektive hatten, im ganzen Saarland verteilt. Den Kommunen haben wir garantiert, dass sie Unterstützung vom Land bekommen. Und der Integration hat es auch gut getan, denn wenn viele Menschen zusammengepfercht werden, wird es schwierig. Wer nur herumsitzt, wird aggressiv. Jetzt spielen Flüchtlinge im Fußballverein, sind Teil unserer Gesellschaft.

Hat Annegret Kramp-Karrenbauer Ihnen freie Hand gelassen?
Ja, sie wusste, dass ich das hinkriege. »Bulli, du machst das, du kannst das«, hat sie gesagt. Ich bin kein Bürokrat, sondern ein Mann der Praxis. Jammerlappen, die zu viel schätzen und zu wenig handeln, gibt es genug. Als Bürgermeister von St. Wendel habe ich erlebt, wie 1988 die Russlanddeutschen und die Polen kamen, die wir dann dezentral untergebracht haben, was gut funktioniert hat. Dieses Modell habe ich als Innenminister auch auf das Saarland übertragen. Dass wir nie Turnhallen belegen mussten, war unser Ziel. Denn dadurch wäre die Akzeptanz in

der Bevölkerung gesunken. Als unser Werk gelungen war, habe ich zur Ministerpräsidentin gesagt: »Annegret, jetzt kannst du überall erzählen, wir haben eine Vorbildfunktion.«

Wie war das Leben in der Landesaufnahmestelle?
Ich bin Tag und Nacht durch die Einrichtung gelaufen. Deshalb habe ich mich auch bewusst in diesen Brennpunkt mit meinem Büro hineingesetzt. Ich wollte begreifen lernen, wo es Probleme gibt – am Schreibtisch im Ministerium kann man das nur bedingt. Dann habe ich ein arabisches Café eingerichtet, um mit den Menschen zu reden. Ich musste viel erklären. Denn manche, denen wir eine Verlegung mitteilen, schreien und schlagen mit dem Kopf gegen die Sicherheitsscheibe. Manche lassen sich nicht von Lehrerinnen unterrichten. Bei der Essenausgabe weigern sich wenige, Essen aus der Hand einer Frau anzunehmen, weil die angeblich unrein sei. Wer sich so benimmt, kriegt nichts zu essen. Aber das sind Einzelfälle, nur die Ausnahme. Was mir immer sehr nah ging, waren die weinenden Kinder, das hat mich lange nicht mehr losgelassen.

Wie empfanden Sie Kramp-Karrenbauer als Chefin?
Sie weiß, was sie will, sie ist zielstrebig, hat ein profundes Wissen und große Erfahrung. Sie ist keine Sprechblasen-Politikerin, sie hat immer ein offenes Ohr. Und sie braucht sich vor keinem anderen Politiker zu verstecken. Sie brennt für ihre Aufgaben. Und nur wer brennt, kann andere Leute auch anstecken. Mit unserer konsequenten Politik haben wir auch die rechte Flanke geschlossen. Die AfD steht im Saarland bei sechs Prozent. Und unsere Aufnahmestelle in Lebach bleibt ohne Zaun – denn Ghettos wollen wir keine.

Männer kommen, Frauen verkommen: Das Kreuz mit der Prostitution

Das Saarland ist wunderschön, seine Einwohner sind gastfreundlich und gemütlich. Alle genießen hier das sinnliche Leben, wenn sich die Tische mit Köstlichkeiten biegen. So schaut die touristische Werbung aus, aber die berühmte Weltoffenheit des Saarlandes hat auch eine hässliche Seite. Um es klar zu sagen: Es geht um sexuelle Sklaverei. »Männer kommen, Frauen verkommen«, sagt die Ordensschwester Lea Ackermann, die seit vielen Jahren mit ihrem Verein Solwodi gegen Prostitution kämpft. Das liegt nicht daran, dass sich Frauen in der Prostitution nicht pflegen, im Gegenteil, sondern dass ihre Seele durch den männlichen Missbrauch angegriffen wird. Die Prostitution mit ausländischen Frauen ist in Saarbrücken sehr stark verbreitet, Saarbrücken ist eine Drehscheibe der Menschenhändler. »Lediglich zwei bis zehn Prozent der Prostituierten in Deutschland sind Deutsche, der Rest kommt aus den ärmsten Ländern der Welt. Die können kein Wort Deutsch und wissen oft nicht, wo sie sind«, sagte Alice Schwarzer 2014 bei einer Veranstaltung in der St. Wendeler Basilika.[60] Ein Jahr zuvor hatte sie in ihrer Zeitschrift *EMMA* wirkungsvoll einen Appell zum Verbot von Prostitution und Frauenhandel an die Kanzlerin und den Bundestag gerichtet.[61] Unterdessen blüht das Geschäft mit der Prostitution im Saarland allerdings weiter. Die Kundschaft kommt vor allem aus Frankreich, wo Prostitution wesentlich strenger reguliert wird. Bordelle und Straßenstriche sind dort nicht erlaubt. Ganze Busladungen von Männern kommen ins Saarland, das vermeintliche Sexparadies. Die Männer kommen – und die Frauen verkommen.

Kann man dagegen etwas tun? Wie viel Macht hat eine Ministerpräsidentin? Leider sehr wenig. Am ältesten Gewerbe der Welt haben sich schon viele die Zähne ausgebissen. Das rot-grüne Prostitutionsgesetz von 2002 habe Deutschland zum Bordell Europas gemacht, kritisierte

Kramp-Karrenbauer: »Gut gemeint ist nicht gut gemacht. Das Ziel des Gesetzes, durch eine formale Legalisierung der Prostitution, die rechtliche und soziale Situation von Prostituierten zu verbessern und damit zugleich auch das kriminelle Umfeld wirkungsvoller bekämpfen zu können, wurde weitgehend verfehlt. Heute wissen wir, das Gegenteil wurde erreicht. Die moderne Sklaverei wurde nicht zurückgedrängt, sondern gefördert. Deutschland ist heute zu Europas Drehscheibe für Frauenhandel geworden. Diesen unhaltbaren Zustand müssen wir durch eine schnelle Gesetzesreform stoppen. Deshalb unterstütze ich gemeinsam mit vielen anderen den Appell der Frauenrechtlerin Alice Schwarzer.«[62]

Diesen Aufruf, der eben genauso eine Gesetzesänderung fordert, haben auch zahlreiche weitere Prominente und Politikerinnen unterzeichnet, etwas die Frauenunion von CDU und CSU sowie die Saarbrücker Oberbürgermeisterin Charlotte Britz (SPD). Der Widerstand hat sich gelohnt. Es hat sich einiges getan. In Saarbrücken mussten vierzehn illegale Bordelle dichtmachen, der Straßenstrich darf nur noch in bestimmten Zonen und von 20 bzw. 22 Uhr bis 6 Uhr angeboten werden. Der ganz große Wurf, dass Freier auch im Saarland wie in Schweden bestraft werden, wie es das Bündnis »Stopp Sexkauf Saar« fordert, ist allerdings ein Wunschtraum der Aktivisten geblieben. Er widerspricht einer freien Gesellschaft, in der man eben auch seinen Körper für sexuelle Dienstleistungen anbieten kann. Ohne Nachfrage gäbe es kein Angebot. Kramp-Karrenbauer weiß das auch, sie ist Realistin: »Ich sehe weniger die Lösung im Verbot der Prostitution, sondern ich halte es für notwendig, dass wir in der Gesellschaft über die Frage des Stellenwertes der Prostitution reden. Mir ist zum Beispiel wichtig, dass etwa über Erscheinungen wie Flatrate-Bordell und alles, was damit zusammenhängt. dass in der Gesellschaft das benannt wird, was es ist, ein Ausdruck von Menschenverachtung. Das würde ich mir wünschen, dass wir hier eine gesellschaftliche Ächtung erhalten.«[63]

Interview mit Charlotte Britz,
Oberbürgermeisterin von Saarbrücken

Charlotte Britz und Annegret Kramp-Karrenbauer – die beiden sind sich oft über den Weg gelaufen. Natürlich mussten die Oberbürgermeisterin der Landeshauptstadt Saarbrücken, eine profilierte SPD-Politikerin, und die CDU-Ministerpräsidentin zum Wohl der Bürger zusammenarbeiten. Charlotte Britz, auch stellvertretende Präsidentin des Deutschen Städtetages, ist seit 2004 im Amt.

Ist die freundliche Annegret Kramp-Karrenbauer in Wahrheit eine knallharte Machtpolitikerin?
Ganz sicher ist sie eine Macherin, die genau weiß, was sie will, aber der Ton macht die Musik. Sie ist eine Frau der leisen Töne und sehr freundlich im oberflächlichen Umgang – mich hat sie auch mal nach meinem Kind gefragt. Sie ist auf die kleinsten Veranstaltungen gegangen, um ihre Botschaft unterzubringen: Ich bin eine von euch. In einem kleinen Notizbuch hat sie sich immer Details notiert. Sie hat jedes Amt als Ministerin mit Bravour genutzt, um ganz oben anzukommen. Jetzt muss sie sich auf der großen Bühne beweisen.

Die Chemie zwischen Ihnen beiden stimmt also?
Na ja, ganz nah sind wir uns nicht, wir siezen uns auch. Aber einen offenen Konflikt hatten wir nie. Frauenpolitisch habe ich ein Problem mit ihr. Sie wehrt sich aktuell zum Beispiel gegen eine bessere Information für Frauen beim Thema Abtreibung. Bei dem Thema müssen wir vorangehen, nicht zurück in die Vergangenheit. Auch ihre ablehnende Haltung gegenüber Lesben und Schwulen, die heiraten wollen, war natürlich alles andere als fortschrittlich und zeitgemäß.

Eine Amtszeit ohne Schrammen ist normalerweise ja kaum möglich. War sie eine unumstrittene Landesmutter – oder gibt es doch ein paar Kratzer?

Alle Skandale, die mit ihr in Verbindung gebracht wurden, sind nicht an ihr hängen geblieben. Egal, ob es um die krasse Kostenüberschreitung beim vierten Pavillon des Saarlandmuseums ging oder beim Skandal um das Millionengrab Fischzucht in Völklingen.

Gab es gemeinsame Projekte, wo Sie an einem Strang gezogen haben?

Bei der Bekämpfung der schrankenlosen Straßenprostitution hatte ich sie auf meiner Seite. Der Kampf gegen diese Auswüchse, gegen die Ausbeutung der Frauen aus Osteuropa, entsprach sicher auch ihrer katholischen Sozialisation. Auch beim Umzug der Peugeot-Zentrale von Saarbrücken nach Köln haben wir zusammen gekämpft – leider vergebens. Ihre Sparmaßnahmen an der Universität habe ich nie verstanden, das Saarland ist das Bundesland, das am schnellsten und stärksten altert. Unsere Hochschulen sind wichtig, um dem demographischen Wandel zu begegnen und Fachkräfte zu sichern. Natürlich haben wir uns beide über das neue Helmholtz-Zentrum gefreut, es soll das weltweit größte Forschungszentrum für IT-Sicherheit werden.

Ein Saarländer als Buhmann: Warum Peter Hartz gerne Kramp-Karrenbauer heißen würde

Es gibt Tage, an denen verflucht Peter Hartz seinen Namen. Er ist einer der bekanntesten Saarländer, die Prominenz seines Familiennamens dürfte ihm wohl bis an sein Lebensende Häme und Anfeindungen einbringen. Das SPD-Mitglied, hauptberuflich lange Personalvorstand bei Volkswagen, hat mit seinen Ideen als Berater von Gerhard Schröder,

Bundeskanzler von 1998 bis 2005, die nach ihm benannte Arbeitsmarkt-reformen eingeleitet. Sie führten zwar zu einer klaren Reduzierung der Arbeitslosenzahlen, sind aber vielen verhasst geblieben. Gerhard Schröder verkündete die Reformen 2003 als eine Art Notwehr des Staates. Deutschland galt wirtschaftlich als der kranke Mann Europas. Es war inszeniert wie ein Staatsakt, als Peter Hartz im Französischen Dom in Berlin seine Ideen »für moderne Dienstleistungen am Arbeitsmarkt« präsentierte. Sie waren unter dem Kürzel Hartz IV zusammengefasst, ein stigmatisierendes Chiffre für sozialen Abstieg, für das Minimum, mit dem man zwar überleben, aber nicht in Würde leben kann. Das Wort »hartzen«, also von sozialen Zuwendungen leben, hat sogar Eingang in den Duden gefunden. Bis heute wird der Sozial-Reformer angefeindet, der 77-Jährige ist der ideale Sündenbock, vor allem auch in der SPD gilt er als großes Unglück der Parteigeschichte, als Zerstörer, ohne den es nie zur Gründung der Konkurrenzpartei gekommen wäre, die sich später *Die Linke* nannte. Und das hat eben mit seinem Namen zu tun »der Name Hartz macht nur alles kaputt«, wie er selbst gesagt hat. Hieße er Leutheusser-Schnarrenberger oder Kramp-Karrenbauer wäre er nie so tief gefallen, beklagte er sich im Interview mit der *Zeit*.[64] Aus einem langen Doppelnamen ließe sich eben kein Verb wie »hartzen« ableiten und auch kein Kürzel für eine Sozialleistung wie Hartz IV.

Annegret Kramp-Karrenbauer dürfte mit einem Schmunzeln gehört haben, dass ein langer Doppelname auch Vorteile haben kann. Sie hat sich nie an der gnadenlosen Verurteilung von Peter Hartz beteiligt. »Wir haben bei vielen Projekten, zum Beispiel bei seiner Idee europäischer Talentförderung, immer gut zusammengearbeitet, ich rede permanent mit ihm«, sagt sie bei ihrer Zuhörtour durch die CDU. Ein missverständliches Wort wie »Ich-AG« würde sie trotzdem nicht in der politischen Debatte verwenden. Das auch von Peter Hartz ersonnene Kürzel steht für ein Existenzgründungmodell, bei dem Empfänger von Arbeitslosengeld II Starthilfe für die Selbstständigkeit erhalten. Eigentlich keine schlechte Idee, aber das Etikett für diese Förderung klang furchtbar. Kramp-Karrenbauer trampelt nicht auf einem Menschen herum, dessen Ruf völlig ruiniert ist. Sie ist fähig dazu, sich die ganze Lebensleistung anzuschauen: Peter Hartz war Arbeitsdirektor in der saarländischen Stahlindustrie, in den Saarhütten war er bis 1993 der Krisenmanager. Die Zahl der Mitarbeiter wurde von 38 000 auf 11 000 heruntergefahren, das geschah ohne betriebsbedingte Kündigungen. Mit der Stahlstiftung schaffte es Hartz, die erste deutsche Transfergesellschaft zu gründen, die den von Arbeitslosigkeit bedrohten Menschen eine Perspektive gab. Peter Hartz erfand bei VW die Viertagewoche und rettete so viele Jobs. Kein VW-Mitarbeiter landete auf der Straße. Mit der Initiative 5000 x 5000 gelang es ihm, neue Mitarbeiter außerhalb des gültigen Tarifvertrages anzuheuern. So wurde er zum Helden der Arbeiter.

Annegret Kramp-Karrenbauer verdammt die Hartz-Reformen schon allein deshalb nicht, weil sie die Arbeitslosenzahlen spürbar senkten, wobei die Ausweitung der Leiharbeit und die Minijobs die andere Seite der Medaille waren. Und natürlich muss sie als CDU-Politikerin ewig dafür dankbar sein, dass sich die SPD immer noch an Gerhard Schröders Agenda 2010 abarbeitet. Stolz auf die eigenen Erfolge zu sein, ist den Sozialdemokraten nicht gegeben, dafür haben sie kein Talent. Der Umgang mit Hartz IV, das Abrutschen ganzer Wählerschichten, die der SPD die neoliberalen Ideen übel genommen hatten, entzweien bis heute die Partei. Was der Union natürlich nützt. Sie kann die süßen Früchte ernten, ohne sich für deren Erfindung rechtfertigen zu müssen, die für viele so bitter war. So verweist Angela Merkel immer wieder süffisant darauf, dass sie die Ernte eingefahren hat, die Gerhard Schröder und Peter Hartz gesät haben. Aber dennoch bleibt Hartz IV ein Reizthema – auch in der Union. So sagte zum Beispiel Bundesgesundheitsminister Jens Spahn, der als einer der neuen *Jungen Wilden* in der CDU gilt, im März 2018 locker, dass Hartz IV nicht Armut, sondern die Antwort der Solidargemeinschaft auf Armut bedeute. Dies wurde ihm sofort als zynische

Antwort auf die Nöte von vielen Menschen ausgelegt. Es war eine kühle Äußerung, auch Kramp-Karrenbauer distanzierte sich von Jens Spahn. Sie warnte davor, dass Menschen, »die wie er oder ich gut verdienen, versuchen zu erklären, wie man sich mit Hartz IV fühlen sollte." Die Menschen, die sie kenne, »wollten aus Hartz IV wieder raus.«[65]

Mit ihrer Kritik am forschen Jens Spahn, gegen den ein Proteststurm auch innerhalb der CDU losbrach, schlug Kramp-Karrenbauer gleich zwei Fliegen mit einer Klappe: Sie machte klar, dass Jens Spahn nicht die Mehrheitsmeinung in der CDU vertritt. Schließlich war es zum Zeitpunkt der umstrittenen Äußerung gerade ihre offizielle Aufgabe, die Meinung der Partei offiziell in der Öffentlichkeit zu präsentieren. Mit der neuen Autorität als CDU-Generalsekretärin verwies sie einen möglichen Konkurrenten um die Kanzlerkandidatur gleich mal in seine Schranken und belehrte ihn, was politisch korrekt ist und was unerwünscht. Klug auch, dass sie sich dabei auf die Parteibasis stützte: »Aus vielen Rückmeldungen, die im Konrad-Adenauer-Haus eingegangen sind, wissen wir, dass sich viele am Tonfall gestört haben. Für diese Diskussion braucht es Fingerspitzengefühl. Die CDU war nie eine hartherzige Partei!«, stellte Kramp-Karrenbauer Ende März 2018 in der *Rheinischen Post* klar.[66]

III. Die zehn Gebote von Annegret Kramp-Karrenbauer: Der Wesenskern einer christlichen Politikerin

In Annegret Kramp-Karrenbauers Vita kann man aus der Sicht des Autors zehn Grundsätze herausfiltern – es sind, um es biblisch zu formulieren, ihre zehn Gebote, ihr Kompass, ihr Wertgerüst, das sie den Wählern und Wählerinnen anbietet. Eine Interpretation des Biografen mit vielen Fakten.

1. Trau dir was zu: Ich war gerne eine Quotenfrau

Es ist eines ihrer großen Lebensthemen: Der Aufstieg von Frauen in der Politik und die strukturellen Hindernisse, die sie dabei überwinden müssen. Kramp-Karrenbauer hat selbst darunter gelitten, dass die Parteien bei der Aufstellung ihrer Direktkandidaten Frauen benachteiligen. So entstand 2017 die kuriose Situation, dass im neuen Bundestag deutlich weniger Politikerinnen sitzen als im alten. Der Frauenanteil sank von 37 auf 31 Prozent – ein klarer Rückschritt. Das lag auch am schwachen Frauenanteil der größten Oppositionspartei, der AfD.

Die CDU, die lange Zeit das Image einer Männerpartei hatte, bevor Angela Merkels lange Amtszeit begann, arbeitet mit einem Quorum, also mit einer vorgeschriebenen anteiligen Besetzung der Landeslisten mit Frauen. Bei Listenaufstellungen muss demnach offiziell mindestens ein Drittel der Kandidatinnen weiblich sein, aber diese Vorgabe wird oft ausgehebelt und missachtet. Wenn sich Frauen bei den Direktmandaten nicht durchsetzen, ändert auch eine noch so gut quotierte Landesliste nichts, weil die Plätze im Bundestag, die der Partei zustehen, dann oft schon besetzt sind. Das Einzige, was helfen würde, wäre eine Frauenquote für den Bundestag selbst, auf die sich alle Parteien freiwillig verpflichten. Aber das stößt auf verfassungsrechtliche Bedenken, denn Demokratie geht von unten nach oben: Die Kreisverbände wählen ihre Direktkandidaten in freier Abstimmung. Politik ist immer auch Konkurrenzkampf – und der beginnt eben erst mal in der eigenen Partei. Eine Frauenquote im Parlament ist also unrealistisch. Oder sollte man sich an dem französischen Modell orientieren, das eine unzureichende Aufstellung von Kandidatinnen über die Wahlkampfkostenerstattung bestraft? Dort soll ein Paritätsgesetz sicherstellen, dass auf den Wahllisten gleichmäßig Vertreter beider Geschlechter aufgestellt werden.

Die Quote war lange Zeit umstritten, sie galt als Erfindung der linken Parteien. Die Grünen haben auf ihren Parteitagen sogar eine quotierte Rednerliste. Kramp-Karrenbauer hat kein Problem mit dem umstrittenen Kampfbegriff. Das erklärte sie bei ihrer Zuhörtour 2018, einer Rundreise durch die Republik, bei der sie die Stimmung an der Parteibasis erkunden wollte: »Ich bin auch eine Quotenfrau, als ich für Klaus Töpfer in den Bundestag nachrücken konnte, habe ich diesen Platz nur bekommen, weil dieser Platz für eine Frau vorgesehen war. In den Stadtrat von Püttlingen kam ich nur, weil ein Listenplatz an ein Mitglied der Jungen Union fallen sollte, ich erfüllte das Kriterium.«

Kramp-Karrenbauer will eine Debatte ohne Pulverdampf, weil ihr Ideologie ein Graus ist. »Für mich bedeutet eine Quote zunächst einmal, dass jemand eine Chance bekommt, sich in so einer Funktion zu beweisen. Wenn man den Beweis schuldig bleibt, ist man das Amt auch schnell wieder los«, erklärte sie im *Focus*.[67] Abgesehen davon funktioniere ein Großteil der Politik ohnehin nach Quote. Jede Liste, die aufgestellt wird, werde danach bewertet, ob etwa alle Regionen, oder alle Altersgruppen, Arbeitnehmerflügel und Wirtschaftsflügel vertreten sind. »Ich konnte noch nie verstehen, warum das bei Frauen immer kritisch diskutiert wurde. Deshalb hatte ich nie ein Problem damit, mich als Quotenfrau zu bezeichnen. Denn auch die Quote hat mir die Chance eingeräumt, bestimmte Aufgaben auszuüben. den Beweis, dass ich diese ausfüllen kann, habe ich selbst erbracht.«[68]

Der Fortschritt ist nicht aufzuhalten, das weiß sie aus eigener Erfahrung. Denn tüchtige Frauen ziehen wiederum andere starke Frauen mit, viele verstehen sich auch als Mentorinnen: »Ich gestehe, als ich für Klaus Töpfer in den Bundestag nachgerückt bin als Mutter von drei Kindern, darunter ein Baby, hat so mancher Parteifreund die Stirn gerunzelt. Doch seit Frauen in Führungspositionen von Parteien keine Seltenheit mehr sind und auch gezeigt haben, dass sie das politische Handwerk genauso gut verstehen wie Männer, haben sich Vorbehalte gegenüber Frauen abgebaut.«[69] Aber Kramp-Karrenbauer appelliert auch an die Vernunft der eigenen Partei und warnt vor unsinnigen Grabenkämpfen. Jede kompetente Frau sei gleich gut. Kramp-Karrenbauer hält nichts von der künstlichen Unterscheidung zwischen Frauen, die es aus eigener Kraft geschafft haben und Quotenfrauen. Sie macht immer wieder darauf aufmerksam, dass es heimliche informelle Quoten in der CDU längst gibt: Zum Beispiel nach Region, Alter, Konfession, Beruf.

Kramp-Karrenbauer will mehr Frauen in die Politik locken, aber sie kennt die Probleme: die Doppelbelastung der Frauen durch Haushalt und Kinderziehung die meistens beide an ihnen hängen bleiben. Viele Frauen seien nicht bereit, ihre Zeit in langwierigen und oftmals unergiebigen Nachtsitzungen zu opfern. Der Präsenzwahn verhindere, dass Mütter den Weg durch die gläsernen Decken finden – in der Politik und in der Wirtschaft.

In der Wirtschaft gibt es noch viel Nachholbedarf bei der Frauenquote. Die freiwilligen Vereinbarungen, den Anteil der Frauenquote in Führungspositionen wie Aufsichts- und Verwaltungsräte zu erhöhen, haben zwar ein Bewusstsein für diese Notwendigkeit geschaffen. Kramp-Karrenbauer hat sich aber immer für eine gesetzliche Quote ausgesprochen. Den Widerspruch, die am besten ausgebildete Frauengeneration aller Zeiten in Deutschland zu haben und ihr keine richtige Chance zu geben, den kann sie nicht akzeptieren. Dabei entlässt sie Frauen aber nicht aus ihrer Eigenverantwortung bei der Karriereplanung.

Frauen müssten allerdings auch lernen, nicht wie ein Mäuschen, sondern wie eine Löwin aufzutreten. Dazu gab Kramp-Karrenbauer auf der Internetseite www.powerfrauen.net drei Tipps: »Haben Sie Mut, sich auch für typische Männerberufe zu entscheiden. Seien Sie selbstbewusst! Frauen sind eine Bereicherung für jedes Unternehmen! Lassen Sie sich nicht verunsichern, weil sie ein altes Rollenverständnis aufgeben! Gemeinsam mit einem aufgeschlossenen Partner können Sie – ohne schlechtes Gewissen – Familie und Beruf miteinander vereinbaren.«[70]

Die CDU-Politikerin weiß: Es reicht nicht aus, dass es nur einzelne herausragende Frauen ganz nach oben schaffen. Es müssen viele werden. Und sie dürfen keine Kopien ihrer männlichen Kollegen sein, sonst ist der Fortschritt ein Stillstand. Der Führungsstil von Frauen unterscheidet sich vom klassischen männlichen Führungsstil, meint sie: »Ich stelle, wenn ich Kolleginnen in Führungspositionen treffe, übereinstimmende Merkmale fest. Das gilt für die Fähigkeit, besser zuhören und einbinden zu können. Es gibt bei Frauen seltener einen Basta-Stil«, erklärte sie in der *Welt am Sonntag*.[71] Ein solcher auf Ausgleich bedachter Politikstil sei vor allem dann sinnvoll, wenn in Koalitionsregierungen sehr unterschiedliche Partner zusammenarbeiten müssen. »Wenn der Chef sich auch mal zurücknehmen kann, ist das in einer solchen Konstellation zielorientierter und erfolgsversprechender, als wenn er immer bestrebt ist, den großen Zampano zu spielen.«[72]

Wenn man mit Mitarbeitern von Kramp-Karrenbauer spricht, hört man, dass sie eine verständnisvolle Chefin ist, die ihren Leuten auch frei gibt, wenn sie ihre Eltern pflegen oder die Kinder krank sind. Empathie ist ihr Wesenszug, Frauenpower ihr Markenzeichen. Auch in der Zeitschrift *EMMA*, dem Zentralorgan des deutschen Feminismus, wird Kamp-Karrenbauer als Politikerin gefeiert: Grundanständig, bodenständig, zielorientiert. Alice Schwarzer hält große Stücke auf sie. Auf die Frage, ob Kramp-Karrenbauer Merkel nachfolgen kann, antwortete sie im Interview für dieses Buch:

»Das Zeug dazu hat sie anscheinend. Sie biedert sich nicht an. Und dass ihr Mann als Hausmann ihr den Rücken freigehalten hat, ist doch sympathisch. Unter diesem Druck lässt jetzt auch die SPD die Frauen vor. Vielleicht erleben wir bei den nächsten Wahlen ja ein Frauenduell.« Alice Schwarzer meint damit ein mögliches Duell zwischen Annegret Kramp-Karrenbauer und Andrea Nahles, der starken Frau der SPD, um die Kanzlerschaft. Zwei Frauen, die sich vom Politikstil durchaus unterscheiden. Nahles, die in der SPD einige Zeit den Spitznamen »Stalin« trug, ist rabiat, Kramp-Karrenbauer moderat.

Mit der jetzigen Kanzlerin ist Alice Schwarzer im Großen und Ganzen auch zufrieden: »Allein schon ihre Existenz ist ein großer feministischer Fortschritt. Und sie hat einen ganz neuen Stil geprägt: weder weiblich noch männlich, eher kameradschaftlich und sachorientiert. Die Frauenfrage hat sie zwar nie groß thematisiert, doch ihre Ministerinnen eine fortschrittliche Frauenpolitik machen lassen.«

Angela Merkel wird immer die Liste ihrer ach so bemitleidenswerten männlichen Opfer (Roland Koch, Friedrich Merz, Christian Wulff, Norbert Röttgen, Edmund Stoiber) vorgehalten. Eine Liste von ausgebremsten Frauen gibt es nicht: Eine Ursula von der Leyen wurde von ihr nie blockiert. Merkel denkt an die Zeit nach ihrer Kanzlerschaft. Nach ihr wieder das Patriarchat, damit sie besonders herausragt? Das ist nicht ihr Ziel. Und Kramp-Karrenbauer ist ein Symbol dafür, dass Merkel starke Frauen neben sich nicht nur ertragen, sondern auch fördern kann.

2. Denke europäisch: Das ist die Grundlage für Frieden und Wohlstand

Erst war es eine kleine Bürger-Bewegung: *Pulse of Europe*, der Puls des Kontinents. Junge Menschen trafen sich jeden Sonntag, um das Thema Europa nicht mehr den rechten Schreihälsen zu überlassen. Auf einmal waren in vielen Städten Tausende auf den Beinen, um ihre positive Vision von Europa zu feiern: Ein Kontinent, der den Frieden garantiert, der die Grundlage unseres Wohlstandes ist, der nach zwei Weltkriegen eine faszinierende Idee von einer friedlichen Weltmacht hat. Und obwohl es in Europa knirscht und rumpelt, ist Europa immer noch die bessere Alternative zum Rückfall in finsteren Nationalismus, der nicht etwa mit einem gesunden Patriotismus zu verwechseln ist. Dieser beinhaltet zumeist die engstirnige Einstellung, im eigenen Saft zu schmoren und sich selbst zu genügen. Nach dem Motto: Wenn jeder an sich selber denkt, ist an jeden gedacht.

Politiker haben bei den Demonstrationen von *Pulse of Europe* grundsätzlich kein Rederecht, es ist eine Bewegung von unten, ohne politische Anführer. Aber Annegret Kramp-Karrenbauer lächelt, wenn sie diese glühenden Europäer sieht. Sie ist ja selbst so eine, eine Instinkt-Europäerin. Als Saarländerin lebt sie in unmittelbarer Nachbarschaft von Frankreich, Luxemburg und Belgien. Das prägt. Kramp-Karrenbauer hat die ungeheuren Fortschritte auf dem Weg in ein vereintes Europa selbst erlebt. Dass man heute mit dem Euro zahlt und ohne Schlagbäume zu sehen, in der Grenzregion herumkurven kann, freut sie, ihre Kinder finden das schon selbstverständlich.

Helmut Kohl ist für sie ein Vorbild, zumindest in seiner Funktion als Ehrenbürger Europas. An seinem ersten Todestag war Kramp-Karrenbauer natürlich an seinem Grab, direkt neben der Kohl-Witwe, die über zahlreiche Jahre viele alte Freunde von Helmut Kohl davon abgehalten hatte, den Altkanzler zu besuchen. So fassten dass zumindest etliche dieser Freunde auf. Sie ist für die CDU eine Zumutung. Kramp-Karrenbauer weiß genau, welche charakterlich unangenehmen Seiten Kohl hatte: Legitime Kritik an seiner Person hielt er für Hochverrat und bestrafte den Kritiker mit Kontaktsperre. Aber das alles und selbst auch die Spenden-Affäre, die der CDU schwer schadete, wiegt für Kramp-Karrenbauer nicht so schwer wie das europäische Sendungsbewusstsein von Helmut Kohl: »Wahrscheinlich hätte Helmut Kohl nie zu träumen gewagt, dass er selbst einmal Wegbereiter eines Europas der offenen Grenzen sein würde. Jahrzehntelang war der Kontinent durch eine schier unüberwindliche Grenze gespalten. Aber auch die Grenzen in Westeuropa waren gesichert mit Grenzhäuschen und Schlagbäumen. Das geeinte Europa ohne Grenzen ist ein wahr gewordener Traum – ein Traum, der uns auch heute ein zu hütender Schatz sein muss.«[73]

In einem großen Namensartikel für die *Frankfurter Allgemeine Zeitung* am 18. Juni 2016, zwei Tage nach seinem Todestag, zitiert sie Helmut Kohl: »Was kann den Frieden und die Freiheit unseres Vaterlandes dauerhafter sichern als ein geeintes, freies und starkes Europa? Sind wir uns eigentlich nicht der Größe der Aufgabe bewusst? Sind wir nicht dabei, im Alltag der Europapolitik, des kleinlichen Streits über die Kommission in Brüssel, das große Ziel aus den Augen zu verlieren? Müssen wir nicht wieder lernen zu begreifen, welch ein Juwel wir hier in der Hand haben?«[74]

Die Geographie bestimmt auch das Bewusstsein. Die Zufälligkeit, wo jemand geboren wurde, erhellt oder verdunkelt den Blick auf die Weltgeschichte. Annegret Kramp-Karrenbauer ist eine leidenschaftliche

Europäerin, weil sie genau weiß, was ein ungezügelter Nationalismus anrichten kann. Die gerade einmal 232 Meter hohen Spicherer Höhen, nicht weit von ihrem Geburtsort Püttlingen, sind heute ein beliebtes Ausflugsziel. Dort werden Europafeste gefeiert werden, bei denen Flammkuchen und Wein gereicht werden. Hier hat die nachbarschaftliche Lebensfreude längst über die Dämonen des Hasses aus früheren Kriegen zwischen Deutschland und Frankreich gesiegt. »Deutsch-französischer Kultur- und Naturpark Spicheren« heißt der einst so unheimliche Ort heute. Franzosen feiern ganz locker mit Deutschen, das war vor einigen Jahrzehnten noch unvorstellbar. Denn die Spicherer Höhen waren ein Schlachtfeld, auf dem Tausende von deutschen und französischen Soldaten für ein sinnloses Ziel ihr Leben opfern mussten. Der Deutsch-Französische Krieg 1870/71 war ein Musterbeispiel für ein Gemetzel, aus dem die Menschheit erst spät lernte. Auf französischer Seite zählte man nach der Schlacht am 6. August 1870 4078 Tote, Verwundete und Vermisste, bei den deutschen Regimentern waren es 4817 Mann, darunter mehr als 800 Tote. »Deutschland muss leben, auch wenn wir sterben müssen«, solche Parolen wurden den Soldaten eingetrichtert, das Unwort vom »Heldentod« war in allen Köpfen. Die Spicherer Höhen hatten eine hohe Symbolik, auch für die Nazis. Adolf Hitler war 1939 hier, weil die Grenze zwischen Deutschland und Frankreich nach dem Ersten Weltkrieg wieder genau an den Spicherer Höhen verlief. 1939 besetzten deutsche Soldaten eine Vorpostenlinie auf dem Spicherer Berg und drangen damit in französisches Staatsgebiet ein. Der symbolisch aufgeladene Ort wurde zu einem Teil des deutschen Westwalls. Die Wehrmacht errichtete Stacheldrahtverhaue, Bunker und Schützengräben. Das Ergebnis dieses Wahnsinns kann man bis heute betrachten. Es gibt Soldatenfriedhöfe und seit 1995 steht auch ein amerikanischer Panzer als Denkmal auf dem Berg und erinnert daran, dass Gewalt manchmal nur mit Gewalt beendet werden kann. Die amerikanische Infanteriedivision, die damals gegen die längst demoralisierten deutschen Soldaten kämpfte und die Nazis an dieser Stelle stoppte, hat den Panzer als Zeichen der Versöhnung und Mahnung gestiftet. Nie wieder Krieg – diese Lektion hatten spätestens nach der Nazibarbarei fast alle gelernt.

Das ist die Essenz Europas, die das Leben von Annegret Kramp-Karrenbauer bestimmt. Sie weiß, dass die Idee der europäischen Einigung und der Zusammenarbeit wohl zum schönsten Tafelsilber der deutschen Politik gehört. Für sie als Saarländerin ist die europäische Idee seit jeher allzeit präsent. Und es ist kein Zufall, dass als Wandschmuck in ihrem Berliner Büro die berühmte Erklärung des französischen Außenministers Robert Schuman hängt, der als Gründervater der Europäischen Union gilt. Schuman war schon von seiner Biografie her ein Mustereuropäer: Geboren wurde er als Reichsdeutscher in Luxemburg, seine Muttersprache war das moselfränkische Deutsch, wie es auch im Saarland gesprochen wurde. Im Ersten Weltkrieg war er in der deutschen Verwaltung beschäftigt. Nach der Annexion Deutsch-Lothringens durch Frankreich wurde er offiziell Franzose. Schuman hatte die Idee des Jahrhunderts: Er schlug die Schaffung einer Europäischen Gemeinschaft für Kohle und Stahl (EGKS) vor, deren Mitglieder ihre Kohle- und Stahlproduktion zusammenlegen sollten. Gründungsmitglieder der neuen Organisation waren Frankreich, Deutschland, Italien, Niederlande, Belgien und Luxemburg, die gemeinsame Hohe Behörde der Europäischen EGKS sollte alles überwachen. Das war ein erster Schritt auf dem Weg zur Europäischen Gemeinschaft und später zur Europäischen Union, wie wir sie heute kennen. Diese Gemeinschaft sollte eine aktive Vorbeugung gegen künftige Kriege nach dem Trauma der Zerstörung Europas sein. Die Überzeugung von Robert Schuman und dem ersten deutschen Bundeskanzler Konrad Adenauer war: Wer wirtschaftlich zusammenarbeitet, der führt keine Kriege mehr. Ein Krieg zwischen den einstigen Erbfeinden Deutschland und Frankreich sollte »nicht nur undenkbar, sondern materiell unmöglich« gemacht werden. Robert Schuman hat seine Position in seiner richtungsweisenden Erklärung vom 9. Mai

1950 dargelegt – es war damals eine Sensation. Darin forderte er auch gegen Widerstände in seinem eigenen Land eine dauerhafte Versöhnung mit dem Aggressor Deutschland. Eine Forderung, die ihn letzten Endes sein Amt als Außenminister kostete.

Hier ein Auszug aus der Erklärung: »Der Friede der Welt kann nicht gewahrt werden ohne schöpferische Anstrengungen, die der Größe der Bedrohung entsprechen. Der Beitrag, den ein organisiertes und lebendiges Europa für die Zivilisation leisten kann, ist unerlässlich für die Aufrechterhaltung freundlicher Beziehungen. Frankreich, das sich seit mehr als zwanzig Jahren zum Vorkämpfer eines Vereinten Europas macht, hat immer als wesentliches Ziel gehabt, dem Frieden zu dienen. Europa ist nicht zustande gekommen, wir haben den Krieg gehabt. (…) Europa lässt sich nicht mit einem Schlage herstellen und auch nicht durch eine einfache Zusammenfassung. Es wird durch konkrete Tatsachen entstehen, die zunächst eine Solidarität in der Tat schaffen. Die Vereinigung der europäischen Nationen erfordert, dass der Jahrhunderte alte Gegensatz zwischen Frankreich und Deutschland ausgelöscht wird. (…) Die Zusammenlegung der Kohle- und Stahlproduktion wird sofort die Schaffung gemeinsamer Grundlagen für die wirtschaftliche Entwicklung sichern – die erste Etappe der europäischen Föderation – und Bestimmung jeder Gebiete ändern, die lange Zeit der Herstellung von Waffen gewidmet waren, deren sicherste Opfer sie gewesen sind.«[75]

Diese Rede, ein Meilenstein der europäischen Zeitgeschichte, ist bis heute zeitlos aktuell. Und für Annegret Kramp-Karrenbauer genauso wichtig wie der Beitrag von Helmut Kohl zu Europas Aufstieg als Friedensmacht.

Die nächsten Sätze von Kramp-Karrenbauers Würdigung von Helmut Kohl lesen sich wie ein Kommentar zu den aktuellen Grenzplänen der CSU: »Helmut Kohl hätte alles unternommen, um die Errungenschaften der offenen Grenzen zu verteidigen – immer in gegenseitiger Loyalität aller Europäer. Diesen Weg entschlossen weiterzugehen, das ist nicht nur unsere Pflicht gegenüber dem Vermächtnis Helmut Kohls, das ist vor allem unsere Pflicht gegenüber unseren Kindern und Enkeln.«[76]

Kramp-Karrenbauer ist tief ins Archiv gestiegen und sie zitiert eine Rede von Helmut Kohl von 1989 auf dem legendären Bundesparteitag der CDU in Bremen. Die Rede hatte er wenige Stunden nach der Öffnung der ungarischen Grenze für DDR-Flüchtlinge gehalten: Sie gab freimütig zu, dass ihr bei der Lektüre dieser Sätze der Atem stockte: »Wie aktuell vieles war, wie wenig sich manches trotz rasanter Entwicklungen verändert hat, wie weitsichtig manche Passage war, wie viel Orientierung manche Bemerkung auch für die aktuelle Politik stiften kann!«

Speziell der Heimatbegriff von Helmut Kohl war in ihren Augen nicht veraltetet, sondern hochaktuell. Sie zitiert ihr europapolitisches Vorbild: »In einer Zeit raschen Wandels suchen Menschen nach Orientierung. Sie brauchen die Erfahrung des Vertrauten, der Geborgenheit und der Erfahrung von Heimat. Als wir vor ein paar Jahren von Heimat sprachen, galten wir als die Ewiggestrigen. Es ist unübersehbar: Dieses Europa, wie wir es wünschen, wird nur bestehen können, wenn wir in unserer Heimat verwurzelt Ja sagen zum deutschen Vaterland und Ja sagen zu Europa. Heimat, Vaterland, Europa – das ist der Dreiklang, um den es geht.«[77] Da stellt sich eine Politikerin der Gegenwart in die Traditionslinie deutscher Politik: Annegret Kramp-Karrenbauer will aller Welt sagen: Ja, ich bin eine Kohlianerin, eine Schülerin des Meisters. Wer Europa nicht immer mitdenkt und in Kleinstaaterei zurückfällt, denkt nicht modern. Denn ein einzelner Nationalstaat kann gegen Giganten wie China, USA und Russland nicht mithalten.

3. Lerne Fremdsprachen: Sie erweitern deinen Horizont

Wer im Saarland aufwächst, kommt an der französischen Sprache nicht vorbei. Klar, dass Annegret Kramp-Karrenbauer die Sprache auch ganz gut beherrscht, obwohl sie bei offiziellen Anlässen auf Nummer sicher geht: Dann nutzt sie die Dienste eines Dolmetschers. Sie ist eben keine französische Muttersprachlerin, wichtige Nuancen können verloren gehen. Das Lesen französischer Krimis und der Einzelunterricht in Französisch zeigen aber, wie sehr sich die Politikerin für das Nachbarland interessiert. Es ist kein Mussthema für Sie, es ist eine Herzensangelegenheit. »Wer die Sprache des anderen kennt, schießt nicht auf ihn«, heißt die schlichte Logik Kramp-Karrenbauers.[78]

2011 ernannte Angela Merkel die Ministerpräsidentin des Saarlandes zur »Bevollmächtigten der Bundesrepublik Deutschland für die deutsch-französische kulturelle Zusammenarbeit.« Da hat Kramp-Karrenbauer einige Duftmarken hinterlassen: Nachdem es die deutsch-französische Hochschule und das deutsch-französische Gymnasium schon gab, wollte sie zweisprachige Kitas in den Grenzregionen der beiden Länder ausbauen, je 200 sind es ungefähr im Elsass, Lothringen und im Saarland. Schon Dreijährige sollen künftig in beiden Sprachen betreut werden. Das ist ein Alleinstellungsmerkmal des Saarlandes. Bis 2043 soll neben der deutschen Sprache Französisch als zweite Verkehrs- und Umgangssprache etabliert werden. »Die ›Generation Elysee‹, also die Saarländer, die im Jubiläumsjahr 2013 geboren wurden und in dreißig Jahren selbst Kinder bekommen, sollen für ihren Nachwuchs die Chance erhalten, beide Sprachen im Alltags- und Berufsleben zu beherrschen.«[79] Das Saarland verstehe sich als Brücke zwischen Deutschland und Frankreich, erklärte Kramp-Karrenbauer. »Die historisch gewachsene und in den letzten Jahren mit großen Anstrengungen ausgebaute Frankreichkompetenz ist eine große Chance für die Zukunft und die Eigenständigkeit unseres Landes. Der Erfolg der deutsch-französischen Versöhnung, der sich im Saarland auf allen Gebieten zeigt, ist ein Modell für gelungene europäische Integration.« [80]

Das Saarland soll »Brücke nach Deutschland und Tor nach Frankreich« sein. Kramp-Karrenbauer schwärmt vom »multilingualen Raum deutsch-französischer Prägung«, der nicht nur eine fixe Politikeridee ist, sondern auch in weiten Teilen der der Bevölkerung Unterstützung findet. Der französische Generalkonsul in Saarbrücken, Frédéric Joureau, nannte das Saarland einmal das »Labor der deutsch-französischen Zusammenarbeit«, einen Schmelztiegel für die Zweisprachigkeit. In der Landesverwaltung sollen Französischkenntnisse ein wichtiges Einstellungskriterium werden. Alle Angestellten im öffentlichen Dienst haben Anspruch auf Sprachkurse und Fortbildungen. In der Ausbildung saarländischer Lehrkräfte soll die Orientierung an der französischen Kultur einen breiten Raum einnehmen. Deswegen soll das Erlernen der englischen Sprache, die natürlich elementar ist, natürlich nicht behindert werden. Wer früh zwei Sprachen lernt, kann auch eine dritte noch hinzunehmen. Das ist die Grundüberzeugung dieses Konzepts, das von Kramp-Karrenbauer vertreten wird.

Die »Frankreich-Strategie« fällt auf fruchtbaren Boden – in beiden Ländern. Als die französische Kulturministerin Najat Vallaud-Belkacem in Elsass und Lothringen die zweisprachigen Klassen abschaffen wollte, die im Saarland schon ausprobiert werden, hagelte es Protest in der Region. Die Eltern setzen sich gegen die Pariser Bürokratie durch. Kein Wunder: Mehr als 18 000 Lothringer arbeiten in Deutschland, umgekehrt gibt es Deutsche, die in Frankreich und Luxemburg ihre Jobs haben. Die Region ist der größte verdichtete Arbeitsmarkt in Europa. Die Fremdsprachenkenntnisse sind hier ein wichtiges Kapital.

Ihr Sendungsbewusstsein in Sachen Zweisprachigkeit und deutsch-französischer Freundschaft machte sich für Kramp-Karrenbauer irgendwann auch persönlich bezahlt: 2016 wurde sie mit dem Orden der

Ehrenlegion ausgezeichnet und in den Rang eines Offiziers erhoben. »Außergewöhnlich, ambitioniert und anerkennenswert« nannte der französische Botschafter Philipp Etienne ihre Leistungen. Kramp-Karrenbauer nahm die Auszeichnung strahlend entgegen. Politikern werden im Laufe ihrer Karriere eine Menge Auszeichnungen und Ähnliches überreicht, darunter auch viel Unsinn, aber dieser Orden – die ranghöchste Auszeichnung Frankreichs für militärische oder zivile Verdienste – der bedeutet ihr viel.

Sie will frankophil bleiben. »Wenn ich vor die Wahl gestellt wäre, ob ich Viktor Orban einlade oder Emmanuel Macron, um über Europa zu reden, würde ich mich immer für Macron entscheiden.«[81] Die CSU hält das genau umgekehrt.

4. Sei anstößig – auch bei Freunden: Warum Querdenken wichtig ist, wenn man davon überzeugt ist

In der Politik gibt es grob gesagt zwei Arten von Politikern: Diejenigen, die sich immer absichern und den Konflikt nicht mögen, die konsensorientierten. Nicht auffallen, dann kann man nicht reinfallen – das ist ihre Devise. Sie versuchen ihre Umwelt zu beruhigen, den politischen Gegner einzuschläfern.

Und dann gibt es diejenigen, die gerne auch mal anecken, sich den Luxus einer eigenen Meinung erlauben, die die eigenen Leute überraschen und versuchen, sie mit einer klaren, gut begründeten Meinung zu überzeugen.

Annegret Kramp-Karrenbauer gehört eindeutig zur zweiten Gruppe. Sie schielt nicht immer nach der Mehrheit, vertritt auch gerne mal eine Minderheitenposition, wenn sie davon überzeugt ist. Dann ist sie ab und zu eine erfrischend andere Stimme zum CDU-Mainstream und schlachtet ohne schlechtes Gewissen heilige Kühe eines stockkonservativen Weltbildes. So forderte sie 2012 eine Erhöhung des Spitzensteuersatzes – ein Schritt, der auch sie selbst betroffen hätte. »Es war ein Fehler der rot-grünen Bundesregierung, den Spitzensteuersatz zu senken. Deshalb bin ich für eine offene Diskussion über die Erhöhung des Spitzensteuersatzes.«[82] Als Angela Merkel mit der FDP 2011 die Steuern senken wollte, stellte sich Kramp-Karrenbauer dagegen: »Alles, was die Einnahmesituation des Landes verschlechtert, ist für die Landesregierung nicht akzeptabel.«[83] Auf dem Saarland laste ein enormer Spardruck.

In ihrer Argumentation für einen höheren Spitzensteuersatz, der ihrem Bundesland deutlich höhere Einnahmen einbringen würde, griff Kramp-Karrenbauer auf einen Trick zurück. Nach dem Motto: Was unter Helmut Kohl gut gewesen ist, kann doch heute nicht schlecht sein. Der Spitzensteuersatz lag unter der Regierung Kohl von 1982 bis 1990 bei 56 Prozent ab einem zu versteuernden Jahreseinkommen von mehr als 130 000 D-Mark. 1990 wurde der Spitzensteuersatz auf 53 Prozent gesenkt. Heute liegt der Spitzensteuersatz bei 42 Prozent und er wird bei einem Jahreseinkommen von über 52.000 Euro erhoben. Kramp-Karrenbauers Forderung nach Steuererhöhung, die auch sie beim persönlichen Gehalt eine Stange Geld gekostet hätte, irritierte sogar den politischen Gegner: »Solche linksradikalen Forderungen stellen in der SPD nicht mal mehr die Jungsozialisten«, höhnte Sigmar Gabriel, der sich als Wirtschaftsminister im Dunstkreis der reichen Eliten bewegte.[84]

Nächster Knackpunkt: Der Mindestlohn. Um das Thema wurde 2013 ein wahrer Kulturkampf geführt. Die einen – nicht wenige von ihnen CDU-Mitglieder – betrachteten den Mindestlohn als den Untergang des Abendlandes. Für die anderen war es einfach nur ein Ausdruck von Gerechtigkeit für die Schwächsten der Gesellschaft. Kramp-Karrenbauer kann sich furchtbar darüber aufregen, wenn man mit einem Vollzeitjob eine Familie nicht ernähren kann. Es gibt viele Menschen, die acht oder mehr Stunden arbieten und mit Hartz IV aufstocken müssen, weiß sie. Und sie kennt viele Menschen, die darunter leiden, dass ihre Kinder nur Teilzeitverträge bekommen oder auch mit Hartz IV aufstocken müssen. Das ist auch eine Form der Armut – die Armut von fleißigen Menschen. Dass solche Unsicherheiten die Bildung von Familien behindern, ist ihr klar. Junge Leute, die nicht in eine Festanstellung kommen, werden sich doppelt und dreifach überlegen, ob sie Kinder in die Welt setzen. Laut Kramp-Karrenbauer kann es nicht angehen, dass Eltern, die schon in Rente sind, noch ihre Kinder unterstützen müssen. Um diese Verlierer des Wirtschaftsbooms, die nicht laut aufschreien, will sie sich kümmern.

Die Saarländerin spricht hier nicht nur als Sozialpolitikerin, die es gut mit Menschen meint, die sich nicht auf dem Sonnendeck des Lebens vergnügen. Sie ist zugleich eine kühle Parteistrategin. Mit der Zustimmung zu einem Mindestlohn verliert man den Geruch sozialer Kälte und nimmt den linken Parteien ein »Mobilisierungsthema« weg, meinte sie 2012. Da hatte sie natürlich recht: Dier Mindestlohn war bei der Bevölkerung populär, in Meinungsumfragen sprachen sich neun von zehn Menschen dafür aus; für die Ausbeutung von fleißigen Menschen mit einem Stundenlohn von teilweise drei Euro hatte kaum jemand Verständnis. Kramp-Karrenbauer forderte eine wie auch immer geartete Lohnuntergrenze oder einen Mindestlohn. »Wenn man als Bundesregierung die Möglichkeit hat, dies selbst zu gestalten, sollte man es tun«, meinte sie 2012 ganz forsch.[85] Gegen die FDP, damals noch in der Regierung, war das natürlich nicht durchzusetzen. Ein flächendeckender Mindestlohn zerstört Beschäftigungschancen vor allem Geringqualifizierter, behaupteten die Liberalen damals. Genauso gut hätten sie verkünden können, dass die Abschaffung der Sklaverei zur Massenarbeitslosigkeit führen würde.

2013 durfte dann die SPD in den Koalitionsverhandlungen den Mindestlohn als große Trophäe ins politische Schaufenster stellen. Kramp-Karrenbauer war die Letzte, die dagegen protestiert hätte. Sie freute sich – nicht nur klammheimlich. Auch wenn das Grummeln in der eigenen Partei verursachte. Erst mein Land und das Wohl der kleinen Leute, dann die Parteidisziplin – so ging sie vor. Im Februar 2013 hatte sie ihre Pläne klargemacht, notfalls auch gegen die Bundesregierung und damit gegen die Bundeskanzlerin zu stimmen: »Auf der Ebene des Bundesrates eingebrachte Initiativen zur Festlegung von Lohnuntergrenzen, die eine Verbesserung des Status quo zur Folge haben, wird die Landesregierung mittragen. Dazu gehört unter anderem auch der gesetzlich flächendeckende Mindestlohn.«[86] Das Modell unterscheidet sich zwar von Kramp-Karrenbauers Vorschlägen zu einem Mindestlohn, der sich nach Regionen und Branchen unterscheidet und von Tarifkommissionen festgelegt wird. Aber im Endergebnis läuft es auf dasselbe hinaus: Die Menschen haben mehr im Geldbeutel. Und etwas mehr Würde in der Seele. Ein Ergebnis, gegen das die FDP bis heute Sturm läuft. Der unglückselige ehemalige FDP-Chef Rainer Brüderle bezeichnete Kramp-Karrenbauer als »schwarzlackierte Sozialistin«. Aber eine tüchtige Politikerin braucht auch die richtigen Gegner, um sich zu profilieren. Wenn Brüderle und Wagenknecht Kramp-Karrenbauer loben würden, hätte sie etwas falsch gemacht. Der Mindestlohn war ein Herzensthema für Kramp-Karrenbauer, aber sie dachte auch strategisch: »Über Jahre, da war die CDU auch Garant dafür, galt in Deutschland der Satz: Wenn es der Wirtschaft gut geht, geht es auch den Menschen gut. Und jetzt stellen wir fest, es gibt auch aufgrund der Hartz-IV-Reformen, Entwicklungen, die diesen Satz infrage stellen – Lohn, von dem man nicht mehr leben kann, prekäre Beschäftigungsverhältnisse, befristete Arbeitsverhältnisse, Leiharbeit.«[87] Das seien Punkte, von denen die Menschen zu Recht sagten, das sei nicht das, was sie mit Sozialer Marktwirtschaft in Verbindung bringen. »Und die CDU ist als Volkspartei aus meiner Sicht gut beraten, sie ist auch verpflichtet, diese Themen aufzugreifen und wirtschaftlich vernünftige Antworten darauf zu geben.«[88] Anderenfalls würden diese Themen linke oder schlimmer noch, rechtsextreme Parteien aufgreifen. Doch deren Antworten würden sicher nicht den Wünschen von Demokraten entsprechen. »Deswegen sage ich: Ein Tarifmindestlohn, der dort wirkt, wo es weiße Flecken gibt, das ist wirtschaftlich vernünftig.«[89]

Beim Thema Ehegattensplitting, eine heilige Kuh der Union, hatte Kramp-Karrenbauer ebenfalls eine eigene Meinung. Darüber sprach sie mit der *Welt am Sonntag*: »Das Ehegattensplitting bietet in Kombination mit den Minijobs einen Anreiz, dass die Frauen sich mit einer kleinen Beschäftigung begnügen und sie im Trennungsfall den Schaden davontragen. Das sind Fehlanreize. Wir müssen aus dem Ehegattensplitting ein Familiensplitting machen, was mit Blick auf die Kinder auch gerechter wäre.«[90] Die CDU-Politikerin schlug vor, dass sich Steuerprivilegien an der Zahl der Kinder ausrichten – und nicht allein an der Tatsache, dass ein Paar verheiratet ist. Das Heimchen am Herd ist ohnehin nicht Kramp-Karrenbauers Modell. Sie schaut lieber über die Grenzen zu den Skandinaviern, die weniger und flexibler arbeiten, um mehr Zeit mit der Familie zu verbringen.

Dementsprechend war auch das Betreuungsgeld, das 2008 auf Drängen der CSU in den schwarz-gelben Koalitionsvertrag aufgenommen wurde, aus Kramp-Karrenbauers Sicht keine geniale Idee: »Wenn wir uns ein Betreuungsgeld leisten wollen, sollten wir es besser so einsetzen, dass die betreuenden Eltern – meist werden es die Mütter sein – dies für ihre Altersvorsorge oder ihre Weiterbildung verwenden müssen. Auf diese Weise würden die Nachteile einer unterbrochenen Erwerbsbiographie gemildert.«[91] Als das Betreuungsgeld Gesetz wurde, hat Kramp-Karrenbauer es natürlich trotzdem akzeptiert.

Auch beim Reizthema Kernkraft, die von der Union lange Zeit als vernünftigste Form der Energiegewinnung verteidigt wurde, ist Annegret Kramp-Karrenbauer lange Zeit von der Mehrheitsmeinung der Union abgewichen. Diese Energieform hätte sie nur »billigend in Kauf genommen«, wie sie 2011 sagte.[92] Das störanfällige französische AKW Cattenom, nur gut 80 Kilometer vom Saarland entfernt, hat sie immer als reale Bedrohung empfunden. Kein Wunder, dass sie beim Thema Atomausstieg schon vor der Katastrophe von Fukushima eine Minderheitenposition in ihrer Partei vertrat: »Ich bin ausdrücklich für den Ausstieg gewesen. Ich habe auch immer gesagt, ich habe den Fehler nicht in dem Beschluss zum Ausstieg gesehen, sondern in dem Beschluss, dass der Ausstieg, der ja von Rot-Grün schon festgelegt war, wieder revidiert wurde. Das hat sozusagen auch aus meiner Sicht einen schwierigen Eindruck hinterlassen.«[93]

»Ein schwieriger Eindruck« – so kann man auch sehr dezent eine herbe Kritik an dem Zickzackkurs von Angela Merkel ausdrücken, die nach dem Unfall in Fukushima auf einmal die Atomkraft als Energieform der Zukunft verwarf. Der plötzliche Ausstieg aus der Kernkraft hat Merkel zwar viel Beifall eingebracht – vor allem in den eigenen Reihen aber auch viel Glaubwürdigkeit gekostet. In Deutschland sind im Zuge der Energiewende zwar nicht die Lichter ausgegangen, aber der Umstieg auf die Verwendung von mehr erneuerbaren Energien war keineswegs gut vorbereitet. Viele CDU-Mitglieder, die die Atomkraft immer wacker gegen grüne Argumente verteidigt hatten, fühlten sich von ihrer Kanzlerin veräppelt, die diese Energieform nun wie eine heiße Kartoffel fallen ließ. Genau solche Hauruck-Entscheidungen will Kramp-Karrenbauer vermeiden. Sie will erst mal argumentieren, erklären, werben. Und nicht sofort Tagesparolen ausgeben. Basta-Politik, das ist nicht ihr Ding. Bei der SPD hat man gesehen, wozu sie bei Gerhard Schröder geführt hat: Zur völligen Zerrissenheit der Partei.

5. Sei hartnäckig und trickreich wie eine Ministrantin – dann ändert sich auch die katholische Kirche

Die Pfarrkirche St. Sebastian ist über den Dächern von Püttlingen weithin zu sehen, die beiden fünfzig Meter hohen Türme des »Köllertaler Doms«, wie das Gotteshaus genannt wird, sind imposant und unverkennbar. Hier hat Annegret Kramp-Karrenbauer geheiratet, hier geht sie oft in die Kirche, es ist ihre Heimatgemeinde. Die Politikerin hat deutlich vor Augen, dass die Kirche in einer dramatischen Nachwuchskrise steckt. Früher gab es in Püttlingen drei Gemeinden mit je einem Pfarrer, heute sind die drei Gemeinden zusammengelegt und haben keinen offiziellen Pfarrer mehr. Der Beruf des Priesters, für den früher oft der Erstgeborene in einer guten katholischen Familie ausersehen wurde, ist heute kaum mehr attraktiv. Die Leitung der katholischen Kirche verharrt seit Jahrzehnten in Untätigkeit – abgesehen davon, dass sie Pfarrer aus dem Ausland anheuert, die oft schlechtes Deutsch sprechen. Die große befreiende Lösung, das Zölibat zu kippen, und das Pfarramt zu öffnen – für Männer, die gerne heiraten wollen sowie für Frauen – scheut die Kirche wie der Teufel das Weihwasser.

Annegret Kramp-Karrenbauer kann das nur noch schwer nachvollziehen. Sie wurde in eine christliche Familie hineingeboren: Sonntags Kirchgang, vor dem Essen wurde selbstverständlich gebetet. Als gute Christin hat sie diese Werte an ihre Kinder weitergegeben, sie sitzt im Zentralkomitee der deutschen Katholiken, der wichtigsten Laienorganisation, die oft von den Menschen her argumentiert, nicht vom Dogma. Sie will sich für eine zeitgemäße Kirche engagieren, obwohl ihr von den geistlichen Würdenträgern als Frau sehr viele Knüppel zwischen die Beine geworfen wurden. Es fing damit an, dass sie als Kind gerne Ministrantin werden wollte, es aber nicht durfte. In den Sechzigerjahren wurden Mädchen als Ministrant oder Messdiener am Tisch des Herren noch als minderwertige Eindringlinge empfunden, heute würden sie mit Kusshand begrüßt. Mittlerweile ist es völlig normal, dass Mädchen und Jungen in die Gewänder der Messdiener schlüpfen. Der Fortschritt hat sich durchgesetzt. Annegret Kramp-Karrenbauer musste allerdings früher noch kämpfen: »Ich wollte Messdienerin werden – wie meine Brüder. Mädchen durften das damals aber nicht. Das hat mich sehr geärgert. Damals habe ich zum ersten Mal gespürt: Ich will da mitmachen und ich darf nicht. Auch in der Politik hat mich diese Frage später sehr umgetrieben: Wo stehen die Frauen, was dürfen Frauen – und was dürfen sie nicht? Wo müssen sie besonders kämpfen?«[94]

Die kleine Annegret fand einen trickreichen Weg, um trotzdem Ministrantin zu werden: »Es gab eine Frühmesse in einem Altenheim, das von Nonnen unterhalten wurde. Morgens um sieben Uhr! Da fanden sich nie genügend Jungs, die bereit waren, so früh aufzustehen. Nur in dieser Messe durften Mädchen dienen. Nur dort. Und das habe ich dann auch gemacht.«

Einfach früher aufstehen, um ein paar alte Zöpfe abzuschneiden – das ist ihr Weg. Heute kann sich die Kirche den Ausschluss von Frauen eigentlich nicht mehr leisten. Aber Frauen werden im größten Männerclub der Welt weiterhin diskriminiert, erklärte sie weiter im Gespräch mit der Zeitung *Christ und Welt*. »Schließen Sie doch mal die Augen und denken Sie sich alle Frauen aus der Kirche weg. Dann bleibt nur noch ein kleiner Rest von Kirche. Ganz klar: Frauen müssen Leitungsfunktionen in der Kirche übernehmen. Das ist in vielen Bereichen bereits der Fall. Wir müssen das beobachten: Ist das ein Impuls, der zunimmt? Falls nicht, muss man andere Wege gehen. Ich könnte mir durchaus eine Frauenquote vorstellen.«

Rums. Frauenquote. Da bekreuzigen sich manche Prälaten und Monsignores. Die Quote würde die katholische Kirche zwar echt erschüttern, aber sie dürfte ihr nur gut tun. Kramp-Karrenbauer ist noch radikaler: Sie will Priesterinnen weihen lassen. »Ich bin keine Theologin, aber mein Eindruck vom Neuen Testament ist, dass Frauen im Leben Jesu im spirituellen Sinn eine große Rolle gespielt haben. In den Urgemeinden wurde der Glaube unter lebensbedrohlichen Bedingungen weitergetragen von Frauen. Vieles von dem, was wir heute als Regelwerk sehen, ist über Jahrhunderte entstanden. Es wurde von Institutionen geprägt, nicht von Jesus.«

Es ist also alles Menschenwerk in einer patriarchalen Gesellschaft und nicht etwa Gottes Wille. Kramp-Karrenbauer stellt die Machtfrage. Sie weiß, dass die Kirche in Deutschland, wenn sie nichts tut, in sich zusammenfällt und an Überalterung stirbt. Pfarrer werden pensioniert, es kommen kaum junge nach. Schon aus diesem mathematischen Grund, den keiner abstreiten kann, ist Kramp-Karrenbauer gerne Revolutionärin. »Frauen bestimmen die tägliche Arbeit in der Kirche. Das muss sich auch in Ämtern wiederspiegeln.« Sie stellt die entscheidende Frage, die ihr noch kein Kirchenmann beantworten konnte: »Was bringen Frauen nicht mit, außer dass sie Frauen sind?«

Erst einmal will sie, dass Frauen zu Diakoninnen geweiht werden können. Wie sich das anfühlen könnte, konnte sie selbst schon einmal ausprobieren. Allerdings nicht in ihrer eigenen Kirche: »Ich habe selbst die eine oder andere Kanzelpredigt gehalten bei den Protestanten. Meine Kinder haben immer behauptet, dass mir das liegt. Insofern: Ich hätte mir vorstellen können, selbst Priesterin zu werden. Aber ich weiß, wie unmöglich das geworden wäre.«[95]

Aber manchmal geschehen ja Wunder. Wer hätte schon an den Fall der Berliner Mauer geglaubt? Margot Käßmann, die bekannteste Kirchenfrau Deutschlands, berichtet, wie viele dicke Bretter sie durchbohren musste, bis sie als vierfache Mutter Bischöfin wurde. Für sie gab es keine Rollenvorbilder. Aber viele Männer, die sich ihr in den Weg stellten. Und trotzdem hat sie sich durchgesetzt. Weil sie sich nicht gefügt hat. So couragiert ist auch Kramp-Karrenbauer. Sie will eine moderne menschenfreundliche Kirche, die in die Zeit passt. Und nimmt dabei in

Kauf, dass sie von erzkonservativen Kirchenmännern attackiert wird. Kardinal Walter Brandmüller hat sogar indirekt ihre Exkommunikation gefordert: »Wer an der Möglichkeit der Priesterweihe für Frauen festhält, hat die Grundlagen des katholischen Glaubens verlassen. Er erfüllt den Tatbestand der Häresie, die den Ausschluss aus der Kirche zur Folge hat«, so die Forderung des katholischen Hardliners.[96] Mit seiner Forderung wird er kaum Erfolg haben, denn die katholische Kirche ist froh über jeden, der sich offensiv zu ihr bekennt. Auch wenn die Kirchenanhänger, wie Kramp-Karrenbauer, nicht die offizielle Lehrmeinung vertreten.

Die Glaubensvermittlung ist in einer Multi-Optionsgesellschaft, wo jeder im Streben nach Selbstverwirklichung alles darf, nicht mehr selbstverständlich. Selbst in der eigenen Familie muss Annegret Kramp-Karrenbauer christliches Gedankengut immer wieder neu nahebringen: Ihre Kinder haben ein kritisches Verhältnis zum Christentum, gibt sie freimütig zu: »Früher war ich diejenige, die ihren Eltern in dieser Hinsicht viel zugemutet hat. Meine Mutter hat immer zu mir gesagt: Ich wünsche dir, dass du auch mal Kinder bekommst und solche Diskussionen führen musst. Heute erkenne ich, wie schwierig es ist, als Mutter diese Gespräche zu führen.«[97]

Annegret Kramp-Karrenbauer ist eine Christin, die die Bibel durchaus teilweise in Frage stellt: »Ich mache mir die wortgetreue Schilderung der Bibel nicht zu eigen. Ich glaube nicht, dass Gott die Welt buchstäblich in sieben Tagen erschaffen hat, sondern habe die naturwissenschaftlichen Erklärungen für mich angenommen. Ich könnte nie ein strenggläubiger Mensch sein, der den Glauben im Zweifel über die Menschen stellt.«

Kramp-Karrenbauer ist die Generalsekretärin einer C-Partei, aber sie weiß, dass eine lupenreine biblische Politik nicht machbar ist – allein schon, weil es auch im Christentum verschiedenen Kirchen, viele Strömungen und verschiedene Auslegungen der Bibel gibt. Sie will Politik nur »auf der Grundlage eines christlichen Menschenbildes« machen.[98] Dazu stehen Waffenexporte anscheinend in keinem Widerspruch. Noch nie hat ein CDU-Politiker die Schließung von deutschen Waffenfabriken verlangt. Dabei ist das Töten – was beim Einsatz von Waffen eindeutig stattfindet oder zumindest billigend in Kauf genommen wird – ein kapitaler Verstoß gegen das fünfte Gebot. Jesus war Pazifist. Aber Religion ist eben Religion und Profit ist Profit. Und Politik ist Politik.

Derzeit ist das Kruzifix auch mal wieder Gegenstand von Symbolpolitik. Der bayerische Ministerpräsident Markus Söder zelebrierte sich im härtesten bayerischen Wahlkampf aller Zeiten als Vorzeigechrist. Er ließ in allen Behörden gut sichtbar im Eingangsbereich Kreuze aufhängen. Das Kreuz habe mehr als eine religiöse Bedeutung, es gehöre zu den Grundfesten des Staates, so lautete sein etwas durchsichtiges Argument. Kardinal Marx hat Söders frommen Aktionismus als Spaltung der Gesellschaft interpretiert: »Wenn das Kreuz nur als kulturelles Symbol gesehen wird, hat man es nicht verstanden«, sagte der Erzbischof von München und Freising April 2018.[99] Annegret Kramp-Karrenbauer findet Söders leicht durchschaubaren Eifer auch nicht besonders gut: »Ich freue mich darüber, wenn das Kreuz bei uns in der Öffentlichkeit zu sehen ist, auch in Amtstuben, Gerichtssälen oder Klassenzimmern. Ich bin allerdings als Mitglied des Zentralkomitees der deutschen Katholiken über die Begründung der bayerischen Initiative irritiert. Der Kontext ist ja, dass das Kreuz kein religiöses Symbol sei. Ich sage: Natürlich ist das Kreuz ein religiöses Symbol. Wir müssen aufpassen, dass wir das Kreuz nicht zu einem Folklore-Zeichen degradieren.«[100]

Sie hätte Söders Begründung so nicht vertreten. Ist die CDU-Generalsekretärin mit ihrem Unbehagen deshalb schon den »Religionsfeinden und Selbstverleugnern«, wie CSU-Generalsekretär Markus Blume die Kritiker des Kreuzeaufhängens nennt, zuzuordnen? Wohl kaum. Kramp-Karrenbauer kann auch anders. So hatte sie sich zum Beispiel im Jahr 2016 gegen eine Entscheidung des Saarbrücker Amtsgerichts ausgesprochen, Kreuze aus Gerichtsälen zu entfernen. Ihre Begründung: Das christliche Symbol sei »eine Ermahnung zur Demut« und erinnere daran, »dass Menschen nicht der Weisheit letzter Schluss sind.«[101] An Markus Söder dürfte sie damals noch nicht gedacht haben.

Grundsätzlich ist Kramp-Karrenbauer natürlich der Meinung, dass Religion Werte schafft. »Religion tut unserem Land, dem gesellschaftlichen Zusammenhang gut.«[102] Auf die Frage, wie der Glaube ihr Leben prägt, antwortet sie: »Glaube bedeutet für mich, aus einer inneren Anbindung an Gott Entscheidungen zu treffen. In der heutigen Zeit des Stimmengewirrs müssen wir immer genauer hören lernen, damit wir die innere, aber wirkende Stimme Gottes erkennen – sie ist mein Antrieb.«[103]

Beim Thema Abtreibung hat Kramp-Karrenbauer eine glasklare Position. Schon im Jahr 2010 hatte sie gesagt, dass in einer Gesellschaft einiges schief liefe, wenn sich die Öffentlichkeit nicht mit 1.278 Abtreibungen allein im Saarland beschäftigt, sondern über eine Kampagne zum Thema Lebensschutz aufregt. Kramp-Karrenbauer weiß natürlich: Wenn sie ernst genommen werden will, kann sie sich nicht auf die Seite radikaler Lebensschützer stellen, für die jede Abtreibung per se Mord ist. Solche organisierten Abtreibungsgegner passen etwa Frauen vor Schwangerschaftsberatungsstellen ab und versuchen, sie zu bekehren. Sie bedrohen auch Ärzte, die Abtreibungen durchführen, und verklagen sie. Von diesen Eiferern ist Kramp-Karrenbauer weit entfernt, aber sie ist strikt dagegen, dass für Abtreibungen geworben werden darf. Laut Paragraf 219a des Strafgesetzbuches ist es nicht nur untersagt, einen Schwangerschaftsabbruch durchzuführen, sondern auch jemand, der Mittel oder Verfahren, die eine Abtreibung befördern »anbietet, ankündigt oder anpreist«, macht sich strafbar, wenn dies »wegen seines Vermögensvorteils oder in grob anstößiger Weise« geschieht.[104] »Ein Schwangerschaftsabbruch ist keine normale medizinische Dienstleistung, für die in Anzeigen oder über das Internet geworben werden darf«, das ist auch Kramp-Karrenbauers Überzeugung.[105] Die CDU-Vordenkerin benennt den stillen

Skandal, dass unser Land eine der niedrigsten Geburtenraten der Welt hat, sich aber den Luxus erlaubt, viele Kinder nicht zur Welt kommen zu lassen. Die dreifache Mutter ist da auch emotional beteiligt. Sie will sich nicht damit abfinden, dass in Deutschland 2017 insgesamt 101.200 Frauen abgetrieben haben – das waren 2,5 Prozent mehr als 2016. Zwei Drittel der Frauen davon waren zwischen 18 und 34 Jahren. Die Frauen, die dazu in die Niederlande fahren, sind da noch gar nicht erfasst. Auch über die Frauen, die in bestimmten Regionen keine Ärzte finden, die den Eingriff durchführen, hat sich Kramp-Karrenbauer nie geäußert. Verständnis für abtreibende Frauen würde ihren Ruf in der Union als Anwältin für das ungeborene Leben erschüttern. Sie will ja auch die Stockkonservativen erreichen, die nicht der Meinung sind, dass der Bauch einer Frau ihr selbst gehört. Als Politikerin steht man sowieso immer im Verdacht, zu verständnisvoll für die Anliegen und Notlagen von Frauen zu sein, weil man ja selbst eine ist. Diesen Verdacht hat Kramp-Karrenbauer, die drei Wunschkinder hat, ausgeräumt. Aus der Überzeugung heraus, dass ein reiches Land wie Deutschland sich um jedes geborene Kind gut kümmern kann – es gibt ja viele Paare, die auf ein Adoptivkind warten. Aber dahinter steckt auch politisches Kalkül: Die Gruppe der Menschen, die von Frauen erwarten, dass sie ein Kind, unter welchen Umständen es auch gezeugt wurde, austragen, ist in konservativen Kreisen weit größer als die Gruppe, die hier das uneingeschränkte Selbstbestimmungsrecht der Frau fordert. Den Vorwurf, dass Kramp-Karrenbauer konservative Werte verrät, kann man ihr hier beim besten Willen nicht machen. Was ist konservativer, als die schützende Hand über Kinder zu halten – geborene und ungeborene? Wenn man sieht, wie Kramp-Karrenbauer bei Wahlkampfterminen mit Kindern umgeht – zärtlich und mit ganz viel Gefühl, wie sie sich zu ihnen herunterbeugt, sie auf den Arm nimmt – dann weiß man, dass sie Kinder nicht nur als statistische Größe sieht, sondern als die größte Kostbarkeit der Welt. Und sich nicht vor der unangenehmen Wahrheit drücken will, dass ein Schwangerschaftsabbruch eben auch einem Menschen die Möglichkeit zum Leben raubt, ohne dass er gefragt werden könnte.

6. Kämpfe für deine Überzeugungen: Auch wenn sie wie bei der »Ehe für alle« nicht mehr dem Zeitgeist entsprechen

Wie kann sich eine Politikerin am besten profilieren? Ganz sicher kommt sie in die Schlagzeilen, wenn sie eigene Parteifreunde anstelle des politischen Gegners angreift – solche Attacken werden von den Medien immer gerne gesehen. Aber es gibt auch die Möglichkeit, mit krassen Vergleichen und steilen Thesen zu provozieren. Politiker überlegen sich sehr genau, welche Themen sie setzen und welche drastischen Sprachbilder sie verwenden. Insofern war es wohl kein Zufall, dieses Interview in Kramp-Karrenbauers Hausblatt, der *Saarbrücker Zeitung*, in dem sie klar Position gegen einen »anything-goes«-Zeitgeist bezog, aber sich auch angreifbar machte.

Was hatte sie Schlimmes gesagt? Es ging um die »Ehe für alle«, die im Sommer 2017 vom Bundestag beschlossen wurde. Auch ein Viertel der Unionsabgeordneten hatte ihr zugestimmt. Zwei Jahre zuvor, also 2015 war es schon ein großes Thema, das die Emotionen vieler Menschen aufwühlte. »Es stellt sich die Frage, ob wir grundlegende Definitionen unserer Gesellschaft verändern wollen, und zwar mit womöglich weitreichenden Folgen«, warnte die CDU-Politikerin und trat als Kulturkämpferin auf.[106] Es gebe in Deutschland bisher eine klare Definition der Ehe als Gemeinschaft von Mann und Frau: »Wenn wir diese Definition öffnen in eine auf Dauer angelegte Verantwortungspartnerschaft zweier erwachsener Menschen, sind andere Forderungen nicht auszuschließen: Etwa eine Heirat unter engen Verwandten oder von mehr als zwei Menschen«.[107]

Mit einer solchen Aussage kann man eine Phantomdebatte auslösen und ein ernsthaftes Anliegen, nämlich dass Schwule und Lesben die gleichen Rechte wie heterosexuelle Paare beanspruchen, lächerlich machen. Vor Kramp-Karrenbauers Interview war nicht bekannt, dass in nennenswerter Zahl Tanten Onkel heiraten wollten, Brüder Schwestern und Opas Nichten. Und es war auch keine Volksbewegung sichtbar, die endlich die Ehe zu dritt, zu viert oder in beliebiger Zahl forderte, sofern man Gruppensex im Swingerklub nicht schon als Vorstufe von Ehe betrachtet. Und was heißt bitteschön »nicht auszuschließen«, wenn man mal weiterdenkt? Man kann nicht einmal ausschließen, dass man morgen stirbt, in ein Verbrechen verwickelt wird, oder dass das eigene Leben wie ein Kartenhaus zusammenbricht. »Jeder kann zum Mörder werden«, meinte zum Beispiel Bestsellerautor Ferdinand von Schirach. Einfach nicht auszuschließen, aber eben extrem unwahrscheinlich.

Natürlich brach sofort ein Shitstorm über Kramp-Karrenbauer in den sozialen Netzwerken hinweg. Das Horrorszenario, das sie an die Wand gemalt hatte, dieses Sodom und Gomorrha, war eine wunderbare Vorlage für den politischen Gegner. Plötzlich war Annegret Kramp-Karrenbauer eine Frau von gestern, noch dazu eine bösartige. Ihr Anliegen wurde verzerrt – eine übliche Praxis im politischen Geschäft: Man missversteht die Aussage des politischen Gegners absichtlich und unterstellt ihm das Übelste. Ein Profi wie Kramp-Karrenbauer wird davon nicht überrascht gewesen sein.

Die Saarbrücker Oberbürgermeisterin Charlotte Britz warf Kramp-Karrenbauer vor, Homosexuelle zu diskriminieren und Vorurteile zu schüren. Die damalige SPD-Generalsekretärin Yasmin Fahimi gab sich empört. Das sei »ein Schlag ins Gesicht Hunderttausender gleichgeschlechtlicher Partnerschaften, die füreinander einstehen und Verantwortung übernehmen.«[108] Natürlich rügte auch die Grünen-Parteichefin Simone Peter den Vergleich der Ministerpräsidentin, »er würdigt Schwule und Lesben in verletzender Weise herab und zeichnet ein entstelltes

Gesellschaftsbild.«[109] Johannes Kahrs, SPD-Abgeordneter aus Hamburg und selbst schwul, sprach von einer »groben Entgleisung«, wenn Kramp-Karrenbauer die Eheöffnung für Homosexuelle in eine Reihe mit Inzest und Vielehe setze. Kramp-Karrenbauer habe sich in »zutiefst homophobes und menschenfeindliches Fahrwasser begeben.«[110] Auch FDP-Generalsekretärin Nicola Beer hatte kein Verständnis für die Thesen der CDU-Frau: »Die Äußerungen von Frau Kramp-Karrenbauer sind eine Unverschämtheit, sie beleidigt Homosexuelle zutiefst. Ich fordere sie auf, sich für ihre Entgleisung zu entschuldigen.«[111]

Kramp-Karrenbauer hat sich nie entschuldigt, obwohl sogar ihre eigenen Kinder in diesem Punkt sie nicht verstanden. Aber die Politikern gab die Schuld an dem ganzen Aufruhr ihren Kritikern: »Die Debatte hat gezeigt, dass es einige nicht aushalten können, wenn es andere Meinungen zum Thema »Ehe für alle« gibt. Das wirft kein gutes Licht auf die Diskussionskultur in Deutschland.«[112] Sie sprach von Reaktionen vieler SPD-Mitglieder, die ihre Position teilten. Sie wies – wie zur Beschwichtigung – darauf hin, dass in der saarländischen Verfassung sogar ein Artikel verankert wurde, dass niemand wegen seiner sexuellen Identität diskriminiert werden darf. Gegen eingetragene Partnerschaften hat sie gar nichts – für die hat sie sich bereits zu einem frühen Zeitpunkt ausgesprochen. Aber das Sakrament der Ehe ist der Katholikin zu kostbar. Sie habe auch grundsätzlich einen Abbau der bestehenden Diskriminierungen zwischen Ehe und Lebenspartnerschaften gefordert. In die Ecke der Hetzer will sich die Christin nicht stellen lassen, sie bat um Differenzierung und Toleranz.

Dennoch ist Kramp-Karrenbauer keine verfolgte Unschuld: Die pure Erwähnung von Verwandtenehe und Vielehe ist ihr nicht etwa spontan entfahren. Sie hat das Interview gegeben, es in Ruhe für die Freigabe durchgelesen und hätte den problematischen Satz auch rausstreichen können. Das ist bei der Autorisierung von Politiker-Interviews durchaus gängige Praxis. Aber sie wollte wohl eine politische Duftmarke setzen, als Anwältin der schweigenden Mehrheit, die in Ehen zwischen Mann und Frau zusammenlebt.

Ein besonderes Emotionsthema in konservativen Kreisen ist das Thema Kinder, mithin das Adoptionsrecht für schwule und lesbische Paare. Das ist ihnen noch immer nicht gegeben. Auch hier hat Kramp-Karrenbauer eine klare Meinung – lieber keine Experimente. »Gerade diese Frage dürfen wir nicht daran festmachen, ob sich jemand diskriminiert fühlt oder nicht, sondern allein am Kindeswohl.«[113]

Eine Aussage, bei der wieder unterschwellig der üble Verdacht gestreut wird, dass Kinder nicht zwei Männern oder zwei Frauen anvertraut werden sollten. Das Wohl des Kindes wird wie eine Monstranz vor sich hergetragen, ohne dass die man die betreffenden Kinder fragt. Würde man das tun, käme nämlich heraus: Kinder können sich mit gleichgeschlechtlichen Eltern wunderbar entwickeln, sie erfahren sehr viel Liebe und Fürsorge, sie sind dadurch nicht für ihr Leben gestört. Die Liebe, die Kinder bekommen, ist entscheidend, nicht das Geschlecht der Eltern. Hinter Kramp-Karrenbauers Warnung vor der Homo-Adoption stecken uralte Klischees. Die vertritt sie zwar als aufgeklärte Politikerin nicht selbst ausdrücklich, doch zwischen den Zeilen ist genug Raum für die Entfaltung gedanklicher Verdachtsfantasien: Schwule sind genusssüchtig und verantwortungslos, denken den ganzen Tag nur an Sex, verbreiten Aids, erziehen ihre Kinder zur Homosexualität und vergreifen sich im schlimmsten Fall an ihnen. Böse Klischees, die in vielen konservativen Köpfen weiterhin herumwabern. Und genau um diese vorurteilsbeladenen Köpfe buhlt Annegret Kramp-Karrenbauer, wenn sie ihre Vorbehalte dagegen äußert, Kinder in gleichgeschlechtlichen Partnerschaften aufwachsen zu lassen. Das Modell Vater-Mutter-Kind(er) verteidigt sie mit Zähnen und Klauen, es gehört zu den Grundfesten der Familienpartei CDU. Und es erinnert ein bisschen an die verquere Haltung der katholischen Kirche: Wir diskriminieren offiziell keine Schwulen, aber ausleben sollen sie ihre Neigung, die ihnen der liebe Gott auf den Weg mitgegeben hat, bitteschön nicht. Wenn ein Mann bei einem Mann liegt, dann ist das schon Sünde. Und wenn zwei Männer bzw. zwei Frauen ein Kind mit Liebe erziehen wollen, ist es zweifelhaft, das schwingt mit. Das Argument der unbedingt nötigen gegengeschlechtlichen Bezugsperson sticht nicht, denn man müsste ja Alleinerziehenden ihre Kinder wegnehmen. Ein Bilderbuchleben für jeden gibt es nun mal nicht.

Kramp-Karrenbauer tut so, als ob sie die ganze Aufregung gar nicht nachvollziehen könnte. Der überschäumende Topf sollte wieder auf kleine Flamme gesetzt werden: »Ich kenne liebevolle homosexuelle Menschen, die in guten Partnerschaften leben und sehr gute Eltern sein könnten. Ich habe nur darauf hingewiesen, dass wir etwa in Kitas und Schulen darüber reden, wie wichtig es für Kinder ist, sowohl Frauen als auch Männer als Bezugspersonen zu haben. Ich weiß, das ist eine schwierige Frage, und ich möchte, dass sie intensiv diskutiert wird. Denn schließlich geht es nicht darum, wer welche Rechte hat, sondern um das Wohl der Kinder.«[114]

Und wie ging das ganze Theater um Moral und Modernität aus? Es uferte aus. Eine Berliner Anwältin verklagte Kramp-Karrenbauer wegen Volksverhetzung und Beleidigung. Sie verortete Kramp-Karrenbauer mit ihrem Gedankengut in die Nazizeit. Es sei ihr »über die Hutschnur gegangen, dass erneut eine hohe Politikerin Menschen wie Staatsbürger minderer Güte behandelt und ich im persönlichen Umkreis sehe, wie die Menschen leiden und verletzt werden.«[115]

Die Anzeige verlief im Sande, die Staatsanwaltschaft nahm keine Ermittlungen auf, weil noch nicht einmal ein Anfangsverdacht bestehe. Politiker haben mit ihren Äußerungen im Meinungskampf rechtlich große Spielräume. Aber darum ging es nicht. Es ging um die politische Bedeutung des Themas, um die mögliche Mobilisierung von Wählern in einer Erregungsgesellschaft. Die »Ehe für alle« drohte 2017 ein echter Wahlkampfschlager für Grüne und die SPD zu werden, deshalb gab Angela Merkel in der Unionsfraktion diese Frage zur echten Gewissensfrage frei, bei der es keinen Fraktionszwang gebe. Die SPD setzte das Thema auf die Tagesordnung, es wurde mit großer Mehrheit angenommen. Jens Spahn stimmte mit Ja, er hatte nie ein Hehl aus seiner Homosexualität gemacht. Im Dezember 2017 heiratete er seinen langjährigen Lebensgefährten, einen Journalisten der BUNTE. Spahn hält verbindlich gelebte Homosexualität für etwas sehr Gesundes – nicht nur, weil er jetzt Bundesgesundheitsminister ist. Recht hat er, denn es wird ja kein Mann dazu gezwungen, Männer zu heiraten, niemandem wird etwas genommen, es wird nur einigen etwas gegeben. Der gesellschaftliche Wind hat sich gedreht: Waren früher Menschen, die sich für Homosexuelle einsetzten oder selbst schwul waren, eine krasse Minderheit, so ist es heute eine respektierte Gruppe, zumindest in den Städten. Wer heute Witze über Schwule macht, muss sich klarmachen, dass er Widerspruch erntet, Probleme bekommt und als Ewiggestriger dasteht, der anderen die elementarsten Menschheitsrechte vorenthalten will: Das Recht auf freie Partnerwahl. Sich offen schwulenfeindlich zu äußern, kann sich höchstens die AfD leisten, weil die Partei grundsätzlich die politische Korrektheit auf den Müllhaufen der Geschichte werfen will. Dabei haben auch sie Homosexuelle in den eigenen Reihen, so lebt Fraktionschefin Alice Weidel seit Jahren mit einer Frau zusammen.

Dem CDU-Abgeordneten Stefan Kaufmann aus Stuttgart dürfte seine sexuelle Orientierung sogar geholfen haben. Er hat seinen Wahlkreis dreimal gegen Cem Özdemir gewonnen – unter anderem auch deshalb, weil er sich mutig als schwul geoutet hat. Geschadet hat ihm das in der Großstadt mit Sicherheit nicht. In jedem Fall lebt es sich so deutlich befreiter.

Stefan Kaufmann war sehr verwundert, ja enttäuscht, als er die seltsame Aussage von Kramp-Karrenbauer in Sachen Homoehe hörte. »Diese Äußerung zeigt auch die Argumentationsnot mancher Gegner«, war 2015 sein erster Gedanke. Drei Jahre später versuchte er die Meinung seiner Generalsekretärin einzuordnen: »Ich glaube, dass ihre kirchliche Prägung da eine Rolle gespielt hat. Und ich bin froh, dass es eine singuläre Äußerung von ihr war. Sie ist ja vorher und nachher nie als Schwulenhasserin in Erscheinung getreten. Und sie ist gesprächsbereit gegenüber der Gruppe der Schwulen und Lesben in der Union.«

Insgesamt, so Stefan Kaufmann, war es eine »wenig glückliche Äußerung, aber jeder hat das Recht, auch mal danebenzugreifen.« In der schwulen und lesbischen Community seien die Äußerungen natürlich auf breite Ablehnung gestoßen, aber das Wählerpotenzial der Union ist in diesen Kreisen ohnehin traditionell gering. Auch wenn mittlerweile selbst CSU-Politiker in München auf den geschmückten Wagen beim Christopher Street Day mitfahren. Kaum überraschend, dass Annegret Kramp-Karrenbauer beim Christopher Street Day in Saarbrücken noch nie angetroffen wurde.

Eine verlogene Haltung bei Kramp-Karrenbauer sieht Johannes Kram, Autor des Buches *»Ich habe ja nichts gegen Schwule, aber ...«* – *die schrecklich nette Homophobie in der Mitte der Gesellschaft*. In seinem gleichnamigen Blog zerlegte er die Argumentation der Saarländerin: »Ihre Aussage, hinsichtlich der Ehe für alle müsse man im Blick behalten, dass das Fundament unseres gesellschaftlichen Zusammenhalts dadurch nicht schleichend erodiert, hat nichts mit konservativen Reflexen oder religiösen Überzeugungen zu tun. Nein, in ihr steckt völkisches Gedankengut, hinter ihr steht ein Gesellschafts- und Menschenbild, das den Fortbestand dieser Gesellschaft an eine normative Idee knüpft und gleichzeitig eine Minderheit und deren Gleichwertigkeit als Gefahr für den Fortbestand dieser Gesellschaft definiert. Gesellschaft funktioniert so natürlich nicht und hat nie so funktioniert.«[116]

Starker Tobak. Johannes Kram ist ein wichtiger Meinungsführer in der schwulen Welt, seine Worte haben Gewicht: »Käme so etwas von AfD & Co, gäbe es einen breiten gesellschaftlichen Konsens, einen gemeinsamen Ekel vor solch aggressivem Hate Speech. Und Angela Merkel würde sich öffentlich mitekeln. So aber, da vermutet werden darf, dass sie nicht nur widerspricht, sondern auch dankbar ist für die Dehnung des Sagbaren in ihrer Partei, muss man sich hier auch vor Angela Merkels Kalkül ekeln. Wenn ich mich da täusche, wenn ich falsch liege, und sie da zumindest intern glaubhaft gegen hält, nehme ich das gerne zurück (und es würde mich sehr freuen, mich da täuschen zu können). Aber dem ist wohl nicht so.«[117]

7. Sei neugierig und lerne lebenslang – und zwar mit Freude: Warum eine Politikerin Präsidentin der Volkshochschule wird

Wer mit offenen Augen durchs Leben geht, wird ganz viele Chancen sehen, die sich einem bieten. Noch nie war Wissen in Deutschland so demokratisch für alle zugänglich. Niemand muss in der Position, in die er hineingeboren wurde, verharren, jeder kann sich weiterentwickeln und dann zu einem noch wertvolleren Mitglied der Gemeinschaft werden – so lautet das Versprechen eines modernen Sozialstaates. Aber die »Bildungsrepublik Deutschland«, die die Bundeskanzlerin ausgerufen hatte, hat auch ihre Schattenseiten: Sechs Prozent eines Jahrgangs brechen die Schule ab, vierzehn Prozent der Menschen zwischen 24 und 35 haben keinen Schul- oder Berufsabschluss; an den Universitäten brechen viele ihr Studium ab und sind orientierungslos.

Annegret Kramp-Karrenbauer glaubt an die Entwicklungsfähigkeit von Menschen. Es ist kein Zufall, dass sie sich 2015 als Nachfolgerin von Rita Süßmuth zur Präsidentin des Deutschen Volkshochschulverbandes wählen ließ. »Es ist das erste Mal, dass eine Politikerin aus einem Spitzenamt der Exekutive unsere Präsidentin wird, aber Annegret Kramp-Karrenbauer ist als freier Geist ausgewiesen, sie hat einen flinken Verstand und ist so gestrickt, dass sie das überparteiliche Amt nie für die CDU instrumentalisieren würde. Bildung für alle ist ihr Ansatz, auch für Flüchtlinge, die wieder zurück müssen, sie hat nicht den Ansatz über Bildungsverweigerung Abschreckung zu erzielen. Ich saß ihr bei den Koalitionsverhandlungen beim Thema Bildung gegenüber, Annegret sucht immer Lösungen, die kein Larifari sind«, sagt Ernst Dieter Rossmann, Vorsitzender des Volkshochschulverbandes, der für die SPD im Bundestag sitzt.

917 Volkshochschulen und 192 000 Honorarkräfte vertritt der Verband, an den Kursen nehmen rund neun Millionen Menschen pro Jahr teil. 2015 fanden rund 190 000 Sprachkurse mit einem Umfang von 8 Millionen Unterrichtsstunden statt. Das ist eine Macht. Die Volkshochschulen kümmern sich um Problemgruppen: Jugendliche im Übergang von der Schule in den Beruf, Frauen nach der Familienphase, die den Wiedereinstieg ins Berufsleben schaffen wollen. Es werden auch Kurse zur Qualifizierung von Arbeitslosen oder für von Arbeitslosigkeit bedrohten Menschen angeboten.

Kramp-Karrenbauer geht es um Bildungsgerechtigkeit – darum, dass wirklich keiner zurückbleiben muss. Und sie propagiert den Grundgedanken des lebenslangen Lernens. In einer Zeit, in der sich das Wissen durch das Internet immer schneller entwickelt, ist das für jeden Menschen unumgänglich. Man kann das als Plage sehen, oder aber als Chance, sich weiterzuentwickeln, meint die CDU-Frau: »Ich empfinde es als wichtig, den Begriff des lebenslangen Lernens noch einmal neu aufzuladen. Das lebenslange Lernen wird ja von manchem als Qual empfunden nach dem Motto: Ich war doch lange genug in der Schule, warum soll ich jetzt ständig weiterlernen? Es ist wichtig, dass die Menschen begreifen, dass da vor allem auch eine persönliche Weiterentwicklung mit drin steckt. Dass die Menschen darauf Lust bekommen.«[118]

Wie ist das Bildungsverständnis der CDU-Politikerin, die sich als Lobbyistin für einen breiten Bildungsbegriff empfindet? »Bildung ist für mich persönlich etwas, was mich umgibt. Im Grunde genommen haben ja kleine Kinder das beste Bildungsverständnis. Kleine Kinder lernen nämlich jeden Tag, jede Stunde etwas hinzu: Sie lernen ständig, ohne dass sie sich dessen bewusst wären. Die Antriebskraft dabei ist ihre Neugierde, und sie wollen etwas, was sie bereits können, noch weiter verbessern, sie wollen anderes auch noch lernen. Ich würde mir wünschen, dass genau das im Bewusstsein der Menschen noch stärker verankert ist.«[119] In Deutschland herrscht ihrer Meinung nach ein zu formales Verständnis von Bildung vor. Der Zugang zu Bildungsmöglichkeiten sei ganz stark von Zeugnissen und formalen Abschlüssen abhängig. »Manchmal bremst das die Menschen in ihrer Entwicklung schon auch aus. Ich glaube, dass hier die Volkshochschulen mit ihrer Vielfältigkeit und auch mit ihrem ganz niederschwelligen Angebot, die Menschen dazu ermutigen, etwas auszuprobieren, was sie bisher in ihrem Leben als Kompetenzen und Fähigkeiten für sich noch nicht entdeckt hatten.«[120]

Kramp-Karrenbauer erzählt gerne aus ihrem eigenen Leben, das macht ihre politische Grundausrichtung konkret und glaubwürdig. »Meine erste Berührung mit der Volkshochschule war in der 4. Klasse, danach wurde bei uns im Saarland die Mengenlehre eingeführt, vor der die Erwachsenen sehr viel Angst hatten. Meine Eltern schickten mich in die Volkshochschule, weil die einen Qualifizierungskurs für Mengenlehre angeboten hatte.«[121] Das nahm ihr die Angst, obwohl sie in Mathematik nie eine Leuchte war, wie sie freimütig gesteht. Ganz im Gegensatz zur Kanzlerin, die als Physikerin in den Naturwissenschaften top war.

Die Volkshochschulen sind auch der wichtigste Anbieter von Integrationskursen. »Gerade jetzt, wo so viele Menschen in Deutschland Schutz suchen, leisten Volkshochschulen einen wichtigen Beitrag, indem sie helfen, sich zu integrieren«, weiß Kramp-Karrenbauer. Die Bildung von Flüchtlingen liegt Kramp-Karrenbauer besonders am Herzen. »Ohne die Volkshochschulen wäre es nicht möglich gewesen, so viele

Menschen in Deutschland kurzfristig aufzunehmen und auf den Weg der Integration zu bringen.« Die Flüchtlinge wissen durch die Verbreitung von Smartphones genau, wie wir in Europa leben, das Werbefernsehen zeigt ihnen genau unseren Lifestyle, weiß die VHS-Präsidentin. »Unsere App ›Ich will Deutsch lernen‹ wird sehr gut angenommen. Wir haben bei den Volkshochschulen eine idealtypische Bildungskette für Migranten entwickelt. Es ist beste Entwicklungspolitik, wenn wir Migranten bilden, auch wenn sie in ihre Länder zurückgehen. Jeder Analphabet, der lesen und schreiben lernt oder einen Beruf, ist für sein Land wichtig. Das ist bestes Geld, das wir einsetzen können.«

Kramp-Karrenbauer hat sich in den Koalitionsverhandlungen vehement dafür eingesetzt, dass die Volkshochschulen und ihre Verantwortung für die Integration großer Bevölkerungsschichten Bestandteil des Koalitionsvertrags wurden. »Ich habe mit sanftem Nachdruck gesagt: Es wird keine Einigung geben, bevor die Volkshochschulen nicht im Text stehen.« Die Volkshochschulen seien die Institution, die dafür sorge, dass die Bildungskette nach dem Deutschkurs nicht aufhört.

Auch bei der Alphabetisierung kündigt Kramp-Karrenbauer große Anstrengungen der Volkshochschulen an. 7,5 Millionen Menschen im erwerbsfähigen Alter sollen funktionale Analphabeten sein. Sie waren zwar in der Schule, können aber nicht ausreichend schreiben und maximal einzelne Sätze, aber nicht zusammenhängende Texte lesen. »Wir müssen den Menschen die Angst vor dem Lernen nehmen und Hürden abbauen. Volkshochschulen werden die Zahl der Alphabetisierungskurse erhöhen und ihr Grundbildungsangebot ausbauen. Wir sind überzeugt, jeder Mensch verdient die Chance, versäumte Qualifikationen nachholen zu können«, sagt Kramp-Karrenbauer.[122]

Sie weiß auch, dass sie als Politikerin abhängig ist von einigermaßen gebildeten Menschen: Denn wenn jedem alles egal ist und Fakten als Basis für eine politische Wahl gar nicht mehr in den Köpfen der Menschen sind, können sich sowohl Gleichgültigkeit als auch Fanatismus ausbreiten. Und beide sind bekanntlich die größten Feinde der Demokratie.

Der Deutsche Volkshochschulverband ist auch zuständig für den Adolf-Grimme-Preis, mit der herausragende Medienproduktionen gewürdigt werden. Kramp-Karrenbauer zeichnete im Rahmen der Preisverleihung 2017 ein Dreigestirn des Qualitätsjournalismus aus und zeigt damit, dass sie zum kritischen Journalismus kein gestörtes Verhältnis hat. »Selbstbewusst und selbstbestimmt« soll sich der Mensch seine eigene Meinung bilden, auf der Grundlage von fundiertem Wissen. Den Grimme-Preis erhielten Inge von Bönninghausen, die Grande Dame des feministischen Journalismus (FrauTV), der Wissenschaftsjournalist Gert Scobel, der auf 3Sat das Komplexe vereinfacht, und der österreichische TV-Moderator Armin Wolf, der sich mit vielen kritischen Interviews einen Namen gemacht hat. »Ich frage mich, ob ich gerne von Ihnen interviewt werden möchte, ich würde mich zumindest sehr gut vorbereiten«, sagte sie lächelnd bei der Ehrung. Und Armin Wolf konterte: »Ich hätte nicht gedacht, dass ich in diesem Leben noch mal von einer Politikerin für meine Arbeit gelobt werde.«

8. Sei offen für die digitale Welt: Warum Kramp-Karrenbauer so technikfreundlich ist

Man muss sich Annegret Kramp-Karrenbauer als eine glückliche Politikerin vorstellen. Das lag im Saarland daran, dass sie ein Händchen dafür hat, sich mit den richtigen Menschen zu umgeben und den Chancen des digitalen Zeitalters aufgeschlossen gegenübersteht. Das Saarland von einem Kohle-und-Stahl-Land zu einem Hightech-Standort zu machen, das war ihr Ziel. Michael Backes, Informatikprofessor an der Universität des Saarlandes, war der Mann, der sie ermutigt hatte, groß zu denken. Backes, ein echter Saarländer, war schon mit 31 Jahren Professor und gehörte früh zu den *35 besten Forschern der Welt unter 35*. Er ist der erste Deutsche, der es auf diese Liste des legendären Massachusetts Institute of Technology, (MIT) in Cambridge bei Boston geschafft hat. Backes ist ein weltweit renommierter Wissenschaftler, der eine Vision hatte: im Saarland die weltweit größte Forschungseinrichtung für IT-Sicherheit aufbauen – und so der Spitzenstandort für Cyber Security werden. Das Saar-Valley, wie er es nennt, soll ein Jobmotor für die Region sein. Am von Backes geleiteten Helmholtz-Zentrum sollen in den nächsten Jahren einmal 800 internationale Wissenschaftler arbeiten, derzeit sind es 150. Unter ihnen sind nicht nur Informatiker, sondern auch Juristen, Psychologen, Soziologen und Mediziner. Hier findet ein Kampf um die besten Köpfe der Welt statt, bei dem alle Exzellenz-Unis untereinander konkurrieren. Es geht darum: Kommt jemand aus Indien nach Saarbrücken oder geht der nach Berkeley, Stanford oder Oxford?«

Kramp-Karrenbauer vergleicht die Gründung des IT-Zentrums mit der Ansiedlung der Ford Werke in den Siebzigerjahren des letzten Jahrhunderts. Damals war es der Übergang von Kohle und Stahl zur Autoindustrie, diesmal der Eintritt in die digitale Zukunft. »Wir haben mit diesem Zentrum Großes vor: Es ist für uns eine weitere Keimzelle für einen Strukturwandel im digitalen Zeitalter,«[123] schwärmte Kramp-Karrenbauer, die neben dem Amt der Ministerpräsidentin auch Wissenschaftsministerin war und dem Institut ein vierzehn Millionen teures Gebäude schenkte. Besser kann man Geld nicht investieren, meinte sie: »Der Aufbau des Helmholtz-Zentrums und alles, was damit zusammenhängt, ist das zentrale Projekt des Landes in dieser Legislaturperiode. (…) Ich sage nicht, dass es ein Selbstläufer wird, aber ich bin mir sicher, wenn wir diese Chance nicht ergreifen, werden wir in 20 bis 30 Jahren zu dem Ergebnis kommen: Damals haben wir die Zukunft des Saarlandes verschlafen.«[124] Backes kümmert sich mit seinen Forschern um Abstürze von Betriebssystemen, um die Gefahren beim autonomen Auto fahren, um Hackerangriffe, Datenmissbrauch, Bewegungsprofile, die Einbrecher nutzen können. Im Gespräch sprühte er vor Begeisterung.

Interview mit Michael Backes, Internetguru des Saarlandes

Ist das Helmholz-Institut ein Jackpot für das Saarland?
Wir werden wahrgenommen als treibende Kraft des Strukturwandels im Saarland, die dem Land Fortschritt und auch Steuereinnahmen bringen wird. Davon bin ich überzeugt. Wir schicken uns an, die dicken Bretter in der Cybersicherheit zu bohren. Deshalb werden rund um das Zentrum viele wichtige Firmen und Start-ups entstehen. Symantec, einer der Weltmarktführer in Sachen Cybersecurity, siedelt sich gerade in Saarbrücken an. Wir haben gesät, in den nächsten Jahren wollen wir ernten.

Wie haben Sie sich mit Kramp-Karrenbauer verstanden?
Bestens, sie hat die Zeichen der Zeit erkannt und das Thema durchdrungen. Sie weiß, dass Internetsicherheit eine der Zukunftsbranchen ist. Ihre Tür stand immer offen für mich. Sie kann gut zuhören und ist enorm verlässlich. Wir haben uns blind vertraut – und das ist auch durch ihren Wechsel nach Berlin nicht anders. Ich weiß nicht, ob wir die Aufbauleistung mit jemand anderem so gut hingekriegt hätten.

Warum streben Sie keinen Lehrstuhl in den USA an?
Ich bin Saarländer und möchte den Menschen, die an mich geglaubt und in mich investiert haben, etwas zurückgeben. Im Ausland forschen kann jeder. Die Informatik ist im Saarland unheimlich stark. Wir sind europaweit der größte Forschungsstandort in der Informatik und damit weltweit einer der Hotspots. Da dürfen die Saarländer stolz drauf sein.

Ist es möglich, Wahlen zu verfälschen?
Natürlich, man kann durch Bots, die von Maschinen und nicht von konkreten Menschen abgeschickt werden, soziale Netzwerke manipulieren und falsche Stimmungen erzeugen. Deshalb finde ich es gut, dass die demokratischen Parteien in Deutschland unseriöse Bots ablehnen.

Sie plädieren sogar für ein Schulfach Computing ...
Ja. Denn Computing ist viel mehr als Medienkompetenz. Zu wissen, wie ein Algorithmus funktioniert, wird genauso wichtig werden wie lesen, rechnen, schreiben. Die Schweiz bietet Informatik in allen Schulklassen an, verpflichtend, England und die USA sind uns da auch voraus. Ich habe Angst, dass wir den Anschluss verpassen. Es ist grob fahrlässig, dass wir unseren Kindern nicht beibringen, wie die Welt des 21. Jahrhunderts digital tickt. Wir müssen den Kindern die Möglichkeit an die Hand geben, dass sie mündig über ihr Leben entscheiden können. Die technische Kompetenz haben sie sowieso mehr in sich als ihre Lehrer, aber es geht um ein Hintergrundverständnis und das methodische Denken. Ich bin ein großer Freund von breiter Bildung, aber wir brauchen das abstrakte, algorithmische Denken schon ab der frühen Kindheit.

9. Lache über dich selbst, bevor es andere tun: Warum eine Putzfrau das zweite Ego von Annegret Kramp-Karrenbauer ist

Was muss eine Politikerin unbedingt können? Sie muss unzählige Hände schütteln und so tun, als ob ihr jeder Mensch wichtig ist. Und sie muss lächeln können, und zwar auf eine natürliche Art. Mit einem anknipsbaren, künstlichen Lächeln kommt sie nicht weit. Eine ganz wichtige Ressource in der Politik ist auch Humor – einerseits sich selbst gegenüber, um die Zumutungen des politischen Alltags etwas abzufedern, aber auch gegenüber den Menschen, für die man Politik macht. Die Bürger haben gerne gut gelaunte Politiker. Ein Mann wie der SPD-Vize Ralf Stegner, der den Griesgram im Gesicht spazieren trägt, hat da einen klaren Wettbewerbsnachteil. Im Tennis würde man sagen: Vorteil Kramp-Karrenbauer, ihr fällt es leicht zu lächeln, unbefangen freudig auf Menschen zuzugehen und auch herzlich zu lachen. Als sie noch Ministerpräsidentin war, meinte sie: »Bei uns wird auch im Kabinett gelacht, Humor ist lebenswichtig, ohne Humor könnte ich manches gar nicht aushalten.«[125] Sie hat Mutterwitz im wortwörtlichen Sinne, Kramp-Karrenbauer macht natürlich Witze über die Saarländer in der Bundesregierung; über den dicken Peter Altmaier und den spindeldürren Heiko Maas, der sich mit Triathlon einen drahtigen Körper geschaffen hat. »Über die beiden lästere ich gerne. Weil ich weiß, dass sie kein Problem damit haben.« Sie bekennt sich auch zu einer höchst menschlichen Untugend, der Schadenfreude: »Jeder, der sagt, dass er frei von Schadenfreude ist, ist auf jeden Fall ein besserer Mensch als ich. Aber es gibt Situationen, in denen einem das Lachen im Halse stecken bleibt, etwa bei Rücktritten und menschlichen Tragödien. Wenn jemand schon am Boden liegt, verbieten sich hämische Witze.«

Und sie verkündete ihre sehr gesunde Philosophie, um mit den unvermeidlichen Widrigkeiten einer steilen Politkarriere klarzukommen: »Ich nehme mich lieber selbst auf den Arm, bevor es andere tun.« Deshalb hat sie auch etwas erfunden, womit kein anderer Spitzenpolitiker mithalten kann: Sie tritt im Karneval auf, der im Saarland Fastnacht heißt, und zwar geht sie dann als schlagfertige Putzfrau Gretel, eine Raumpflegerin im saarländischen Landtag, die so redet wie ihr der Schnabel gewachsen ist – und zwar in radikalem Saarländisch. Eigentlich müsste man die Auftritte, die auch im Fernsehen gezeigt werden, mit Untertiteln versehen. Aber Dialekt ist das Geheimnis des Erfolgs im Saarland. »Oh leck«, kann Kramp-Karrenbauer dazu nur sagen. Es ist das Gegenteil einer chemisch gereinigten Funktionärssprache, die kein Mensch spricht. Kramp-

Karrenbauer holt die Menschen da ab, wo sie stehen: Sie ist so verständlich und nahbar, dass jeder mit ihr gerne ein Bier trinken möchte.

Mehr Volksnähe geht nicht, die Putzfrau ist ein Mythos von Volkes Stimme, ebenso wie der Taxifahrer. Die kleinen Leute, die ja eigentlich die Großen sind, weil ohne sie alles zusammenbricht, müssen geehrt werden. Diese politische Weisheit hat Kramp-Karrenbauer verstanden. Das musste auch die SPD erfahren, als die reale Putzfrau Susi Neumann auf schnoddrige Art Sigmar Gabriel belehrte, wie sich das wahre Leben von ganz unten anfühlt. Sie wurde eine ungemein populäre Figur.

Auch Gretel ist Kult. Mit Kopftuch, Kittelschütze und Besen lässt Kramp-Karrenbauer ihre Kunstfigur, ihr Alter Ego, auftreten. Und brilliert in freier Rede in einem Programm, das schon mal über dreißig Minuten geht. Ein Glücksfall für die Narrenschau des Verbandes saarländischer Karnevalsvereine: eine Ministerpräsidentin auf offener Bühne, auch als Generalsekretärin will sie weitermachen. Die Narrenschau wird live im Fernsehen übertragen, die Putzfrauen-Rolle trug einiges zur Popularität von AKK bei. Sie kann einen ganzen Saal rocken, weil sie wirklich kabarettistische Qualitäten hat. Man stelle sich mal vor, Angela Merkel würde in Kittelschürze auf einer Bühne das gesunde Volksempfinden präsentieren. Die Kanzlerin, die privat sehr witzig sein soll, würde so ein Format mit ziemlicher Sicherheit ablehnen. Politik ist für sie kein Entertainment – für Annegret Kramp-Karrenbauer teilweise schon. »Ich wollte mal die Perspektive wechseln. Und dafür gibt es nichts Volksnäheres als eine Putzfrau – auch wenn ich nicht gern putze. Bei diesen Auftritten bin ich als Person für viele greifbarer als in der Rolle der Politikerin. Die Texte schreibe ich übrigens selbst, um möglichst echt zu sein.«[126] Also kein Ghostwriter, kein Regisseur, der die Inszenierung mit ihr einübt, sondern AKK pur.

Damit setzt sie den alten Satz von Franz Josef Strauß in die Tat um: Man muss dem Volk aufs Maul schauen, aber ihm nicht nach dem Mund reden. Und sich eben auch – das ist sehr wichtig – um sich über sich selbst als Ministerpräsidentin lustig zu machen. Selbstironie kommt gut an. Wenn man im Saarland unterwegs sei, »habe man längst die Landesgrenze erreicht, bis man ihren Namen ausgesprochen habe«, scherzte sie einmal.[127]

Als die Bühnenfigur darüber raunte, dass sie als ausgeliehene Putzfrau den Berliner Reichstag putzen muss, blieb kein Auge trocken: Sie sprach davon, dass der saarländische Landtag Platz im Pförtnerhäuschen des Berliner Parlaments hätte. Der politischen Erhabenheit des Hohen Hauses setzte sie praktische Intelligenz entgegen: »Dann haben die da eine Kuppel auf dem Reichstag. Die hat bestimmt ein Mann erfunden. Ich möchte mal wissen, wie die oben das Glas sauber kriegen. Da hat keine Frau mitgeschwätzt.«[128] Eine echte saarländische Hausfrau treibt eben das Fenster putzen um, wobei sie im gleichen Atemzug den Politikbetrieb entlarvte: »Haben Sie schon mal einen Zirkus mit Flachdach gesehen?«

Kramp-Karrenbauer spielt mit Klischees. Natürlich musste sie den roten Teppich bei einem roten Bundespräsidenten besonders pingelig säubern, damit keine grünen oder schwarzen Flusen zu sehen sind. Sie nahm auf Trumps Egotrips Bezug (Mach's Saarland groß again) und erzählte derbe Witze, wie etwa: Sitzen Trump, Merkel und Martin Schulz in einem Flugzeug, das wegen der Bundeswehrkrise notlanden muss, aber es gibt nur drei Fallschirme wegen des Sparprogramms der klammen Bundeswehr. Schulz – wir reden vom Jahr 2017 – greift sich als mit 100 Prozent gewählter Retter der SPD und der Welt sofort den ersten Fallschirm. Donald Trump sagt: Ich bin der Schlaueste, Bestaussehende und Mächtigste, her mit dem Fallschirm. Angela Merkel denkt an Horst Seehofer und entschließt sich, dem Piloten den letzten Fallschirm zu überlassen. Der sagt nur lachend: Gar nicht nötig, Donald Trump ist gerade mit dem Schulrucksack meines Sohnes abgesprungen. Bei solchen Sprüchen tobte der Saal. Und zu der Tatsache, dass die Vorfahren von Donald Trump aus der Pfalz kommen, sagte Gretel: »Hätten die Amerikaner uns lieber mal gefragt, was wir von Pfälzern halten, hätten die den Deppen auch nicht gewählt.« Die Pfälzer sind ein liebevoll gepflegtes Feindbild im Saarland.

Klar war auch ein Schuss Populismus dabei; Gretel fantasiert von einer Sahara-Koalition: »Bei der kann man dann alle Mitglieder der Regierung in die Wüste schicken.« Die Ministerpräsidentin meinte sich da auch selbst, sie machte sich ganz offen Sorgen, was auf sie bei einer möglichen Wahlniederlage zukommt: »Dann muss ich ja den ganzen Tag bei meinem Mann bleiben – oh je.« Sie erzählte davon, dass sie eine Heiligsprechung beim Papst beantragt hat, der sie aber belehrte, dass man dafür tot sein muss: »Aber wenn du dich scheintot stellst, kann ich dich scheinheilig sprechen.« Zur CDU fiel Kramp-Karrenbauer der Satz ein: »Drückt der Schuh auch noch so sehr, komm her, mein Herz, ich drück dich mehr.« Zum saarländischen Bildungssystem zitierte sie einen Schüler: »Es kann nicht sein, dass siebzig Prozent von uns keine Ahnung haben, so viele sind wir gar nicht in der Klasse.«[129]

Eines mag Kramp-Karrenbauer allerdings gar nicht: Abgestandene Altherrenwitze, die man auch häufig im Bundestag hört, allerdings viel seltener als früher. »Die sind Ausdruck mangelnden Respektes. Als ich als junge Mutter in den Bundestag gewählt wurde, erhielt ich von männlichen Parteifreunden besorgte Anrufe. Auf diese Rabenmutter-Diskussion haben mein Mann und ich versucht, humorvoll zu kontern: Wenn sich alle um ihre Kinder so viele Gedanken machen wie um unsere, muss es denen sehr gut gehen.«[130]

Dass Kramp-Karrenbauer keine Spaßbremse ist, auch außerhalb der Fastnacht, hat sich mittlerweile über die Grenzen des Saarlandes hinaus herumgesprochen. Und zwar bis zum Aachener Karnevalsverein, der alljährlich den unter Politikern sehr begehrten »Orden wider den tierischen Ernst« verleiht. Die Zeremonie wird traditionell im Fernsehen übertragen und ist beste Imagepflege für Politiker: Als humorvoll zu erscheinen, hat noch nie jemand geschadet. 2015 Annegret wurde Kramp-

Karrenbauer ausgezeichnet: »Annegret Kramp-Karrenbauer ist eine un-
eitle und glaubwürdige Politikerin, die humorvoll beweist, dass man
auch und vor allem über sich selbst lachen kann. (…) Sie verkörpert den
modernen Politikertyp, der für die Bürgerinnen und Bürger überzeugend
ist. Wegen ihrer humorvolle Ehrlichkeit sich selbst und anderen gegenüber erhält Annegret Kramp-Karrenbauer den 66. Orden wider den tierischen Ernst.«[131]

»Humor und Menschlichkeit im Amt«, das ist die Voraussetzung für
die Mitgliedschaft im edlen Klub. Der erste Ordensträger war ein briti-
scher Militärstaatsanwalt. Er hatte einen Verurteilten über die Karnevals-
tage aus der Haft entlassen. Man könne es dem Mann nicht zumuten, die
höchsten Tage im Rheinland hinter Gittern zu verbringen. Kramp-Karrenbauer erhielt den Ritterorden, eine Aachener Printe mit ihrem Kon-
terfei darauf und die Ordensregeln, auf die sie mindestens einmal am
Tag schauen solle. Und was bekam die erlauchte Festgesellschaft, eine
Ansammlung von Spitzenpolitikern und Wirtschaftsadel, von denen viele ihre besten Tage schon hinter sich haben? Eine feurige Rede, die Alice
Schwarzer gefallen hätte. Es war eine Predigt, die Kramp-Karrenbauer
frei in einem auf der Bühne aufgebauten Narrenkäfig hielt. Sie merkte
spitz an, dass im Elferrat keine einzige Frau sitzt: »Liebe Aachenerin-
nen, es kann doch nicht sein, dass es in der ganzen Stadt nur intelligen-
te und vernünftige Frauen gibt, es muss doch eine verrückt genug sein,
um in diesem Club mitzumachen.« Von 66 Preisträgern waren nur fünf
Frauen, das machte die CDU-Frau wohl ganz kirre: »Hallo, geht's noch?
Also hören Sie mal, die Quote liegt nur knapp unter der vom Exekutiv-
Komitee der FIFA. Da hat man ja noch schlechtere Chancen als beim
Lotto 6 aus 49. Da wird man in Deutschland ja eher Lotto-Millionär als
Ritterin in diesem Orden.« Und dann erteilte sie feministischen Nachhil-
feunterricht: »Es ist so einfach, die Intelligenz der Männer zu steigern.
Man braucht ihnen nur eine Frau zur Seite zu stellen. Also, willst du dei-
nen Mann schlauer, gib ihm etwas Frauenpower.« Und dann richtete sie

sich an Friedrich Merz, der einmal die Steuererklärung so eindampfen wollte, dass sie auf einen Bierdeckel passt, der auch im Saal saß. An die Adresse des Mannes, der 2002 von Merkel als Fraktionsvorsitzender aus dem Amt verdrängt wurde, sagte sie: »Wir in der CDU haben fast ausnahmslos gute Erfahrungen mit Frauenpower gemacht.«

Sie feuerte natürlich vor allem politische Gags ab: »Der Aachener Karnevalsverein wollte mich als Putzfrau buchen, aber durch die Einführung des Mindestlohnes von Andrea Nahles war ich zu teuer.« Die CSU watscht sie liebevoll ab: »Ich finde es ungerecht, dass immer wieder gesagt wird, alle bescheuerten Ideen kommen von der CSU, wenn wir nicht schneller nachdenken, als die CSU vordenken kann.« Kramp-Karrenbauer konterte auch nostalgische Erzählungen von der guten alten Zeit, als angeblich alles besser war: »Als wir für den Papst noch Schäfchen waren und nicht Karnickel« – eine Anspielung darauf, dass der Heilige Vater kurz vorher gesagt hatte, dass Christen sich nicht wie Karnickel vermehren müssten. Kramp-Karrenbauer fand viele Beispiele für die Verklärung der Vergangenheit: »Als wir unter Grünen noch die Polizei verstanden und unter Piraten Seeräuber, als AfD noch Allgemeiner Finanzdienst hieß, als die SPD noch nicht jedem Angebot nachgerannt ist, als Volker Bouffier noch schwarzer Sheriff war und nicht grüner Wildhüter, als unter Friedrich Merz Leitkultur noch mit T und nicht mit D geschrieben wurde.«

Jeder konnte sehen, dass die Frau nicht nur Allgemeinplätze herunterbetet, sondern ein eigenes Gedankengerüst hat. »Es geht nicht darum, am Alten festzuhalten, es geht darum, am Guten festzuhalten.«[132] Da würde Markus Söder wohl auch nicken, der im Folgejahr 2016 in Aachen zum Karnevalsritter geschlagen wurde und der sich in der Uniform des bayerischen Märchenkönigs Ludwig II. sichtlich wohl fühlte. Die Ritterin des Vorjahres musste dann die Laudatio für ihn halten. Sie spießte prompt die Södersche Gewohnheit auf, an Fasching außergewöhnliche Kostüme zu tragen. So hatte er sich für einen Auftritt im bayerischen Veitshöchheim unter anderem als Mahatma Gandhi verkleidet. »Es war nicht Angela Merkel mit ihren Selfies, die die Flüchtlingswelle ausgelöst hat, es waren die Bilder von Markus Söder als Gandhi, die in die Welt gingen. Da dachten die Flüchtlinge, wenn selbst Söder so friedfertig ist können wir gefahrlos nach Bayern und Deutschland einreisen.«[133]

10. Steh auf, wenn dir ein Unfall passiert: Warum sich Annegret Kramp-Karrenbauer nicht stoppen lässt

Der Dienstwagen ist der Schutzraum jeder Politikerin, hier kann sie in Ruhe arbeiten, telefonieren, schlafen, hier spricht sie keiner von der Seite an. Der Chauffeur – oder auch die Chauffeurin – ist ein vertrauter Mensch, ihm kann man sich absolut anvertrauen, er bringt einen sicher überall hin. So dachte Annegret Kramp-Karrenbauer bis zum 14. Januar 2018. Seitdem ist ihr klar, dass es keine absolute Sicherheit gibt und das menschliche Leben, so schön es gerade auch sein mag, von einer Minute auf die andere beendet sein kann. Als Christin weiß Kramp-Karrenbauer natürlich, dass ihr Leben immer in Gottes Hand ist, sie hat sich als Schirmherrin der Landesarbeitsgemeinschaft Hospiz oft mit Hospizhelfern unterhalten. Aber es ist ein Unterschied, so etwas theoretisch zu wissen oder es ansatzweise am eigenen Leib zu spüren.

Schuld waren die Koalitionsverhandlungen mit der SPD, Kramp-Karrenbauer gehörte zu den unverzichtbaren Politikern, die Angela Merkel nominiert hatte. Diesmal flog sie nicht, sondern sie kam mit dem Auto aus dem Saarland. In der *Bild am Sonntag* erzählte sie vom Schrecken ihres Lebens, als ihr Dienstwagen morgens um fünf Uhr in einer Baustelle auf einen LKW krachte: »Ich habe auf dem Rücksitz geschlafen, als es geschah. Ich bin von meinem eigenen Schrei aufgewacht. Es hat einen Moment gedauert, bis ich begriffen habe, dass ich es war, die geschrien hatte. Und da war dieser Geruch von Verbranntem im Auto, da bekommt man dann schon Angst. Später wurde mit dann erklärt, dass es verbrannt riecht, wenn die Airbags explodieren.«[134]

Kramp-Karrenbauer kam mit dem Schrecken davon, sie hatte nur ein leichtes Schleudertrauma und wegen Beschwerden an der Halswirbelsäule musste sie eine Halskrause tragen. Ins Krankenhaus musste sie trotzdem. »Als die entscheidende Sondierungsrunde mit der SPD lief, lag ich im Krankenhaus in Potsdam. Das ist, als ob man im Finale plötzlich wegen einer Verletzung ausfällt. Das war bitter, aber es hat mir auch klargemacht: Man ist nicht unersetzlich. Für die Zukunft möchte ich mir diese Erfahrung gerne in Erinnerung rufen, wenn noch ein Zusatztermin in den eh schon vollen Terminkalender gequetscht werden soll. Ich bin aber nicht sicher, ob ich mich wirklich daran erinnere, wenn ich wieder voll im Alltagstrott bin und die Erinnerung an den Unfall nach hinten gerückt ist.«[135]

So ein Erlebnis kann ein Wendepunkt im Leben eines Menschen sein. Als CDU-Generalsekretärin wird Kramp-Karrenbauer noch viele Stunden im Auto verbringen. Das kann nach so einem Erlebnis abschreckend sein. Aber sie hat es nicht zugelassen, dass Auto fahren zu ihrem Trauma wird. Sie hat sich gleich wieder hineingesetzt. The show must go on. Wahrscheinlich hat sie die ihr vom Schicksal zugedachte Menge an Verkehrsunfällen in ihrem Leben bereits durchgestanden. Oder mit ihren Schutzengeln gesprochen, dass sie bitteschön gut auf sie aufpassen.

Noch vom Krankenbett aus mischte sich Kramp-Karrenbauer in die Koalitionsverhandlungen ein. Sie war der Kanzlerin schon 2013 als geschickte Verhandlerin aufgefallen. Jetzt war sie die einzige CDU-Politikerin, die mehrere Themenblöcke federführend verhandeln durfte: Bildung, Familie sowie Arbeit und Soziales. Sie wurde nach dem Unfall sehr vermisst, berichtete Barbara Stamm, die Präsidentin des Bayerischen Landtags. Sie war dabei, um über den sozialpolitischen Teil der Regierungspläne zu verhandeln. Und erinnert sich an die dramatischen Stunden: »Wir waren vier Frauen, Malu Dreyer und Andrea Nahles von der SPD, ich und Annegret. Wir wollten eigentlich später beginnen an diesem Tag, aber Andrea Nahles war unter Zeitdruck, so verabredeten wir uns auf acht Uhr. Annegret war am Abend vorher ins Saarland gefahren, weil sie einen Neujahrsempfang hatte. Sie beschloss deshalb, mit dem Auto in der Nacht zu fahren, weil sie es mit dem Flugzeug nicht geschafft hätte. Als wir dann auf sie gewartet haben und die Nachricht vom Unfall gehört haben, waren wir alle geschockt und auch etwas erleichtert, dass nicht noch Schlimmeres passiert ist.«

Menschlich sind sich die beiden Unions-Frauen, die Präsidentinnen des Volkshochschulverbandes sind, nah, sagt die beliebteste CSU-Politikerin: »Sie ist eine Persönlichkeit in der CDU, die wichtiger denn je ist. In einer Umbruchsituation den harten Job der Generalsekretärin zu übernehmen, imponiert mir. Sie kann zusammenführen, sie ist keine Frau der Konfrontation. Sie kann integrieren, zuhören, weiß, was geht. Und was nicht geht. Sie hat nicht den bedingungslosen Anspruch, dass sich ihre Meinung durchsetzt. Das plumpe Schwarz-Weiß-Denken, dieses In-die-Ecke-Stellen von anderen, liegt ihr auch fern. Gut so.«

Ist Deutschland reif für eine nächste Frau im Kanzleramt? Stamm lacht. »Die Frage finde ich lustig. Haben Sie die Frage den vielen Männern gestellt, die aufeinander folgten? Natürlich hat sie das drauf. Es geht nicht darum, wie groß oder wie klein das Saarland war, aus dem sie kommt. Es geht um andere Fragen: Was kann sie? Wofür steht sie? Wo setzt sie sich durch?«

IV. Berlin, ich komme! Wie Annegret Kramp-Karrenbauer die CDU übernimmt

Mehr General als Sekretärin: Annegret Kramp-Karrenbauer und ihr neues Amt

Wann werden Frauen in hohe Ämter gerufen? Oft wenn der Karren tief im Dreck steckt, wenn sich vorher alle möglichen Männer an einer schweren Aufgabe ausprobiert haben und gescheitert sind. Politische Krisen sind Boomzeiten für ehrgeizige Frauen. Für Frauen, die sich nicht als Drachentöterin aufspielen, aber einen klaren Plan von der Zukunft haben und sich nicht wegducken. So war es auch bei Angela Merkel, die nach der CDU-Schlappe bei der Bundestagswahl 1998 als Generalsekretärin der erfolgreichsten deutschen Volkspartei ins Amt kam. Ohne lange zu zögern ergriff sie die Chance: Ganz oder gar nicht. So war es auch bei Annegret Kramp-Karrenbauer, dem meist gut gelaunten Überraschungspaket der CDU. Die beiden begegnen sich auf Augenhöhe. Als die Saarländerin bei einem Abendessen mit Angela Merkel darüber sprach, dass sie sich das Amt der Generalsekretärin vorstellen könne, stieß sie auf offene Ohren: »Von ihr selbst kam die Idee als Generalsekretärin zu arbeiten. Das hat mich sehr berührt.«[136] Die Kanzlerin war überrascht über diese Initiativbewerbung, aber die Idee faszinierte sie zusehends. Eine leibhaftige Ministerpräsidentin, die parteiübergreifend ein gutes Image hatte, als erste Dienerin der Partei? Eine Frau, mit der sie sich in den wesentlichen Grundzügen der Politik einig war, die aber dennoch genug eigenes Profil hatte? Eine Persönlichkeit, die nicht nur Blitzableiter sein sollte, sondern der sie auch einen eigenen Ideenschatz zutraute? Klar, dass Angela Merkel da nicht Nein sagen konnte. Sie hatte ja schon versucht, Kramp-Karrenbauer einen Einstieg in das Kabinett schmackhaft zu machen – als Bildungsministerin wäre sie eine 1-a-Lösung gewesen. Am Ende wurde es Anja Karliczek, auch dreifache Mutter und herzliche Persönlichkeit, aber eine No-Name-Politikerin aus Nordrhein-Westfalen. Das lag unter anderem daran, dass Politik eine komplizierte Komposition von vielen Einzelinteressen ist: Mit Heiko Maas und Peter Altmaier waren schon zwei Saarländer im Kabinett, die Quote für das kleine Land war also übererfüllt. Und Annegret Kramp-Karrenbauer hätte das Amt der Ministerpräsidentin auch für höherwertig erachtet, als einen Ministerposten im Kabinett Merkel.

Aber Kramp-Karrenbauer hatte zwei Bedingungen: Sie wollte die CDU-Parteizentrale umgestalten, vier von fünf Abteilungsleitern mussten gehen. Und sie wollte nicht als Merkels beflissene Sekretärin auftreten, sondern als selbstbewusste, ebenbürtige Generalin. Ob die beiden Frauen einen Masterplan ersonnen haben, dass am Ende die Kanzlerkandidatur der Lohn für Kramp-Karrenbauers Parteieinsatz ist, weiß keiner. Klar ist aber: Kramp-Karrenbauer ist Merkels Liebling. Weil sie Seelenschwestern sind und Politik nicht als Wildwestfilm begreifen. Und mit ihrer Coolness schon viele Männer in die Verzweiflung getrieben haben.

Es kann nur besser werden: Der schwache Vorgänger Peter Tauber

Das Amt der Generalsekretärin reizte Annegret Kramp-Karrenbauer schon aus einem Grund: Sie wusste, dass sie eigentlich nur gewinnen kann. Denn ihr Vorgänger Peter Tauber war ein Auslaufmodell, ein Mann, den die Partei gerne loswerden wollte. Kein politischer Kraftprotz, sondern eher ein Leichtgewicht, ein Ritter von der traurigen Gestalt. Dass Peter Tauber nach dem schwachen Ergebnis bei der Bundestagswahl 2017 monatelang wegen einer lebensgefährlichen Darmerkrankung ausfiel, führte zwar dazu, dass er aus Gründen der menschlichen Anständigkeit nicht attackiert wurde. Aber man kann nicht behaupten, dass ihm jemand eine Träne nachweinte. Still und leise verabschiedete er sich aus der Parteiführung, seine Krankheit hatte viele auch daran erinnert, dass es wichtigere Werte als Wahlsiege gibt. Ausgerechnet bei dem Mann, der Marathon lief und immer rank und schlank war, rebellierte der Körper. Dass der politische Stress dabei eine Rolle spielte, war offensichtlich. Denn im Wahlkampf 2017 hatte ihm die Kanzlerin bereits das Vertrauen entzogen. In der CDU-Wahlkampagne war Peter Altmaier der große Strippenzieher, er hatte die Federführung für das Wahlprogramm mit dem schwammigen Titel »Gut und gerne in Deutschland leben« übernommen. Es war eine schleichende Entmachtung Taubers, unwürdig und demütigend. Nur für den Haustürwahlkampf blieb er noch primär zuständig. Ausgerechnet Landesverbände der Jungen Union, aus der er stammte, forderten seinen Rücktritt. Peter Tauber antwortete souverän mit ein paar Zeilen von Friedrich Rückert, dem großen Dichter der deutschen Romantik: »Füge dich der Zeit, erfülle deinen Platz und räum ihn auch getrost: Es fehlt nicht an Ersatz.«[137]

Für Annegret Kramp-Karrenbauer war es ein erheblicher psychologischer Vorteil, dass sie einem schwachen Generalsekretär nachfolgte. Umso strahlender erschien sie, umso dankbarer ist ihre Partei, dass sie diesen undankbaren Job übernommen hat. Sie kann aus Taubers Scheitern lernen und kraft ihrer Autorität als ehemalige Ministerpräsidentin ganz anders auftreten. Tauber wurde in der Union als »Generälchen« verspottet – und am Ende gar nicht mehr ernstgenommen. Das niederschmetternde Ergebnis bei der Bundestagswahl, das schlechteste, das es je gab (32,9 Prozent), wurde maßgeblich ihm angelastet – dass die

Union vorher drei Landtagswahlen spektakulär gewonnen hatte, interessierte keinen mehr.

»Jünger, weiblicher und bunter« wollte Peter Tauber die CDU machen, da hat auch Kramp-Karrenbauer sicher nichts dagegen. Ihm war das leider nur sehr mäßig gelungen. Ein eigenes Profil konnte er nie entwickeln, er galt immer als die Stimme seiner Herrin. »Die Idee, die manche haben, dass der Generalsekretär etwas völlig anderes erzählt als die Vorsitzende ist absurd«, das war ernsthaft die Meinung von Peter Tauber.[138] In einer internen Sitzung soll er, so berichtet es *die Welt*, sogar ausfällig geworden sein: »Wer hier nicht für Angela Merkel ist, ist ein Arschloch und kann gehen.«[139] Dass sich Tauber später für diesen Kraftausdruck entschuldigte, nutzte ihm auch nichts mehr. Er hatte, um in seiner eigenen Tonart zu bleiben, verschissen. So ging Tauber als Gentleman – aber auch mit dem Ruf, ein politischer Tollpatsch gewesen zu sein. Einmal beleidigte er Menschen, die auch von dem Gehalt aus drei Minijobs nicht leben können. »Wenn Sie was Ordentliches gelernt haben, dann brauchen Sie keine drei Minijobs.«[140] Er überraschte auch mit politischen Vergleichen, die mehr als schräg waren. So verglich er die Rhetorik von Christian Lindner mit der von AfD-Fraktionschef Gauland: »Der einzige Unterschied besteht darin, dass er statt eines abgewetzten Tweed-Sakkos einen überteuerten Maßanzug trägt.«[141] So redet man natürlich nicht über einen favorisierten Koalitionspartner. Einer Annegret Kramp-Karrenbauer wäre der Fehler einer so verrutschten Polemik wohl nie unterlaufen.

Der Übervater aller Generalsekretäre: Heiner Geißler

Über ihren glücklosen Vorgänger hat Kramp-Karrenbauer nie ein schlechtes Wort verloren. Sie sprach lieber über den Mann, an dem sie sich orientiert, bis heute die unerreichte Premiumklasse aller Generalse-

IV. Berlin, ich komme!

kretäre in der deutschen Politik: Heiner Geißler. Wegen des im Herbst 2017 verstorbenen Vordenkers ist sie damals in die CDU eingetreten. Das ist die politische Etage, auf der Kramp-Karrenbauer gerne einziehen will. Von 1977 bis 1989 war er die »Abteilung Attacke« der CDU, eine Langzeitleistung, die es nach ihm nie mehr gegeben hat. Nicht nur nach außen hin, auch nach innen agierte er kritisch und konstruktiv. Geißler war ein anstößiger Mann. Der Pfälzer, der noch den Krieg miterlebt hatte und der vom Kriegsdienst für Schüler getürmt war, war ein großer Intellektueller, der trotzdem die Welt der kleinen Leute verstand. Er machte die »neue soziale Frage« zum Thema und er gab seiner Partei Wärme. Der Mann, der zeitweise Generalsekretär und Bundesfamilienminister gleichzeitig war – heute völlig unvorstellbar –, wurde zum sozialen Gewissen der Partei. So wirkungsvoll wie er war kein Generalsekretär vor oder nach ihm. Teilweise galt er auch als »die beste Frau in der CDU«, weil er sich für Frauen in der Politik einsetzte und einen eigenen »Frauenparteitag« organisierte. Er führte Erziehungsgeld und Erziehungsurlaub ein und sorgte für die Anrechnung der Erziehungsjahre bei der Rentenversicherung. Und er verstand sich auch nicht als erster Diener unter dem Bundeskanzler und CDU-Vorsitzenden Helmut Kohl, der ihn in das Amt gebracht hatte. Geißler war eine Art geschäftsführender Parteivorsitzender, zum blinden Gehorsam hatte der Jesuitenschüler kein Talent und keine Neigung. In die Knie ging er nur beim Skifahren. Nie fühlte sich die Partei so stark wie unter Geißlers Führung: »Kohl hatte Angst vor mir. Er war Kanzler und wollte seine Politik machen und sich nicht von der Partei, die ich damals verkörpert habe, dreinreden lassen. Damit haben die Industrie, die FAZ und der Strauß den immer getriezt: Dass ein Gewerkschaftsmitglied wie ich Generalsekretär der CDU ist.«[142]

Der begnadete Polemiker war auch ein Moralist. Für ihn war das C im Parteinamen nie nur eine Dekoration, er nahm es ernst. Abgrenzung, Abschottung und Abweisung von Flüchtlingen waren mit ihm nicht zu machen, feiges Schweigen war ihm zuwider. Als in Chile der faschistische Diktator Pinochet vierzehn Häftlinge hinrichten wollte, sorgte Geißler dafür, dass diese Leute politisches Asyl in Deutschland bekamen. »Die CSU hat mich fast umgebracht, jetzt holt der Geißler Kommunisten ins Land! Ich konnte den Chilenen das nicht ermöglichen, weil ich kein öffentliches Amt innehatte. Aber kaum hatte ich drei Telefonate geführt, hat Ernst Albrecht, der Ministerpräsident von Niedersachsen, denen Asyl gegeben. So hat die CDU damals noch funktioniert. Wir haben nicht umsonst kontinuierlich 50 Prozent gehabt.«[143] Die Konflikte mit der bayerischen Schwesterpartei, die sich bei manchen Themen nicht sehr christlich gebärdete, gab es auch schon früher.

Geißler konnte sich fürchterlich über die Doppelmoral der eigenen Leute aufregen und legte den Finger in die Wunden: »Ich bin allerdings der Meinung, dass das christliche Menschenbild als Grundlage unserer Politik auch Auswirkungen haben muss auf unsere Ausländerpolitik, auf unsere konkrete Verantwortung für schwangere Frauen, alleinerziehende Mütter und die sozial Schwächeren in unserer Gesellschaft.«[144] Geißler erlaubte sich darauf hinzuweisen, warum viele CDU-Politiker »die christlichen Werte immer nur selektiv heranziehen, etwa beim Thema Paragraph 218, aber das Thema Asyl, das Thema der unantastbaren Menschenwürde jedes Menschen, unabhängig von seiner Hautfarbe, das meiden sie wie der Teufel das Weihwasser.«[145] Das saß. Geißler wies darauf hin, dass Nächstenliebe eben auch gegenüber Flüchtlingen gilt und nicht nur gegenüber dem eigenen Nachbarn. Und in Artikel 1 des Grundgesetztes steht nun einmal »Die Würde des Menschen ist unantastbar« und nicht etwa »die Würde des Deutschen«.

Heribert Prantl, einer der wortgewaltigsten politischen Journalisten des Landes, beschrieb Geißler so: »Er war Botschafter der sozialen Marktwirtschaft und Attac-Mitglied, ein begabter Zuspitzer und zugleich ein begabter Schlichter. Die letzte Persönlichkeit, die wenigstens annähernd so viele Gestalten annehmen konnte wie Heiner Geißler, war der Göttervater Zeus. Der tat dies allerdings, um Frauen zu verführen. Geißler hat seine Partei verführt. Er hat sie als Generalsekretär dazu gebracht, eine kluge, aufgeklärte Partei zu sein. Er hat sie reformiert, er hat sie in seiner Zeit von einem Kanzlerwahlverein zu einer Programmpartei gemacht.«[146]

Dass Angela Merkel die CDU sozialdemokratisierte und der SPD die Themen klaute, hat ihr Geißler nicht übelgenommen – er war ein Bollwerk gegen jeden Rechtsruck. Und auch die Flüchtlingspolitik der Kanzlerin empfand der zweifelnde Christ Geißler als Akt der Barmherzigkeit. Er bezeichnete ihren Akt, Anfang September 2015 die in Ungarn gestrandeten Flüchtlinge aufzunehmen, als »glanzvolle und gute Leistung«.[147] Welcher Unions-Politiker hätte heute noch den Mut, so etwas auszusprechen? »Man darf nicht wegen einiger Prozentpunkte die Seele der Partei verraten«, mahnte er die CSU.[148] Er hatte Deutschland schon Anfang der Neunzigerjahre zum Einwanderungsland erklärt und die multikulturelle Gesellschaft als Realität und nicht etwa als ein Schreckgespenst empfunden.

Heiner Geißler war sich vor seinem Tod nicht mehr sicher, ob es Gott überhaupt gibt. Das wisse kein Mensch, sagte der zweifelnde Jesuit einmal in einem Interview, »das weiß auch der Papst nicht«.[149] Aber er war sich sicher, dass eine menschenfreundliche Politik nötig ist, die sich an den Prinzipien des Evangeliums orientiert, wenn sich eine Partei christlich nennt. Jetzt gibt es diesen Mahner nicht mehr, aber Annegret Kramp-Karrenbauer fühlt sich zumindest teilweise in der Tradition Geißlers: Laut sagen, was Sache ist, nicht herumeiern, klare Kante statt schwammiger Beliebigkeit. Aber die Latte hängt hoch, eine neue Geißlerin zu werden. Und jede Zeit hat ihre eigenen Herausforderungen.

Eine Partei freut sich: Diese Generalsekretärin ist ein Hit!

In der Politik gibt es, ganz grob gesagt, zwei Arten von Menschen: Besserwisser und Bessermacher. Die Besserwisser verteilen oft Ratschläge, die sich wie Schläge anfühlen. Die Bessermacher halten sich erst mal zurück, glänzen durch eigene Tatkraft, erniedrigen niemand, um sich zu erhöhen, und glauben daran, dass auch andere und nicht nur sie selbst Großes zustande bringen können.

Kurt Biedenkopf ist so einer. Der ehemalige Ministerpräsident von Sachsen, der der CDU noch absolute Mehrheiten bescherte, ist immer noch ein intimer Kenner der Partei. Von 1973 bis 1977 war er CDU-Generalsekretär. Es tat ihm in der Seele weh, als bei der letzten Bundestagswahl in Sachsen die AfD stärkste Partei wurde – eine Schande für die Union. »Vielleicht war die CDU zu langweilig?«, fragte er.[150] Genau erklären konnte der ehemalige Sachsenkönig das Desaster auch nicht. Um solche Katastrophen zu verhindern, dafür ist Annegret Kramp-Karrenbauer im Amt. Biedenkopf lobte sie nach ihrer Nominierung in der *Augsburger Allgemeinen*: »Sie hat eine große politische Erfahrung, vor allem Regierungserfahrung, was sehr wichtig ist. Sie weiß, wie man erfolgreich Politik macht – und nicht zuletzt ist sie eine Frau mit Charme und Witz, die die Menschen für sich einnehmen kann.«[151]

Auch um die Eigenständigkeit der Generalsekretärin macht sich Biedenkopf keine Sorgen: »Annegret Kramp-Karrenbauer wird kein verlängerter Arm der Kanzlerin sein. Sie ist eine selbstständige Frau. Und das ist auch der Grund, warum eine Ministerpräsidentin für dieses Amt hervorragend geeignet ist. Sie ist unabhängig – und diese Unabhängigkeit ist für sie als Generalsekretärin von großer Bedeutung. Wenn der Generalsekretär nur der Sekretär der Kanzlerin ist, kann man jeden nehmen. (...) Die CDU braucht die Besten, in der Partei wie in der Regierung. Wir haben in der CDU viele gute und tüchtige Köpfe. Eine gute

Generalsekretärin, die ihre Partei kennt, fordert die guten Köpfe. Jung sein allein reicht nicht. Man muss auch Lebens- und Organisationserfahrung und Können mitbringen.«[152]

Kurt Biedenkopf lobte auch Kramp-Karrenbauers einladende Redekunst: »Unsere neue Generalsekretärin imponiert mir sehr. Ihre Rede auf dem Parteitag war ungewöhnlich engagiert. Sie war emotional, bekennend und hat sich trotzdem nicht aus dem Konzept bringen lassen. Das können nicht viele. Angela Merkel hat dafür ganz andere Stärken. Sie kann als Naturwissenschaftlerin schwierige Sachverhalte durchblicken. Ja, Emotionen helfen dabei, Menschen für Politik zu gewinnen. Aber es ist genauso wichtig, dass diese Politik vernünftig ist. Deshalb finde ich die Kombination dieser beiden Frauen durchaus interessant.«[153]

Roland Koch, Hessens Ex-Ministerpräsident, der wie kaum ein Anderer das Konservative in der CDU verkörpert hat, lobte Kramp-Karrenbauer ebenfalls: »Eine gute und klare Entscheidung für eine Frau mit einem klugen Kompass.«[154] Auch Talkshow-König Wolfgang Bosbach, der sich oft mit Merkel angelegt hatte und darunter gelitten hat, dass sie ihn nie als Minister auserkoren hatte, war zufrieden. Er duzt sich mit Kramp-Karrenbauer seit 1998: »Annegret ist in der Partei sehr beliebt.«[155]

Anfang Juli sagte Bosbach, der in der Flüchtlingsfrage eher die CSU-Position unterstützt, bei einem Besuch in Bayern am Rande einer CSU-Wahlveranstaltung: »Annegret Kramp-Karrenbauer macht ihre Arbeit als Generalsekretärin souverän mit Gelassenheit und Klarheit, das merkt man an den regelmäßigen Infobriefen an die Mitglieder. Sie kennt die Partei aus ganz unterschiedlichen Perspektiven: im Bundestag, im Saarland, als Ministerpräsidentin.« Aber ist Kramp-Karrenbauer wirklich eine Alternative zu Kanzlerin Merkel? Da ist Wolfgang Bosbach skeptisch, dazu seien sich die beiden Frauen zu ähnlich, er sieht zwei Schwestern im Geiste: »Sie sind doch wesensverwandt, das gilt auch für die politische Arbeit. Annegret Kramp-Karrenbauer wird alles unterlassen, was man als Illoyalität gegenüber der Parteivorsitzenden auslegen könnte. Sie wird vielleicht den einen oder anderen politischen Schwerpunkt setzen, aber ganz bestimmt nicht im Widerspruch zur Parteivorsitzenden.«

Aber hat Kramp-Karrenbauer mehr Herz als die kühle Kanzlerin? Bosbach bricht da nicht in Begeisterung aus: »Ich käme jetzt nicht auf den Gedanken, der einen mehr Empathie zuzuschreiben als der anderen.« Auf die Frage, ob Kramp-Karrenbauer Merkel beerben kann, wird Bosbach einsilbig: »Man sollte diese Debatten nur führen, wenn sie anstehen. Ich habe schon 100 Abgesänge auf Angela Merkel erlebt, es gibt nur eine Person, die entscheidet, ob Angela Merkel geht: Angela Merkel.«

Merkels Meute: Die Werteunion

Angela Merkel musste sich in den vergangenen Jahren von vielen gejagt fühlen: Von Jens Spahn, der mehr konservatives Profil anmahnte und dem der revolutionäre Ehrgeiz aus alle Poren dringt. Von Carsten Linnemann, dem Chef der Mittelstands- und Wirtschaftsvereinigung der CDU, der schon den »Anfang vom Ende der Volkspartei CDU« nach der Ressortverteilung im neuen Kabinett ausgerufen hatte.[156] Von den zornigen Ex-CDU-lern, die es sich in der AfD bequem gemacht haben und in den Ruf »Merkel muss weg« einstimmen. Die größten Störenfriede für Merkels Politik sind aber in der Werteunion versammelt. In dieser im März 2017 gegründeten Vereinigung wirken besonders konservative CDU- und CSU-Mitglieder mit – von Mandatsträgern und Funktionären über Rentner, Studenten bis hin zu Ingenieuren und Eltern. Vereinfacht gesagt wollen sie eine CDU von früher, aber das ist mit Merkel und mit Kramp-Karrenbauer nicht zu machen.

Interview mit dem Vorsitzenden der Werteunion, Alexander Mitsch

Er ist eine Nervensäge für die Kanzlerin: Alexander Mitsch, Vorsitzender der Werteunion in der CDU. Er wünscht sich, dass Angela Merkel bald in der politischen Versenkung verschwinden möge und hält sie inzwischen für ein Unglück der CDU. Mitsch sieht sich als Anwalt einer schweigenden Mehrheit, er hätte gern inhaltlich mehr zu sagen in seiner Partei, die in den vergangenen Jahren etwas aus dem Leim gegangen ist. So reagiert der Altstipendiat der Konrad-Adenauer-Stiftung auf die neue Generalsekretärin.

Wie gut kennen Sie Annegret Kramp-Karrenbauer?
Ich habe im Mai 2018 mit ihr gesprochen, wir wollen ja als Sonderorganisation in der Partei offiziell anerkannt werden. Sie hat erkannt, dass die Partei in einem desolaten Zustand ist und ein schweres Erbe übernommen hat. Sehr viele sind ausgetreten oder stehen kurz davor, manche blieben nur, weil es uns, die Werteunion, gibt. Die Partei pfeift aus dem letzten Loch, es gibt ein hohes Bedürfnis, dass wir wieder diskutieren, klare christdemokratische Positionen vertreten und die Partei nicht mehr aus dem Kanzleramt regiert wird. Annegret Kramp-Karrenbauer setzt das sehr motiviert um, sie stellt sich, das begrüße ich erst mal sehr. Ihr Vorgänger Peter Tauber hat nie so ein Format wie die Zuhörtour erfunden. Er ist sehr arrogant mit seinen Gegnern umgegangen und hat keine anderen Meinungen akzeptiert. Da hat ein Stilwechsel eingesetzt. Die Parteibasis kommt wieder zu Wort – anders als auf Parteitagen. Da bestehen drei Viertel der Delegierten aus Kreisgeschäftsführern und weiteren Berufspolitikern, die von der Parteiführung abhängig sind.

Was erwarten Sie von ihr?
Sie muss der Partei ein eigenes Profil geben, wenn sie die Überalterung und das Sterben der Partei verhindern will. Sie darf kein Abklatsch der Kanzlerin sein. Es reicht nicht, deren Meinung kundzutun und ihr den Rücken freizuhalten. Inhaltlich höre ich von Kramp-Karrenbauer bisher nur einen eher linken, grünen, liberalen Mainstream. Der Anfangskredit braucht sich langsam auf. Mit ihrer ablehnenden Position zur Ehe für alle hat sie der Partei eine Karotte hingehalten, aber das reicht nicht. Aber ich hoffe darauf, dass sie die Partei, die sie bestens kennt, versteht. Angela Merkel war ja mit 35 Jahren noch in der FDJ.

Wünschen Sie sich eine Urwahl des Kanzlerkandidaten nach Merkel?
Aber ja, das wäre demokratisch die beste Lösung. Ich wünsche mir eine Auseinandersetzung über Personen, nicht nur eine Empfehlung aus dem Kanzleramt. Auch ein Jens Spahn oder ein Carsten Linnemann, der Vorsitzende der Mittelstandsvereinigung in der Union, sind fähige Politiker, die ein Land führen können. Streit über gute Lösungen nehmen die Wähler auch nicht krumm, die Menschen wollen sehen, dass eine Partei lebt. Geschlossenheit ist nicht der erste Wert einer Partei, die über vierzig Prozent erreichen will. Wir brauchen unterschiedliche Flügel. Die Mitglieder wollen gefragt werden, nicht nur als Beitragszahler und Helfer im Wahlkampf geschätzt werden.

Was wünschen Sie sich?
Dass Angela Merkel beim nächsten Bundesparteitag Ende 2018 ihr Amt als CDU-Vorsitzende übergibt und im Laufe der Legislaturperiode bis 2021 auch ihr Amt als Kanzlerin zur Verfügung stellt. Die meisten CDU-Mitglieder empfinden sich als rechts von der Merkel-Politik stehend, die Sozialdemokratisierung der Union finden die meisten nicht gut. Das hat eine Untersuchung der Konrad-Adenauer-Stiftung ergeben. Das Ende der Fahnenstange ist erreicht.

*Ein mögliches neues Gesicht für die Nachfolge ist die regierungserfah-
rene Annegret Kramp-Karrenbauer. Wäre sie eine vorstellbare Kandidatin für sie?*

Das ist noch lange nicht ausgemacht. Ich hätte auch kein Problem, einen
wertkonservativen Kandidaten von der CSU zu wählen. Hauptsache, er
steht wieder für ein Europa der Vaterländer, eine klare Steuerung der
Migration und den Leistungsgedanken, der in der CDU zuletzt aus der
Mode gekommen ist. Heute geht es in der Politik leider vor allem um die
Verteilung von Wohltaten, das funktioniert aber nur, solange die Steuern
kräftig sprudeln.

Die neue Generalin: Wenn zwei Powerfrauen um die Wette strahlen

Gibt es in der Politik Freundschaft? Ab und zu ja. Aber es gibt ganz
sicher Funktions-Freundschaften. Bei denen teilt man politische Grund-
überzeugungen, man teilt Visionen, die man befördern will, Karrierepläne, die aufeinander abgestimmt werden, Win-Win-Situationen eben.
Genau darum ging es, als Bundeskanzlerin Angela Merkel am 19. Februar 2018 in ihrer Eigenschaft als CDU-Vorsitzende den neuen Star der
Partei vorstellte. Annegret Kramp-Karrenbauer trug ein schickes weißes Kleid mit rosa Oberteil, Angela Merkel ihre übliche Blazeruniform,
diesmal in Grün – die Farbe der Hoffnung. Rasch wurde der Hauptstadt-
Presse klar, dass da zwei ebenbürtige Persönlichkeiten auf dem Podium
standen: Da hat nicht etwa Angela Merkel ein großzügiges Angebot gemacht, nein, Kramp-Karrenbauer hatte die Idee, die Merkel aus einem
Dilemma befreite. Denn die Kanzlerin suchte nach dem unglückseligen
Peter Tauber, der keinen Rückhalt mehr hatte, eine Persönlichkeit, die
ihr Vertrauen genoss und zugleich renommiert war. Es musste eine Figur
sein, die klar denken kann und selbstbewusst auftritt. Eine Nachwuchs-

kraft aus dem politischen Talentschuppen sollte es diesmal nicht sein. Es war die Königsidee von Annegret Kramp-Karrenbauer, die mehrfach Merkels Avancen, doch bitteschön als Ministerin ins Kabinett zu kommen, abgelehnt hatte. Dabei dachte sie allem Anschein nach schon weiter: Eine Generalsekretärin ist mehr wert als eine Ministerin, bei ihr laufen alle Fäden zusammen – das ist wichtig, wenn man langfristig denkt und diese Aufgabe als Zwischenetappe für die Kanzlerschaft begreift. Bis man dahin gelangt, muss man viele Prüfungen bestehen – eine Partei ist wie eine quirlige und quengelige Großfamilie mit teilweise schwer erziehbaren Kindern, aber Qualität kommt ja bekanntlich von Qual.

Politiker sind es gewohnt, sich zu verstellen und ein Pokerface aufzusetzen, sich nicht in die Seele schauen zu lassen. Aber wer Angela Merkel und Annegret Kramp-Karrenbauer an diesem Tag erlebte, konnte spüren, dass es ein erlösender Moment war, dass auf ihrer Zusammenarbeit offenbar ein Segen liegt. Die beiden hatten ein Siegerlächeln im Gesicht, so als ob sie die Probleme der Welt erst einmal gelöst hätten. So erfrischend fröhlich und von allem Ballast befreit hatte man die Kanzlerin zuvor selten gesehen. Und Kramp-Karrenbauer strahlte diese naive Hoffnung und Vorfreude aus, die jeder braucht, wenn er große Taten vollbringen will. Die aufrechte und frohgemute Körpersprache der beiden Frauen unterstrich die Frohbotschaft: Ab heute werden wir die Partei rocken. Kleinmut, Zwietracht und Niedertracht waren gestern, ab heute wird gestaltet. Zwei Frauen, ein Gedanke.

Angela Merkel sprach bei der Vorstellung ihrer Wunschkandidatin, die ihr so unverhofft zugeflogen war, vom »großen Glück«[157] und verteilte sogar Streicheleinheiten an die eigene Partei, die ihre Chefin oft mit ständigem Genöle gepiesackt hatte. Auf einmal war die ganze Nervigkeit der CDU »wunderbar« und »toll«.[158] AKK solle den Mitgliedern »wieder mehr Heimat« geben.[159] Mit diesen Worten brachte die Kanzlerin ihre Hoffnung zum Ausdruck – wobei förmlich jeder den unausgesprochenen Stoßseufzer hören konnte, weil sie das selbst nicht kann.

Die Arbeitsteilung des weiblichen Dreamteams war perfekt. »Wir können uns sehr aufeinander verlassen«, sagte Merkel, auch wenn jede ihren eigenen Kopf habe.[160] In der Debatte um die Flüchtlinge hatten sich die beiden bereits untergehakt. »Es ist eine Zeit, in der man in der Politik eine Haltung einnehmen muss und nicht unentschieden bleiben darf.«[161] So hatte Kramp-Karrenbauer Merkel unterstützt und das, was von der deutschen Willkommenskultur noch übrig geblieben ist.

Im Freudentaumel unterlief der Kanzlerin sogar ein herrlicher kleiner Patzer. »Sie ist die erste Frau in dem Amt«, frohlockte Merkel, und vergaß komplett, dass sie höchstpersönlich ja auch mal als Generalsekretärin angefangen hatte.[162] Für einen kurzen Augenblick hatte sie ihre Rüstung abgelegt und im Überschwang die Selbstkontrolle verloren – aus purer Freude über ihren Coup. Denn in dem Moment, in dem sie das Überraschungspaket namens Kramp-Karrenbauer vorstellte, hörte in der Partei schlagartig die ganze selbstmitleidige Diskussion darüber auf, dass die CDU in den Koalitionsverhandlungen mit der SPD zu schlecht weggekommen war und die wichtigen Ministerien an die SPD gegangen waren.

Auch Annegret Kramp-Karrenbauer wirkte so, als ob Kindergeburtstag, Weihnachten und Abiturfeier auf einen Tag gefallen wären. Aber sie musste natürlich seriös begründen, warum Sie sich beruflich verändern will. Um die Autorität der angeschlagenen Chefin nicht zu beschädigen, musste sie etwas anders ausdrücken, dass sie sich quasi selbst ernannt hatte. »Wir erleben eine der schwierigsten politischen Phasen in der bisherigen Geschichte der Bundesrepublik Deutschland. Ich bin der Auffassung, dass man gerade in solchen Zeiten nicht nur von Verantwortung reden darf, sondern auch dazu bereit sein muss, sich persönlich zu engagieren. Deshalb habe ich mich dazu entschlossen, von meinem Amt als Ministerpräsidentin des Saarlandes zurückzutreten und auf dem Bundesparteitag am 26. Februar 2018 für das Amt der Generalsekretärin der CDU Deutschlands zu kandidieren.«[163]

Kramp-Karrenbauer erwähnte mit einem leicht schlechten Gewissen, dass sie ihr geliebtes Saarland in einem guten Zustand verlasse, die Finanzierung des chronisch klammen Bundeslands sei gesichert. Aus den Augen, aus dem Sinn – diesen Eindruck wollte die Neu-Berlinerin vermeiden. Ihre Botschaft klang eher nach »Einmal Saarländerin, immer Saarländerin«. Ein bisschen war es aber so, wie wenn man sich von seinem Mann trennt, mit dem es eigentlich ganz gut läuft, weil da ein wichtigerer Typ auf der Bildfläche erschienen ist, der noch weitaus attraktiver ist.

Als Politikerin darf man nie sagen, dass man Karriere machen will, dass man höchste Staatsämter anstrebt. Es würden einem sofort Egoismus, Arroganz und Größenwahn unterstellt. Man muss immer altruistisch argumentieren, also quasi selbstlos nach der Melodie: Ich mache das alles nur für euch, weil ich eine von euch bin. Das klang dann bei Kramp-Karrenbauer so, dass sie sich für die Stabilität in Deutschland, die sie selbst auch ein Stück weit verkörpert, opfern will: »Ich habe mich sehr bewusst für das Engagement in der Bundespartei und gegen ein mögliches Ministeramt entschieden. Die Grundlage für eine erfolgreiche Bundesregierung sind stabile politische Verhältnisse. Politische Stabilität braucht aber starke Volksparteien.«[164] Sie machte klar, dass sie sich als Dienerin der Partei sieht und nicht als Ego-Shooterin. Im Mittelpunkt steht nicht die Generalsekretärin, sondern das Team. Und sie ist das Zugpferd, das die Partei mitzieht. »Ich bin der festen Überzeugung, dass wir auch in Zukunft in Deutschland starke Volksparteien brauchen und keine allein durch Personen getragenen politischen Sammlungsbewegungen.«[165]

Ob sie die Kronprinzessin von Angela Merkel sei, wird Kramp-Karrenbauer bei der Pressekonferenz gefragt: »Ich habe mich noch nie für die Prinzessinnenrolle geeignet – schon früher in der Fastnacht nicht«, lautet ihre schlagfertige Antwort.[166] Ob die Berufung von Kramp-Karrenbauer schon eine Vorentscheidung für die Kanzlerschaft sei, wird

Merkel gefragt. »Das ist ihr Privileg, das Sie immer schon drei Runden weiter sind«, konterte sie – das ist kein Dementi.[167] Merkel fügt noch einen Satz hinzu: »Geschichte wiederholt sich nicht, jede Sache hat ihre eigene Dynamik.«[168] Will heißen: Nicht jede Generalsekretärin der CDU muss auch Kanzlerin werden. Das ist kein Naturgesetz. Diese Machtfülle muss man sich verdienen. Und erobern.

Dennoch, es war ein Befreiungsschlag. Die gesamte CDU, von der Jungen Union bis zur Frauenunion und Seniorenunion, von den Sozialausschüssen bis zur Mittelstandsvereinigung und zum Wirtschaftsrat, jauchzte über diese Personalie. Auch die alte CDU. Norbert Blüm, 16 Jahre lang Arbeitsminister unter Helmut Kohl, war begeistert: »Annegret ist eine jugendfrische Mutter Courage der Partei. Sie hat eine mannhafte Tapferkeit. Und kommt nicht auf der Schmalspur daher. Und sie kann sich verständlich ausdrücken. Das ist wichtig. Einfach ist nicht primitiv. Einfach ist schwer.« Norbert Blüm, der sieben Jahre lang mit Angela Merkel im Kabinett saß, hat ein Gespür für starke Frauen, er traut Kramp-Karrenbauer auch die Kanzlerschaft zu. Drei Punkte gefallen ihm besonders an ihr. »Erstens: Sie ist entschlossen, sie weiß, was sie will. Zweiten: Sie ist gewitzt. Drittens: Sie ist nicht prestigefixiert. Sonst hätte sie nicht auf den Posten der Ministerpräsidentin verzichtet. Sie schaut nicht ständig, womit sie das größte Ansehen erreicht.« Blüm lobt ihre Risikomentalität: »Als Generalsekretärin ist man auch für die Drecksarbeit zuständig. Wenn es schiefläuft in der Partei, hat sie die Verantwortung. Wenn es gut läuft, wären es die anderen. Sie macht da einen Kopfsprung in ein Becken, bei dem sie nicht weiß, ob genug Wasser drin ist.«

Krönungsmesse in
Berlin: Die CDU hat einen neuen Liebling

Am 26. Februar 2017 schien die Wahl beim Sonderparteitag in Berlin nur eine Formsache zu sein. Annegret Kramp-Karrenbauer ist traditionell der Darling der CDU-Delegierten, bei den Wahlen für das Präsidium und den Bundesvorstand der Partei hatte sie immer prima abgeschnitten. Aber eine Wahl ist eben eine Wahl. Und Annegret Kramp-Karrenbauer konnte die Stimmung sofort spüren: Sie als wohlwollend zu bezeichnen, wäre sehr untertrieben. Die CDU wollte sich selbst feiern, ihr zujubeln und sich dankbar zeigen, dass sie diese wichtige Rolle für die Partei übernommen hat.

Kramp-Karrenbauer weiß, wie man die Seele einer Partei hätschelt, bis sie vor Wohligkeit schnurrt. Das ist nicht anders als im richtigen Leben: Mit Komplimenten erreicht man mehr als mit bitteren Pillen. So lobte sie erst einmal die Debattierfreude des Parteitages: »Ehrlich gesagt, wenn ich nicht schon Lust gehabt hätte, als Generalsekretärin anzutreten, hätte ich mich nach dieser Debatte auf jeden Fall beworben.«[169]

Als Generalsekretärin muss man Teamgeist predigen und vorleben, gerne auch mit Vergleichen aus dem Sport. Gut, dass gerade die Olympischen Winterspiele liefen: »Ich sage euch offen: Mein Lieblingsolympionike war die deutsche Eishockeymannschaft. Sie war es nicht nur, weil sie eine historische Medaille gewonnen hat, sondern auch weil diese Mannschaft etwas gelebt hat, was wir brauchen. Es war klar, diese Mannschaft war nicht eine Ansammlung von einzelnen Stars, vielmehr war der Star die Mannschaft. Darauf kommt es auch uns an. Der Star ist die CDU. Es geht nicht darum, welcher Einzelne in der CDU glänzt, es geht darum, dass unsere Partei glänzt.«

Kramp-Karrenbauer erzählt auch am Parteitag wieder von ihrem Zwiespalt, das Saarland für die größere Aufgabe zu verlassen. Vertrauen und Verantwortung sind für sie zwei Seiten einer Medaille, Politiker sind keine Fußballspieler, die ihre Vereine einfach so wechseln und dem Lockruf des Geldes unterliegen – die Verantwortung für das »Gemeinwohl« habe die höchste Priorität. »Für mich ist klar, dass Menschen, die zur Wahl gehen, mehr abgeben als nur ihr Kreuz auf einem Zettel, als nur ihre Stimme. Sie schenken uns bei der Abstimmung ihr Vertrauen. Mit diesem Vertrauen muss man sorgsam umgehen. Deswegen war es für mich keine leichte Entscheidung.« Und dann zeigt Kramp-Karrenbauer, dass sie das hohe Pathos der Politik beherrscht und auch emotional mitreißen kann: »Im Leben jedes Einzelnen kommt es zu Situationen, in denen es nicht mehr genügt zu sagen: ›Derjenige müsste‹, oder: ›Diejenige sollte‹. Vielmehr muss man dann selbst eine Antwort darauf geben. Diese kann nur lauten: Ich kann, ich will und ich werde. Deshalb stelle ich mich gerne in den Dienst der Partei.«

Eine Partei, der Kramp-Karrenbauer ewig dankbar ist, denn als Einzelner kann man in der Politik wenig erreichen. »Ich kann, ich will und ich werde« – so viel Leidenschaft hat die Partei lange nicht mehr gehört. Jeder hörte da natürlich schon die Ambition heraus, langfristig nicht nur die Partei, sondern auch das Land zu führen. Aber eins nach dem anderen. Ihre Botschaft lautete erst einmal *zurück zu den Wurzeln*: »Liebe Freundinnen und Freunde, alles, was ich in meinem Leben politisch erreicht habe, habe ich dieser Partei zu verdanken. … Es ist an der Zeit, etwas zurückzugeben, liebe Freundinnen und Freunde.« Die Beste muss ran, wenn die Einschläge näherkommen – das sagt Kramp-Karrenbauer indirekt.

Stabilität ist ihr politisches Mantra, ihre DNA, am liebsten würde sie den Begriff für sich schützen lassen. Sie weiß, dass die Bürger und vor allem die Unionswähler Unberechenbarkeiten und Chaos nicht schätzen. »Die Bürger wollen wissen: Wie soll man noch zusammenleben, wenn man den Eindruck hat, dass es nur noch um den Einzelnen geht, und nicht mehr klar ist, was uns eigentlich noch zusammenhält?«

Der Saal kocht bereits. Die Union ist ja eine große Familie. Doch Kramp-Karrenbauer ist am stärksten, wenn sie die politischen Phrasen hinter sich lässt, dann wird ihre politische Anschauung im Kern sichtbar: »Als ich Anfang der Achtzigerjahre in die CDU eingetreten bin, habe ich mir – das gestehe ich ganz offen – weniger intellektuelle Gedanken darum gemacht, ob diese Partei konservativ, liberal oder christlich-sozial ist. Es war eine Entscheidung aus dem Herzen und aus dem Bauchgefühl heraus. Ich hatte den Eindruck, dass das christliche Menschenbild, das wir zur Grundlage unseres Handelns machen, genau richtig ist«

Aber christliche Nächstenliebe ist kein Widerspruch zur politischen Attacke, eine der wichtigsten Aufgaben einer Generalsekretärin: »Wir waren 2013 bei über 40 Prozent, und, ja, wir haben in den letzten Jahren Wählerinnen und Wähler verloren: 900 000 an die AfD und 1,4 Millionen an die FDP. Liebe Freundinnen und Freunde, das wollen und das werden wir nicht akzeptieren. Wir werden um diese Stimmen wieder kämpfen, wir werden das aber nicht mit Schaum vor dem Mund und nicht mit der moralischen Keule tun, sondern mit den richtigen Fragen, die wir stellen.«

Von der AfD, in deren Reihen nicht wenige Ex-CDU-Mitglieder sind, grenzt sie sich strikt ab. Jegliches völkisches Gedankengut, jeder rassistische Überlegenheitsgedanke hat bei AKK keine Chance, da stellt sie klar, als sie die Verwässerung und Vergiftung des Begriffes »bürgerlich« aufgreift: »Ich frage euch: Was, bitte schön, ist bürgerlich, konservativ und angeblich in der jüdisch-christlichen Tradition an einer Partei, die die Menschen nicht mehr als Menschen betrachtet, die die Menschen nicht mehr danach beurteilt, was sie sind, was sie können und wie sich einbringen, sondern die die Menschen von vornherein in Schubladen steckt?«

Kramp-Karrenbauer will sich die Deutungshoheit im bürgerlichen Lager sichern. Deshalb holt sie zum Schlag gegen die FDP aus – dafür, dass die Liberalen im November 2017 die Jamaika-Koalitionsverhandlungen platzen lassen hatten: »Was sagen wir den 1,4 Millionen Menschen, die zur FDP gegangen sind, weil sie eine neue bürgerliche Regierung wollten? Die Leistungsträger, die Handwerker, die ein Unternehmen haben, die guten Facharbeiter, die jeden Morgen aufstehen und ihre Kinder zur Schule bringen, sagen: Ja, man muss auch etwas leisten. – Was sagen wir denen denn, und fragen wir sie nicht, was daran neu und bürgerlich ist, wenn man in dem Moment, in dem man regieren kann, erklärt: ›Lieber nicht regieren als falsch regieren‹? Wenn das alle Handwerker in diesem Land machen würden, dann würde ganz Deutschland in Schutt und Asche liegen. Das hat doch nichts mit ›bürgerlich‹ zu tun.«

Heiner Geißler, der verstorbene Vordenker der CDU, hatte einmal den Satz gesagt, »Die Zukunft gehört den interessanten Parteien«, wobei er in den vergangenen Jahren nicht immer seine eigene Partei gemeint haben dürfte. Darin sieht Kramp-Karrenbauer ein Vermächtnis, einen Auftrag, den sie sich gern zu eigen macht. Sie will auch rebellische Stimmen hören. »Wir sind eine interessante Partei, und wir wollen noch interessanter werden, und zwar nicht dadurch, dass wir alle drei Tage diskutieren, wer was werden kann, sondern indem die Menschen spüren: Die CDU ist der Ort, an dem um die Zukunft und die besten Lösungen gerungen wird. Ja, dazu gehören auch die kritischen Stimmen. Mein Gott, ich bin nicht in die Junge Union gegangen, um meinem Landesvorsitzenden zuzujubeln, sondern um ihm Feuer unterm Hintern zu machen. Das ist die Arbeitsbeschreibung der Jungen Union.«[170]

An dieser Stelle bricht Jubel im Saal aus. Eine in die Jahre gekommene Partei befreit sich scheinbar von Mehltau und Biederkeit, Kramp-Karrenbauer hat die Kampfeslust angestachelt. Politik kann und soll verdammt noch mal auch Spaß machen, so ihre Botschaft. Dass sie während ihres Landtagswahlkampfes Aktivisten der Jungen Union bei sich zu Hause wohnen ließ, hat sich herumgesprochen. So wird man zur Mutter der Partei. Kramp-Karrenbauer ist eben nicht distanziert, sie spricht Verstand und Herz zugleich an. Das hat Angela Merkel schon lange nicht mehr geschafft, wobei es auch nicht ihre Kernkompetenz ist. Kramp-Karrenbauer ist keine Politikerin on the rocks, also eisgekühlt. Sie kann sich begeistern. Ganz im Sinne eines anderen berühmten Saarländers, Oskar Lafontaine, der auf dem SPD-Parteitag 1995 in Mannheim gesagt hat: »Es gibt noch Politikentwürfe, für die wir uns begeistern können. Und wenn wir selbst begeistert sind, können wir auch andere begeistern. In diesem Sinne: Glückauf!«[171]

Und sie hat zweifellos begeistert – am Ende ihrer Rede gibt es Standing Ovations für die neue Generalsekretärin. 98,87 Prozent der Delegiertenstimmen bekommt sie – ein Ergebnis, das sie erleichterte. 100 Prozent, wie sie Martin Schulz erreicht hat, wären peinlich und kein gutes Omen, danach konnte es nur bergab gehen. Annegret Kramp-Karrenbauer hat die Partei im Sturm erobert – und dabei ging sie mal ganz direkt auf Tuchfühlung. Nach ihrer Wahl umarmte sie jeden im Vorstand, politische Zärtlichkeit auf hohem Niveau. Und es wirkte nicht peinlich und hölzern. Denn Kramp-Karrenbauer strahlt die Nestwärme und Mütterlichkeit aus, die der nüchternen Merkel fehlt und nach der sich die Partei lange gesehnt hat.

Wie wird sie das Amt der Generalsekretärin dauerhaft interpretieren? Sie hat keinen Wahlkreis und kein Mandat im Bundestag, das gibt ihr mehr Spielraum. Die zeitraubende Arbeit in den Ausschüssen muss sie nicht machen. Eine Wadlbeißerin und politische Giftmischerin, die den politischen Gegner verhöhnt und mit dem Holzhammer bearbeitet, ist sie auch nicht. Ein dröhnendes Selbstbewusstsein, wie es etwa der frühere CSU-Generalsekretär und heutige Bundesverkehrsminister Andreas Scheuer von der CSU nach außen trägt, ist ihr fremd. Das Schrille ist nicht ihre Tonlage, auch wenn sie durchaus austeilen kann. So kommentierte sie den Klagegesang des FDP-Vorsitzenden, der sich nach Abbruch der Koalitionsverhandlungen nicht gut genug behandelt fühlte, sarkastisch mit »Heul leiser, Lindner«.[172] Auch die Auffassung des CSU-Landesgruppenvorsitzenden Alexander Dobrindt, ein Generalsekretär müsse der Synchronschwimmer des Parteivorsitzenden sein, behagt ihr nicht. »Wenn es eine Sportart gibt, mit der ich etwas fremdele, ist es das Synchronschwimmen. Zwischen Generalsekretärin und Parteichefin muss es selbstverständlich ein gemeinsames Grundverständnis geben. Aber die Partei braucht auch ihr eigenes Gesicht.«[173]

Im Interview mit dem *Spiegel* erläuterte sie, wie sie ihre neue Rolle ausfüllen möchte. So hat sie sich Beinfreiheit ausbedungen und Merkel wird ihr diesen Spielraum gewähren. »Ich habe Angela Merkel gesagt, dass ich wegen Heiner Geißler in die CDU eingetreten bin. Sie weiß also, worauf sie sich einlässt.«[174]

Wie geht sie mit dem Etikett »Mini-Merkel« um? »Ich war im Saarland schon das fleißige Lieschen – oder nachdem der damalige Ministerpräsident Peter Müller mich in sein Kabinett geholt hatte – Müllers Mädchen. Mit solchen Etiketten beschäftige ich mich nicht.«[175]

Kramp-Karrenbauer hat sich »die Schelle umgehängt«, wie sie sagt. Sie mag Herausforderungen. Wahrscheinlich hat sie einfach eine neue Challenge gebraucht, eine Idee, die sie fordert und reizt. Zum dritten Mal im Saarland Ministerpräsidentin zu werden, war kein Ziel, das sie motivieren konnte – Wählerwille hin, Wählerwille her.

Es unterschätzt sie keiner mehr. Die liebe, nette Frau aus dem Saarland wollte sie auch nie sein: »Wenn ich nur mit Sympathie und Netzwerken agieren würde, wäre ich heute nicht hier, wo ich bin. Sondern da braucht man auch ein Stück Ellenbogen dazu, um auch eigene Interessen durchzusetzen«, sagte sie im *Bayerischen Rundfunk*.[176] Themen entdecken, bevor sie prägend werden und sie besetzen – das ist ihr Anspruch, erklärte sie dem *Tagesspiegel* »Wir neigen heute dazu, Diskussion zur Zerreißprobe zu erheben. Ich will das entdramatisieren. Diskussion und produktiver Streit um die Sache sind das Salz in der Suppe der Demokratie, da kann die CDU noch ein bisschen Nachwürzen vertragen.«[177]

Ihre Hauptrolle sieht sie darin, Politik immer wieder zu erklären, bis es der Letzte versteht: »Was in den letzten Jahren in der Partei als schwierig empfunden wurde, waren weniger die Entscheidungen selbst als die Tatsache, dass wenig kommuniziert wurde, entlang welcher Leitlinie sie getroffen wurden. Für diese Rückkopplung ist zu wenig Raum geblieben und zu wenig Raum gegeben worden. Man kann heute das Bedürfnis mit Händen greifen, sich der Grundsätze neu zu versichern.«[178]

Annegret Kramp-Karrenbauer ist zu einer Art Lebensversicherung der CDU geworden. Sie will einen neuen Geist. Wenn sie mit ihrer Einladung an die Gutwilligen scheitert, dürfte es sehr schwierig werden, die Menschen für die Idee einer Volkspartei zu begeistern. Volker Bouffier, der Ministerpräsident von Hessen, hält große Stücke auf sie: »Sie vermittelt unseren Mitgliedern den Eindruck, wir machen hier keine Show. Sie ist geerdet und nah bei den Menschen, hat was in der Birne. Sie weiß, dass das Leben nicht in der Talkshow entschieden wird. Sie hat einen klaren Kompass, ist nah bei den praktischen Problemen. Und sie denkt nach vorne.«

Die Hausmacht von AKK:
Frauenunion will die Hälfte der Macht

Der Duden definiert den Begriff »Feministin« als eine Person, die »die Aufhebung der traditionellen Rollenverteilung anstrebt«. Insofern ist Annegret Kramp-Karrenbauer natürlich eine Feministin. Aber sie würde es nie so sagen. Weil der Begriff immer noch eine abschreckende Wirkung im konservativen Milieu hat und manche sich darunter fälschlicherweise eine »Kampfemanze« oder Männerhasserin vorstellen. Und als solche würde man in einer Partei mit 75 Prozent Männern wohl kaum ein Bein an den Boden bekommen. Eine Männerhasserin ist Kramp-Karrenbauer mit Sicherheit nicht. Immerhin profitierte sie ja auch von der Förderung durch schlaue Männer. Sie ist da völlig unideologisch, aber glasklar. Die Tatsache, dass Frauen es viel schwerer als Männer haben, nennt sie immer wieder als den entscheidenden Grund dafür, dass sie in die Politik gegangen ist. Das will sie nicht hinnehmen.

Deshalb schloss sich Annegret Kramp-Karrenbauer nach ihrem Eintritt in die Partei auch gleich der Frauenunion an, die heute 110 000 Mitglieder hat. Wenn Frauen gegen die Männerbunde nicht zusammenhalten, werden sie nie an die Fleischtöpfe der Macht kommen, weiß sie. »Es ist falsch, zu glauben, dass Frauen nicht hinter Frauen stehen und Frauen keine Frauen wählen. Die Frauenunion ist für mich ein Netzwerk mit lang währenden freundschaftlichen Beziehungen«, sagt Kramp-Karrenbauer beim Festakt »70 Jahre Frauenunion« im Mai 2018 in Frankfurt. Die Frauenunion ist ihre Hausmacht. Die ehemalige Familienministerin und Bundestagspräsidentin Rita Süßmuth, die so viel frischen Wind brachte, ist eine der Frauen, denen sie bis heute nahesteht. Angela Merkel ist inzwischen auch voll auf der Seite der Frauenunion. Sie hat die Zeichen der Zeit erkannt und bemängelt, dass der Frauenanteil in der Unionsfraktion im neuen Deutschen Bundestag von einem Viertel auf ein Fünftel gesunken ist: »Nur 25 Prozent der CDU-Mitglieder sind Frauen. Damit genügen wir nicht den Ansprüchen an eine Volkspartei«, sagte die Kanzlerin bei ihrer Rede zum Festakt »70 Jahre Frauenunion«. Wenn man Wahlergebnisse von 40 Prozent haben wolle, so die Kanzlerin, müssten mehr Frauen in der Politik vertreten sein: »Deshalb ist das nicht irgendeine Frage von Frauen, die gerne Karriere machen wollen, sondern es ist eine Existenzfrage der Volkspartei. Wenn die Bevölkerung in der Partei nicht repräsentiert ist, wird es natürlich immer schwieriger, die Wünsche einer Mehrheit der Bevölkerung auszudrücken, zu artikulieren und zu erkämpfen.«

Die Kanzlerin spricht Annegret Kramp-Karrenbauer aus der Seele. Die Generalsekretärin regt an, die Teilhabe von Frauen im Wahlrecht zu verankern. »Die CDU kann nur dann Volkspartei sein, wenn sie die Breite der Gesellschaft abbildet. Dazu gehören mindestens zur Hälfte Frauen«, sagte sie im Rahmen ihrer Zuhörtour in Böblingen. Da wird sie aber auch auf Widerstand in der eigenen Partei treffen, darauf macht sie sich gefasst.

Aber das Aufbegehren liegt in der Luft. Die Frauenunion ist schon lange kein politisches Kaffeekränzchen mehr, das den Männern beim Regieren zusieht und sich höflich hinten anstellt, wenn die Machtpositionen verteilt werden. »Die Frauen-Union ist mehr als ein Netzwerk. Wir sind Seismograph, Trendsetterin und Pressure-Group«, sagt Maria Böhmer, Staatsministerin bei der Bundeskanzlerin. In einer Resolution zu siebzigjährigen Bestehen der Frauenunion, an der Kramp-Karrenbauer mitgearbeitet hat, heißt es: »Das Ziel der gleichberechtigten Teilhabe von Frauen und Männern in unserer Gesellschaft muss in dem neuen CDU-Grundsatzprogramm verankert sein. (…) Als Frauen-Organisation der CDU müssen wir konstatieren, dass der Frauenanteil unserer Partei in den meisten Parlamenten unter dem Durchschnitt liegt. Auch in Bezug auf die Wahrnehmung von Parteiämtern sehen wir deutlichen Nachholbedarf. Beides erweist sich in einer diversifizierten Gesellschaft als Nachteil und schadet unserer Partei als Ganzes. (…) Unser Anspruch ist, dass Listen der CDU verbindlich zur Hälfte mit Frauen besetzt und die Kandidatinnen gleichermaßen auf den vorderen wie mittleren und hinteren Listenplätzen platziert werden.«[179]

Verbindlich, das hört sich gut an. Aber noch sind die CDU-Frauen mit dieser Forderung nicht mehrheitsfähig in ihrer Partei. Vierzehn von siebzehn CDU-Landesvorsitzenden sind Männer, beklagte Annette Widmann-Mauz, die Vorsitzende der Frauenunion, bei ihrer Festrede anlässlich des 70-jährigen Bestehens der Frauenunion: »Wir haben nicht vor, wie unsere Vorkämpferinnen einen Sitzstreik vor dem Kanzleramt zu machen, 1961 setzten wir mit diesem Mittel bei Bundeskanzler Konrad Adenauer mit Elisabeth Schwarzhaupt die erste Bundesministerin durch. Die Zeiten, in denen wir noch alle neu gewählten Abgeordneten in unserer Zeitschrift abgebildet haben oder die Berichte, die jubelnd begannen mit ›Sie ist die erste Frau im Amt‹ sind Geschichte.« Sie verwies darauf, dass es heute eine Bundeskanzlerin, eine Generalsekretärin, und mit der Bundesverteidigungsministerin auch eine Frau in einer klassischen Männerdomäne gebe. Zudem sei die CDU-Seite des Kabinetts paritätisch besetzt. »Dennoch haben wir noch keine gleichberechtigte Teilhabe von Frauen in der Politik. 100 Jahre nach Einführung des Wahlrechts machen Frauen zwar überproportional häufig von ihrem aktiven Wahlrecht Gebrauch, beim passiven Wahlrecht aber, das heißt dem Recht, gewählt zu werden, treten wir auf der Stelle.«

1959 wurde Elisabeth Schwarzhaupt, die spätere Gesundheitsministerin, gefragt, warum innerhalb der deutschen Parteien Frauenvereinigungen bestehen. »Sie bestehen, um sich überflüssig zu machen.«[180] Kann man es schöner sagen? Die Frauenfrage ist aktueller denn je, die Frauenunion steht nicht vor ihrer Auflösung. Der Kampf mit den Kerlen geht weiter. Angela Merkel sagte 2005 in einem Interview mit Alice Schwarzer: »Wenn ich eines Tages auf mein politisches Leben zurückblicke, möchte ich da nicht lesen: Selbst Karriere gemacht, aber für andere Frauen nichts getan.«[181]

Helene Weber, die erste Vorsitzende der Frauenunion, die schon im Kaiserreich politisch aktiv war, hatte im deutschen Bundestag 1949 gesagt: »Der reine Männerstaat ist das Verderben der Völker«[182]. Dabei stand sie zwar unter dem Eindruck der Schrecken der NS-Zeit. Aber der Satz ist zeitlos. »Aus Helene Webers Zitat spricht Lebenserfahrung und die gewachsene Kenntnis, dass Demokratie nur gelingen kann, wenn Frauen und Männer gleichermaßen teilhaben«, meinte Annette Widmann-Mauz, die ihren persönlichen Aufstieg geschafft hat: Im Bundeskanzleramt ist sie als Staatsministerin für Integration zuständig. Sie zitierte in ihrer Frankfurter Festrede auch Rita Süßmuth, die Gallionsfigur der CDU-Frauen: »Eine Gesellschaft ohne volle Gleichberechtigung von Mann und Frau kann keine Bürgergesellschaft sein. Eine Bürgergesellschaft beansprucht die uneingeschränkte Beteiligung und Mitverantwortung in allen Lebensbereichen.«

Süssmuth sprach von einer uneingeschränkten Beteiligung und in der Realität stoßen die CDU-Frauen an die gläserne Decke in ihrer Partei. Zwei Schritte vorwärts, ein Schritt zurück – so kann man die Zwischenbilanz in der Frauenunion derzeit beschreiben. Sicher, als Süssmuth 1986 den Vorsitz übernahm, dümpelte der Frauenanteil im Bundestag jahrzehntelang bei 6 bis 7 Prozent, jetzt liegt er bei einem Drittel. Aber das ist dennoch klar zu wenig. »Wer etwas verhindern will, sucht nach Gründen, wer sein Ziel erreichen will, findet Wege«, sagte Widmann-Mauz. Kramp-Karrenbauer, die der Rede zuhörte, nickte nur.

Interview mit Annette Widmann-Mauz, Vorsitzende der Frauenunion

Wie sehr freuen Sie sich, dass die Frauenunion die Generalsekretärin stellt?
Es ist schön, dass wir nach Angela Merkel mit Annegret Kramp-Karrenbauer wieder eine starke Frau mit klarer Haltung als Generalsekretärin haben.

Sind Sie Feministin – oder wird Ihnen der Begriff nicht gerecht?
Natürlich. Feministin meint, für gleiche Rechte und Selbstbestimmung zu streiten. Es geht um gleichen Lohn für gleiche Arbeit, um gleiche Aufstiegschancen und Teilhabe an Führungspositionen, um Menschenrechte und echte Partnerschaft. Welcher vernünftige Mensch kann da etwas dagegen haben? Und das gilt für Frauen und Männer, denn wir brauchen beide.

Interessieren sich Frauen weniger für Politik?
Das bestreite ich. Aber Frauen machen Politik anders. Das fängt schon bei den Ritualen wie langen Sitzungen an, in denen jeder noch mal mit

anderen Worten das gleiche sagt. Dafür ist vielen Frauen die Zeit ist zu schade. Schließlich kann man sich heute auch digital zu Wort melden. Mit Frauen verändert sich die Politik. Wenn in einem Gremium ein Drittel Frauen sitzt, wird anders diskutiert. Das können Sie schon am Stammtisch beobachten: Wenn eine Frau dazukommt, ändern sich die Witze – und das nicht unbedingt zum Schlechteren.

Planen Sie eine Rebellion gegen uneinsichtige CDU-Männer?
Dass Frauen jede Funktion ausfüllen, dürfte spätestens seit Angela Merkel auch der letzte begriffen haben. Wahr ist aber auch: Politik ist ein Langstreckenlauf. Und oft braucht es weniger Rebellion als den langen Atem im Kleinen. Da ist es gut zu wissen, wie das Geschäft läuft. Im 21. Jahrhundert ist es Zeit, die letzten Schritte zu gehen.

Sie haben Claudia Roth zu Ihrem Jubiläum eingeladen, die Übermutter der Grünen, die war doch früher ein rotes Tuch in der Union ...
Sie ist eine Mitstreiterin für Frauenrechte. Das eint uns über Parteigrenzen hinweg. Und Revoluzzerinnen gibt es auch in der Frauen Union.

Und ist Kramp-Karrenbauer eine davon?
Sie ist eine Kämpferin für Frauenrechte, das hat ihren Karriereweg begleitet und geprägt und bringt ihr bis heute die Solidarität der Frauenunion ein. Wie sie Politik und Familie verbindet, ohne viel Aufhebens davon zu machen, beeindruckt viele – nicht nur die Frauen.

Sie selbst haben auch einen Doppelnamen – ist das ein Handicap für AKK?
Ach wissen Sie, ich habe gelernt: Wenn die Politik überzeugt, können sich die Leute auch den Namen merken – egal ob mit oder ohne Bindestrich. Das gilt auch für Annegret Kramp-Karrenbauer.

Worüber reden Sie beide als Frauen?
Vor allem über die richtigen Lösungen für drängende politische Fragen.
Es gibt aber natürlich auch politikfreie Zonen bei unseren Gesprächen. Da
geht es dann manchmal auch um Tratsch, das passende Outfit für den Ar-
beitsalltag oder einen neuen Geheimtipp für die Sitzung nach der Sitzung.

Die hässlichen Deutschen: Der Kampf gegen die Konkurrenz von der AfD

Ein Gespenst geht um in Deutschland: Die AfD schreitet voran, sie nährt
sich von der Zerstrittenheit der anderen demokratischen Parteien und
von den Ängsten, die die Rechtspopulisten schüren. Sie appelliert an
niedere Instinkte, der hässliche Deutsche wird wieder sichtbar. Er schien
zwar gezähmt, doch das war ein Riesenirrtum. Eigentlich war er nie
weg. So hört man, dass seit vier Jahren wieder nach Herzenslust gepöbelt wird. Für jeden Politiker ist es eine Riesenherausforderung, sich mit
einer Partei zu befassen, deren Markenkern Hetze und Menschenverachtung sind. Für die CDU-Generalsekretärin wird es eine echte Prüfung
sein, sie kann sich nicht einfach angewidert abwenden, sie muss sich mit
den Rechtspopulisten beschäftigen, weil es alte Bekannte sind. Alexander Gauland, der Fraktionschef der AfD im Bundestag, war von 1973
bis 2013 CDU-Mitglied. Von 1987 bis 1991 war er in Hessen Leiter
der Staatskanzlei von Ministerpräsident Walter Wallmann. Es ist also
Fleisch vom Fleisch der CDU und das macht die Aufgabe für Kramp-
Karrenbauer so heikel.

Im Prinzip gibt es drei Möglichkeiten, der AfD zu begegnen. Die erste Methode ist Ignorieren, einfach so tun, als ob die Partei nicht da wäre
oder zumindest unerheblich sei. Das ist schwierig, weil sie im Bundestag sitzt und die Provokation längst im Hohen Haus angekommen ist. Die
zweite Möglichkeit: Vereinnahmen. Man versucht der AfD Herr zu wer-

den, indem man einige ihrer Forderungen in verdünnter Form selbst übernimmt und sich auch sprachlich den brutalen Sprüchen anpasst. Dann beginnt aber der Wettbewerb: Wer ist schriller, lauter, radikaler? Diesen Weg scheint die CSU zu gehen. Trotzdem bleiben die Umfragezahlen für die AfD stabil, sie steigen sogar noch dadurch, dass man die Themen der Rechtspopulisten immer wieder puscht und dramatisiert. Die dritte Möglichkeit: Attackieren. Man greift die Provokationen der AfD hart und sachlich an und entlarvt die schamlose Partei, weil sie keine Lösungen anbietet. Damit kann man die breite Masse der Anständigen in der Bevölkerung erreichen und macht sich selber nicht dadurch schmutzig, dass man die extremen Sprüche nachplappert. Diese Lösung scheint Annegret Kramp-Karrenbauer zu bevorzugen. Nach der Generaldebatte zum Haushalt des Bundestags am 17. Mai 2018, bei der es zu einem heftigen Schlagabtausch und tumultartigen Szenen gekommen war, äußerte sie sich ganz klar: »Die AfD ist keine Alternative. Sie ist eine Partei, die ganz klar rechtsradikale Elemente hat und diese in ihren Reihen beherbergt. Niemand kann behaupten, er habe nicht gewusst, wes Geistes Kind die AfD ist. Wenn man Menschen pauschal nach ihrer Hautfarbe, ihrem Glauben und ihrer Herkunft beurteilt, hat das nichts mit der von der AfD viel beschworenen Tradition des christlichen Abendlandes zu tun.«[183]

Als Alexander Gauland beim Bundeskongress der AfD-Nachwuchsorganisation Junge Alternative wenige Wochen später Hitler und die Nazis wörtlich als »Vogelschiss in 1000 Jahren erfolgreicher deutscher Geschichte«[184] bezeichnete, reagierte Kramp-Karrenbauer sofort: »50 Millionen Tote im Weltkrieg, Holocaust, totaler Krieg – und das alles zu bezeichnen mit einem ›Vogelschiss‹, das ist ein solcher Schlag ins Gesicht der Opfer und eine solche Relativierung auch dessen, was in deutschen Namen passiert ist. Wer so etwas als Vorsitzender einer Partei sagt und dann sagt, das sei eine bürgerliche Partei, das macht mich fassungslos.«[185]

Es gibt aber offenbar noch bürgerliche Reste in der AfD, die innerparteiliche Interessengemeinschaft *Alternative Mitte* äußerte sich: »Ei-

nem Politiker, der über ein Mindestmaß an Fingerspitzengefühl und Ver-
antwortungsbewusstsein für unsere Geschichte verfügt, darf das nicht
passieren.«[186] Einer, der die heillos zerstrittene AfD 2015 verlassen hat,
weil sie zusehends mehrheitlich radikal und islamfeindlich wurde, ist
Bernd Lucke, der Wirtschaftsprofessor und Gründer. Er sitzt heute im
Europaparlament und war 33 Jahre in der CDU, seine Neugründung
Liberal-Konservative Reformer (LKR), eine Abspaltung von der AfD,
ist bedeutungslos. In seinen Worten klingt die Bitterkeit eines politisch
Heimatvertriebenen durch: »Ich verstehe nach wie vor nicht, wieso ein
überzeugter Christdemokrat wie ich die CDU verlassen musste. Die Positionen, um die es mir ging, waren gut legitimiert und gehörten früher
zum Allgemeingut der CDU: Deutschland stimmt der Euro-Einführung
nur zu, wenn sichergestellt ist, dass es nicht für die Schulden anderer
Staaten eintreten muss. Das steht ja auch im Maastricht-Vertrag. Mich
würde interessieren, ob Frau Kramp-Karrenbauer ernstlich darüber
nachdenkt, die CDU auch wieder für eurokritische und wertkonservati-
ve Inhalte zu öffnen. Damit könnte sie die CDU aus der Erstarrung führen, wegen der ich damals ausgetreten bin. Das wäre ja ein viel kleine-
rer Schritt als eine Koalition mit der AfD. Und selbst das traue ich Frau
Kramp-Karrenbauer und der CDU mittelfristig zu. Denken Sie an den
einstigen SPD-Ministerpräsidenten Holger Börner, der in Hessen die
erste Koalition mit den Grünen bildete. Dabei hatte er sie lange Zeit mit
markigen Worten ausgeschlossen: Das könne er nicht machen, denn als
Nassrasierer müsse er jeden Morgen in den Spiegel schauen können.«

Lucke ist ein Demokrat, der sich sachlich einmischt, beim Zündler Alexander Gauland darf man sich da nicht so sicher sein, wie geschichtsver-
gessen er denkt. Er behauptet zwar: »Es war nicht meine Absicht, die Verbrechen des Nationalsozialismus zu bagatellisieren.«[187] Und er verzichtete
darauf, Kramp-Karrenbauer direkt zu attackieren; das erledigte Björn Höcke, Vorsitzender der thüringischen Landesverbandes der AfD und ein
noch üblerer Hetzer der Rechtsaußenpartei. »Diejenigen Hypermoralisten,

die jetzt wieder aufschreien, diese Ober-Phrasendrescher vom Schlag einer Frau Kramp-Karrenbauer (…), die mit ihrer Politik dafür gesorgt haben, dass unsere innere Sicherheit zerfällt, die zumindest indirekt dafür verantwortlich sind, dass unsere Töchter und unsere Frauen angemacht, vergewaltigt und getötet werden, diese Herrschaften haben in meinen Augen jedes Recht verwirkt, sich moralisch über AfD-Politiker zu äußern.«[188]

Abgesehen davon, dass sich wohl die allermeisten deutschen Frauen und Töchter verbitten, in Höckes besitzergreifenden Ton für die Hetze seiner Vereinigung der ewig Gestrigen instrumentalisiert zu werden, zeigt seine Äußerung, dass die Spitzenpolitiker dieser Partei radikal und unbelehrbar sind. Nach dem Motto: Ist der Ruf erst ruiniert, lebt sich's doppelt ungeniert. Höcke, der offenbar am liebsten die ausführliche Aufklärung über die Naziverbrechen in der Schule abschaffen würde und eine 180-Grad-Wende in der Erinnerungspolitik forderte, hält das Berliner Holocaust-Denkmal für ein Denkmal der Schande. Diese Äußerung vom Januar 2017 hat ihm sogar ein Parteiausschlussverfahren eingebracht, das die Mehrheit in der AfD aber abschmetterte. Solche Ungeheuerlichkeiten darf man in der AfD also offenbar sagen und wird dafür auch noch belohnt. Je radikaler, umso größer die Bewunderung – das ist seit Jahren die Gleichung. Eine Partei, in der am Schluss sogar eine Frauke Petry als gemäßigt galt, ist gefährlich. Mit ihr darf es nie eine Zusammenarbeit geben, das hat Kramp-Karrenbauer begriffen.

Noch hat die AfD die neue Generalsekretärin anscheinend nicht ganz auf dem Radarschirm. Die Partei lebt vom Feindbild Angela Merkel. Solange sie als Projektionsfläche für Hass an der Regierung herhalten kann, ist sie eine Art Lebensversicherung für die radikale Rechte, die immer absurdere historische Vergleiche anstellt. Alexander Gauland sagte auf dem Bundesparteitag der AfD Ende Juni 2018, er fühle sich beim Anblick Merkels an Erich Honecker in den letzten Tagen vor dem Zusammenbruch der DDR erinnert. Und Annegret Kramp-Karrenbauer verglich er mit Egon Krenz. Sie sei nicht viel mehr als »Merkel 2«[189].

Kramp-Karrenbauer hält solche Absurditäten aus. Sie lässt sich nicht provozieren. Sie versucht inhaltlich zu argumentieren. Die AfD bringe den Antisemitismus in die Parlamente meinte Kramp-Karrenbauer: »Alte Nazis, Neonazis und Rechtspopulisten, sie sehen den Menschen nicht in seiner Würde als Individuum. Diese Leute sind eine Bedrohung für jüdisches Leben in Deutschland. Die Rattenfänger der AfD laufen durch unser Land und versprechen, jüdisches Leben schützen zu wollen. Dabei gibt es in ihrer Partei an allen Ecken und Enden Antisemitismus. Wo wir aus dem Grauen der Vergangenheit lernen wollen, sprechen ihre Vertreter von einem ›Denkmal der Schande‹«.[190]

Natürlich wurde Kramp-Karrenbauer sofort dafür angefeindet, indirekt Millionen von AfD-Wählern als »Ratten« bezeichnet zu haben. Wenn sie selbst einmal kritisiert werden, reagieren die Pöbler sehr sensibel. Das bewusste Missverstehen hat Tradition in der deutschen Politik. Der CDU-Generalsekretärin geht es natürlich auch um die Wähler, die zur AfD abgewandert sind, einige sind sicher rückholbar. Aber wer ein rechtsextremes Weltbild hat, auf den sollte die CDU verzichten, meint Kramp-Karrenbauer: »Selbstverständlich möchte ich Wähler der AfD für uns zurückgewinnen. Aber ich stelle fest, dass in der AfD die Teile stärker werden, die von einem Gedankengut getragen sind, das definitiv nie zur CDU gehört hat. Das ist nichts, was in der CDU Platz hätte und worum man kämpfen müsste.«[191]

Die CDU-Aktionswoche »Von Schabbat zu Schabbat« gegen Antisemitismus im Mai 2018 zeigte klar, dass die Partei keinen Judenhass dulden will. Jüdisches Leben sichtbar machen – darum ging es. »Wir wollen Solidarität mit unseren jüdischen Mitbürgerinnen und Mitbürgern zum Ausdruck bringen und dem ganzen Land zeigen: Antisemitismus wird immer auf den entschlossenen Widerstand der CDU treffen«, ließ die Partei auf einer Pressekonferenz in Berlin am 14. Mai 2018 verlauten. Das hessische Kabinett unter dem Vorsitz von Volker Bouffier tagte sogar in der Jüdischen Gemeinde Frankfurt. Mitglieder des CDU-

Bundesvorstandes besuchten Orte jüdischen Lebens, jüdische Feste, jüdische Museen und jüdische Kulturveranstaltungen. Annegret Kramp-Karrenbauer traf Mitglieder der jüdischen Studierendenunion, die sie baten: »Sprecht mit Juden, nicht über sie«.

Die CDU-Generalin sprach am Ernst-Ludwig-Ehrlich-Studienwerk, dem Jüdischen Begabtenförderwerk, mit Stipendiaten und Professor Walter Homolka, der vor zwanzig Jahren in Potsdam ein Rabbinerseminar mitbegründet hat. Im Interview mit der *Jüdischen Allgemeinen* wies sie auf die »eine besondere Verantwortung« der Deutschen hin: »Deutsche Juden und jüdisches Leben waren schon immer ein wichtiger Bestandteil unserer Gesellschaft. Die Schoah war ein schrecklicher Einschnitt in dieser Tradition, aber wir sind froh heute wieder ein lebendiges Judentum in Deutschland zu sehen«, sagte Kramp-Karrenbauer.[192] In einem Namensbeitrag in der *Bild am Sonntag* sprach sie Klartext: Es gebe in der Mitte der Gesellschaft einen Antisemitismus, »der unscheinbar und fast alltäglich daherkommt, Stereotype, Bilder, Abneigung und auch Hass.«[193] Kramp-Karrenbauer fordert dazu auf, nicht wegzuschauen, sondern aktiv einzuschreiten. Egal, von welcher Seite der Judenhass kommt, ob rechts oder links.

Weil sie klar Stellung bezieht, wird Kramp-Karrenbauer auf jeden Fall noch sehr viele böse Sätze über sich lesen müssen. In dem AfD-nahen Magazin »Compact« wird sie als »Klatschhäschen« von Angela Merkel verhöhnt. Sie sei eine politische Geisterfahrerin, ihrer Ziehmutter in nichts nachstehend. Die Tatsache, dass sie sich eine Frauenquote für den Bundestag vorstellen kann, macht sie schon zur Hassfigur. »Feminismus pur: das wahre Gesicht der AKK« heißt es verächtlich. Und weiter: »Eins steht fest: Ein politischer Blindflug ist mit AKK vorprogrammiert. Aus jüngsten Äußerungen der neuen Hoffnungsträgerin wird außerdem deutlich. Erstens: Die Weiberwirtschaft in Berlin wird uns noch teuer zu stehen kommen. Die Macht der führenden Systempolitikerinnen – Merkel, von der Leyen, Nahles, Barley, Göring-Eckardt, Roth, Özoguz, Chebli – nimmt allmählich die Formern eines Matriarchats an, Deutschland verkommt zum Nanny-Staat.«[194] Darüber hinaus gebe sich AKK alle Mühe, die seit dem Wahlkampf entstandenen Brüche zwischen CDU und SPD zu kitten. »Mit AKK wird die GroKo also stabiler durchregieren können als gedacht. Die Einheitsverbreiung der ehemaligen ›Volksparteien‹ wird damit fortgesetzt. Deutschland schafft sich ab. Immer noch.«[195]

Frauenhass und Zynismus, mit denen man erst mal zurechtkommen muss. Annegret Kramp-Karrenbauer, die im Saarland die AfD auf ein relativ schwaches Ergebnis von 6,2 Prozent gedrückt hatte, wird sich dagegen wappnen müssen. Aber auch an so eine Form der rituellen Beleidigung kann man sich gewöhnen. Was ihr mehr Sorgen macht als geistlose Beschimpfungen, die ihr gewidmet sind, ist, dass die starke Medienpräsenz der AfD mit ihrer Angstmacherei und den bewussten Provokationen. »Im Moment ist das größte Problem, dass wir zugelassen haben, dass die AfD zu oft die politische Agenda bestimmt. Wir reden wochenlang über Flüchtlinge. Viele andere Fragen wie bezahlbare Mieten, die Sicherheit des Arbeitsplatzes und die Digitalisierung fallen unter den Tisch. Dabei spüre ich auf meiner Zuhörtour, dass die Menschen ungeduldig auf die Lösung dieser Fragen warten. Sie wollen, dass wir der Angstmacherei der Populisten mit Gestaltungswillen und Optimismus entgegentreten«, kündigte sie in einem *Spiegel*-Interview an.[196]

Interview mit Martin Patzelt, CDU-Politiker, der Alexander Gauland stoppte

Martin Patzelt ist für die CDU ein Juwel. Der ehemalige Oberbürgermeister der Stadt Frankfurt an der Oder hat beim letzten Bundestagswahlkampf verhindert, dass sein Wahlkreis nahe der polnischen Grenzen an den Rechtspopulisten Alexander Gauland fiel. Mit 27,1 Prozent lag er klar vor Gauland, der 21,9 Prozent der Stimmen erhielt – und das, obwohl er bewusst Flüchtlinge bei sich wohnen ließ. »Er lebt das, was er politisch vertritt. Den gängigen Vorwurf, dass Politiker weltfremd sind und konkret nichts mit dem zu tun haben, was sie fordern, hat er widerlegt«, sagt Annegret Kramp-Karrenbauer bei ihrem Besuch in Frankfurt an der Oder. »Auf der Suche nach Muttis verlorenen Kindern« hat Patzelt seinen Wahlkampf überschrieben. Er ging dahin, wo es weh tat, er ließ sich anschreien, er zeigte Verständnis: »Die Menschen fühlen sich hier nach der Wende allein gelassen. Für manche ist AfD wählen oder mit Trillerpfeifen gegen Merkel protestieren die letzte Möglichkeit, auf sich aufmerksam zu machen.« Patzelt will den Menschen das Gefühl geben, gehört zu werden.

Wie wichtig war Ihr Sieg über Gauland für die CDU?
Ganz viele Menschen außerhalb der CDU haben mir gratuliert. Es ging um den Ruf unserer Region. Die Menschen wollen keine platten Sprüche, sondern authentische Politiker, die sich dem Volk stellen. Ich halte oft auf Dörfern Sprechstunden, wo viele Leute erst mal gegen die CDU sind. Aber wenn wir lange diskutieren, kann ich viele überzeugen.

Sie haben zwei Flüchtlinge in Ihr Haus aufgenommen.
Ja, auch wenn das viele in der CDU anfangs nicht gut fanden und mit Wahlboykott drohten. Ich bin beschenkt worden von den beiden, hab das nie bereut. Das war Integration wie im Bilderbuch. Das Einzige, worauf ich bestanden habe, ist, dass sie ehrenamtlich arbeiten. Das erleichtert die Integration. Das wäre ein Erfolgsmodell für ganz Deutschland.

Wie empfinden Sie Annegret Kramp-Karrenbauer?
Sie ist ein Geschenk, sie hat sich uns selbst geschenkt. Wir hatten in der Partei ein Vakuum nach den schlechten Wahlergebnissen im Bund, das

hat sie ausgefüllt. Ihr geht es um die Sache, nicht um Karriere. Wir brauchen Wurzeln, Werte, Grundüberzeugungen, die hat sie. Das schützt. In der Demokratie ist es ja so, dass heute mal das richtig ist und morgen das Gegenteil gewählt wird. Aber Grundüberzeugungen sollte jeder Mensch haben.

Wie wirkt die AfD im Bundestag auf Sie?
Wie eine Wunde der Gesellschaft, die nun offenliegt und geheilt werden kann. Wir werden sie nicht jagen, wie sie es uns angedroht haben, wir werden sie entzaubern. Im Wahlkampf versuchten sie Angst zu machen. Meine Wahlplakate wurden mit dem Wort »Volksverräter« beschmiert, es gab immer wieder Drohungen. Als ich meine Wahlkampf-Tournee organsierte, haben zwei Pensionen es abgelehnt, uns zu beherbergen – aus Angst vor der Stimmung, die Sympathisanten der AfD verbreiten.

Die hohe Kunst des Zuhörens – Annegret Kramp-Karrenbauer auf Deutschland-Tournee

»Wo alle dasselbe denken, wird ohnehin nur wenig gedacht.«[197] Diesen klugen Satz von Heiner Geißler versucht Annegret Kramp-Karrenbauer mit Leben zu füllen. Vielfalt statt Einfalt, Frischluft statt Dumpfheit, Beteiligung statt Befehlsausgabe. »Als ich in die CDU eingetreten bin, gab es einen Alfred Dregger für das Deutschnationale, einen Norbert Blüm für das Soziale, einen Klaus Töpfer für die Umwelt. Aber niemand hat dem anderen die Berechtigung abgesprochen, in der CDU zu sein. Diese Intoleranz beobachte ich heute leider«, lauten ihre treffenden Worte während ihrer Zuhörtour 2018 durch die Republik.

Wer hat die besten politischen Ideen? Da kupfern die Vertreter aller Parteien mal gern voneinander ab, es gibt viele Plagiate. Am besten ist es natürlich, wenn man bei sich im eigenen Repertoire nachschauen kann, ob es da nicht eine geistige Goldmine gibt, die man einfach noch einmal nutzen kann. Annegret Kramp-Karrenbauer hat das getan. Ihre »Zuhörtour«, die sie von April bis Mitte Juli 2018 in der CDU startete, um ein neues Grundsatzprogramm zu erarbeiten, war die Neuauflage einer alten Idee: Schon 2011 hatte sie als designierte Ministerpräsidentin eine »Zuhörtour« durch die saarländische CDU gestartet. Damals wollte sie sich vorstellen und schüttelte viele Hände. Es war ihr ein Bedürfnis, die Wünsche der Mitglieder zu hören. Fragen, die sie nicht auf Anhieb beantworten konnte, schrieb sie sich in ein Büchlein, das sie auf der Tour immer griffbereit hatte. Sich so der Basis zu stellen, kam gut an.

Ein Notizbuch hatte sie auch diesmal wieder dabei, aber nun notierten auch Mitarbeiter aus dem Konrad-Adenauer-Haus, was die rührigen Mitglieder – und nur solche kommen zu den Veranstaltungen im Rahmen der Tour –, sich wünschen. Viele meldeten sich zu Wort, es ging munter zu. Und das in einer Partei, von der der verstorbene Bundespräsident Roman Herzog einmal sagte, dass die CDU ein Programm nur wegen des Parteiengesetzes bräuchte, es ihr aber ansonsten völlig ausreiche zu regieren.

Kramp-Karrenbauer will weg von dem Image der Partei, ein reiner Kanzlerwahlverein zu sein. Sie hat sich gewissermaßen zu einer Expertin in Sachen Zuhören entwickelt. »Ich habe Zuhören gegoogelt, es ist erstaunlich, wie viele Einträge es dazu gibt. Anscheinend ist Zuhören komplizierter als wir uns das vorstellen. Es gibt mittlerweile unzählige Ratgeber zum Thema ›Richtiges Zuhören‹. Dort ist zu lesen, dass es nicht mit dem einfachen Hören getan ist, schon gar nicht, wenn das Gesagte zum einen Ohr rein und zum anderen raus geht.«[198] Den CDU-Mitgliedern zuzuhören, bedeute für sie, deren Befindlichkeit und die Positionen besser zu verstehen. Dadurch wolle sie sich in ihre verschiedenen Lebenswirklichkeiten hineinversetzen und die eigenen Auffassungen immer wieder auch kritisch hinterfragen. »Zuhören erfordert Zeit, die Bereitschaft sich auf sein Gegenüber einzulassen, einander verstehen zu wollen, auch wenn man nicht immer einer Meinung ist. Zuhören kann man nicht wirklich, wenn man glaubt, schon zu wissen, was der andere sagt oder noch schlimmer, dass er nichts zu sagen habe.«[199]

Kramp-Karrenbauer will das herausfiltern, was »taugt und trägt«, die Fragen behandeln, die den Mitgliedern unter den Nägeln brennen. Das sei zwar aus Sicht der einen selbstverständlich und aus Sicht der anderen naiv. »Ich halte es weder für das eine noch das andere. Für mich ist mangelndes Zuhören einer der Gründe, die heute für eine gewisse Form der Sprachlosigkeit oder des aneinander Vorbeiredens zwischen Parteiführung und Mitgliedern, Wählern und Gewählten steht.«[200]

Was für den ehemaligen CSU-Ministerpräsident Horst Seehofer in Bayern die »Koalition mit dem Bürger« und für den Grünen Regierungschef Winfried Kretschmann in Baden-Württemberg die »Politik des Gehörtwerdens« war, versucht Kramp-Karrenbauer jetzt in der CDU zu etablieren. Jeder soll mitreden können. Die Rundreise durch die Republik sollte dabei helfen, ein neues Grundsatzprogramm gemeinsam mit den mündigen Mitgliedern zu erarbeiten. Das alte stammte aus dem Jahr 2007: »Damals gab es das iPhone noch nicht, Digitalisierung war auch noch kein großes Thema. Das Bekenntnis zu Wehrpflicht und Atomkraft stand drin. Jetzt wollen wir bis 2020 eine Haltung entwickelt haben, die so attraktiv ist, dass sich mehr Menschen für die Partei und die Arbeit in ihr begeistern können.« Deswegen solle das Programm bewusst nicht von einer Kommission erarbeitet und vom Parteitag abgenickt werden, so AKK im April 2018 in Konstanz.«

Mehr als vierzig Stationen hatte ihre Deutschlandtour. Kramp-Karrenbauer nutzte sie gleich zweifach: Sie lernte die Partei in ihrer Breite kennen, die konstruktiven Kräfte. Und sie konnte schon einmal indirekt Werbung für sich machen, für die Zeit, wenn höhere Ämter winken – ohne jemals ein Wort darüber zu verlieren.

Kramp-Karrenbauer arbeitet mit Humor und Ermutigung. Die leidenschaftliche Politikerklärerin war bei den Veranstaltungen ganz offensichtlich in ihrem Element. Und sie streichelte mütterlich die Seele der geschundenen Partei. Das fing schon damit an, dass sie, wenn es die Zeit zuließ, jeden persönlich im Saal mit Handschlag begrüßte. Unter den Mitgliedern war große Dankbarkeit dafür zu spüren, dass sich hier eine ehemalige Ministerpräsidentin ihrer Sorgen annahm und kein zweitklassiger Politiker. Die Generalsekretärin ermutigte sie zur Frechheit: »Wenn Sie Fragen stellen, kann es sein, dass ich zurückfrage. Hier läuft es auch nicht so wie bei Regionalkonferenzen, dass Sie kritisieren und ich ihnen sage, warum Sie nicht recht haben.« Ein kleiner Seitenhieb auf die Regionalkonferenzen der Kanzlerin, die oft vor allen Dingen wie Demokratiesimulationen wirkten. Auf einer großen Pinnwand hingen die Zettel mit den Fragen der Mitglieder und die Fragesteller wurden dann jeweils aufgerufen. Manche Fragen waren scharf formuliert, aber gepöbelt wurde nicht. Es meldeten sich Migranten in der CDU, die sich gern engagieren, aber auch Wutbürger, die gerne weniger »Mohammedaner« auf den Straßen sehen würden und sich von der hohen Geburtenrate der Muslime bedroht fühlten. Ein 96-Jähriger wollte wissen: »Warum werden die Kriegsflüchtlinge heute besser behandelt als die deutschen Kriegsflüchtlinge damals?« Der Chef des Konzilhauses in Konstanz wollte unbedingt seine afrikanischen Küchenhilfen vor der Abschiebung schützen. Ein Mann fragte: »Wie schaffen wir es, die innere Sicherheit zu garantieren, ohne auf Grundrechte zu verzichten und zu einem Polizeistaat zu werden?«

Hamburg, Düsseldorf, Essen, Magdeburg und Leipzig waren die größten Städte der Tournee. Ansonsten ging es kreuz und quer durch die deutsche Provinz: Von Neustadt an der Weinstraße bis nach Frankfurt an der Oder, von einem Bauernhof in Schwaben über das mittelalterliche Quedlinburg bis zum Kloster Rohr in Thüringen. »Bunt, widerspenstig, kontrovers« – so will Kramp-Karrenbauer die CDU erneuern: »Volkspartei heißt, wir sind so bunt und vielfältig wie die Welt.« Die drei Wurzeln der CDU, die liberale, die christlich-soziale und die konservative, sind ihr alle gleich lieb. Die Schwarm-Intelligenz der CDU macht uns aus, sagte die Chefstrategin: »Mitglieder sind die besten Seismographen, um Stimmen in die Partei zu transportieren, dafür brauchen wir keine externen Experten und Berater.«

Mal in Strickjacke, mal in Jeans, mal in bunter Bluse, mal in weißem Top – sie trat als die Kumpelin von nebenan auf, nicht als die Staatsfrau. »Die CDU ist kein störrisches Pferd, sondern wiehert im Gegenteil bei jedem Schenkeldruck der neuen Reiterin vor Vergnügen«, schrieb Robin Alexander, ein intimer Kenner der Partei, in der *Welt* im Mai 2018 während der Tour.[201]

2018 soll das Jahr des Zuhörens werden, 2019 das Jahr des Diskurses, 2020 das Jahr der Entscheidung, 2021 das Jahr der Bundestagswahl. Kramp-Karrenbauer will die Welt ordnen, nachdem sie etwas aus den Fugen geraten ist: »Nie im Leben hätte ich gedacht, dass wir in Deutschland mal ein halbes Jahr für die Bildung einer Regierung brauchen, dass die zweite große Volkspartei bei 18 Prozent liegt, und dass die deutsch-amerikanische Zusammenarbeit in Zweifel gezogen wird. Unser Parteiensystem mit zwei großen Volksparteien und kleineren Koalitionspartnern ist unser Druck, das ist nicht nur für die SPD ein Problem«, sagt sie dazu im Rahmen ihrer großen Zuhörtour 2018.

Hier einige der wichtigen Themen, auf die Kramp-Karrenbauer auf den Stationen der Zuhörtour eingegangen ist:

Islam: Kramp-Karrenbauer ist gegen eine undifferenzierte pauschale Ablehnung des Islams: »Wenn der Islam nicht zu Deutschland gehört, was ist dann mit den mehr als vier Millionen Muslimen, die hier friedlich leben?« Sie sprach davon, dass sie auch islamische Freunde hat, die eine große Bereicherung für das Land seien. Ihr Menschenbild: »Wir beurteilen nicht, ob jemand Mann oder Frau ist oder woher jemand kommt, ob er schwarz oder weiß ist. Wir schauen, was jemand tut. Wir stecken Menschen nicht in einen Kasten. Wir müssen definieren, was die Werte und Regeln bei uns sind. Wer sich daran hält und wer die Werte lebt, hat einen Platz in der Gesellschaft.«

Asyl/Einwanderungsgesetz: Jedes Land, auch Deutschland, soll sich nach Kramp-Karrenbauers Vorstellungen seine Zuwanderer, die es braucht, frei nach ihren Fähigkeiten aussuchen können. Aber Kramp-Karrenbauer warnt vor Illusionen, dass damit künftig nur Fachkräfte ins Land kommen und Einwanderung komplett nach den Anforderungen des Arbeitsmarktes gesteuert werden kann: »Das heißt nicht, dass wir dann keine Flüchtlinge mehr im Land haben, das Asylrecht und die Genfer Flüchtlingskonvention verpflichten uns zur Aufnahme von Menschen, die hilfsbedürftig vor dem Krieg geflohen sind.« Sie wirft auch der CDU Versäumnisse in der Einwanderungspolitik vor: »Man dachte, die Gastarbeiter würden wieder gehen. Und während noch gestritten wurde, ob Deutschland Einwanderungsland sei, fand die Einwanderung statt. Wir müssen uns fragen: Wollen wir überhaupt ein Land sein, das Leute aufnimmt? Wenn nicht, müssten wir konsequenterweise aus der EU austreten, denn hier herrscht Niederlassungsfreiheit.« Sie weiß, dass viele Leute in der eigenen Partei dagegen protestieren, dass gut integrierte Menschen abgeschoben werden. »Ich weiß, dass manchmal ein halbes Dorf und die Kirchengemeinden nicht verstehen, warum dieser konkrete Mensch abgeschoben wird, der beliebt ist oder sogar hier geboren ist.« Hier argumentiert sie mit Artikel 16 des Grundgesetzes, nach dem eben nur politisch Verfolgte das Recht auf Asyl genießen. »Aber wenn wir den Eindruck erwecken, dass die Leute nur lang genug im Land sein müssen, obwohl sie keinen Anspruch auf Asyl haben, damit wir sie nicht abschieben, besorgen wir das Geschäft der Schlepper und Schleuser.« Kamp-Karrenbauer will das Asylverfahren verkürzen: »Die Schweiz und die Niederlande sind da deutlich effektiver und sie entsprechen auch den rechtstaatlichen Vorgaben der EU.« Deutschland könne nicht alle Flüchtlinge aufnehmen und wolle das auch nicht. Die Steuerung der Migration solle nicht nach dem Maßstab erfolgen, wer in Europa die Flüchtlinge am schlechtesten behandelt. »Wir in Deutschland sollten uns auch daran erinnern, dass viele selbst auf der Suche nach einem besseren Leben in die USA ausgewandert sind, im Hunsrück verließen im 19. Jahrhundert ganze Dörfer das Land.« Obendrein könne man sich als Deutsche auch nicht einfach sagen, dass uns die Lebensverhältnisse in den Fluchtländern nichts angehen. »Wenn es dort keine Lebensperspektiven für junge Leute gibt und unsere Entwicklungshilfe nicht beim Volk ankommt, machen sich die Menschen auf dem Weg in das reiche Europa.«

Integration: Kramp-Karrenbauer macht darauf aufmerksam, dass viele türkische Eltern ihre Kinder lieber in christliche als in staatliche Kindergärten geben: »Sie glauben, da werden Werte gelehrt.« Sie ist aber dagegen, dass darunter die christlichen Werte in den konfessionellen Kindergärten leiden: »In saarländischen Kindergärten habe ich erlebt, dass die Leitung verboten hat, Weihnachtslieder zum Advent zu singen. Weil sie der Meinung waren, dass sich muslimische Kinder und Eltern gestört fühlen können. Das dürfen wir nicht zulassen, da müssen wir selbstbewusster unsere Traditionen und Werte leben.« So ist sie klar dafür, dass alle muslimischen, jüdischen und christlichen Mädchen verpflichtend zum Schwimmunterricht müssen – auch wenn die Eltern das aus moralischen Gründen nicht wollen: »Da muss das Elternrecht hinter dem Interesse des Staates zurücktreten.« Die Grenze der Toleranz sei beim Fasten der Muslime im Ramadan erreicht, wenn die geschwächten Kinder nicht in die Schule gehen können. Wenn es um »ausländische Spitzbuben« geht, die ein CDU-Mann anspricht, also Verbrecher, weist Kramp-Karrenbauer den Generalverdacht zurück und macht darauf aufmerksam, dass im Pflegebereich viele Menschen aus Osteuropa arbeiten. Und sie fügt hinzu: »Ich wünsche mir generell weniger Spitzbuben« – auch inländische. Plumpe Ausländerfeindlichkeit ist mit ihr nicht zu machen. Für den Umgang mit Zuwanderern insgesamt wünscht sie sich ein System wie in Dänemark: »Fordern und Fördern. Früh Sprachkurse anbieten, aber auch hart vorgehen, wenn die nicht angenommen werden, also Hilfen kürzen.«

Arbeit und Rente: Die ganzen normalen Leute, also die Leistungsträger, kommen laut Kramp-Karrenbauer zu wenig vor, es gehe immer um andere Problemgruppen: »Sie sind nicht arm genug, nicht reich genug, nicht schrill genug.« Kramp-Karrenbauer geht es um Würde, gerade auch bei der Rente: »Menschen, die ein Leben lang gearbeitet haben, bekommen aus der gesetzlichen Rentenversicherung nicht sehr viel mehr als die Grundsicherung. Sie empfinden das als Kränkung und mangelnde Honorierung ihrer Lebensleistung, Daraus entsteht ein tiefes Gefühl der Entfremdung dem Staat gegenüber.« Dies sei ein Vertrauensverlust, den die CDU und die Republik ernst nehmen müsse.

Volkspartei CDU: Kramp-Karrenbauer glaubt an die alte Idee der Volkspartei mit unterschiedlichen Strömungen und Flügeln. Personenkult und Sammlungsbewegungen wie in Frankreich im Zusammenhang mit Emmanuel Macron und in Österreich mit Sebastian Kurz oder abgeschwächt bei der FDP mit Christian Lindner findet sie nicht gut: »Sammlungsbewegungen laufen auf eine Person oder ein Thema zu. Beides ist schwierig, denn was passiert, wenn diese Person weg ist oder das Thema sich erledigt?« Ein Rechtsruck in der Union ist mit ihr nicht machbar, sie glaubt an die breite Mitte.

Europa: Kramp-Karrenbauer forderte eine neue positive Darstellungsweise von Europa, eine neue Erzählung: »Meine Kinder haben sich daran gewöhnt, dass wir keine Grenzkontrollen und den Euro haben. Das ist normal für sie.« An der europäischen Zusammenarbeit führe kein Weg vorbei: »Alleine sind wir weltweit viel zu klein und auch zu schwach. Wir haben die Macht der 500 Millionen. Und unser Wohlstand beruht auf freien Grenzen in Europa und auf freiem Warenverkehr.«

Anstand: Kramp-Karrenbauer erzählt von Frankreichs Präsident Macron, der in einer Grundschule eine Pressekonferenz gab und sagte: »Die Kinder müssen nach der Grundschule lesen, schreiben und rechnen können – und Anstand gelernt haben. Wann hat man das bei uns von einem CDU-Politiker gehört?« Die ehemalige Bildungsministerin will mehr soziale Werte, also Herzensbildung lehren lassen.

Frauen in der Politik: Bei diesem Thema wird Kramp-Karrenbauer leidenschaftlich, die Machos der Partei können sich warm anziehen. »Wenn auf der Liste für das Europaparlament die aussichtsreichen ersten vier Plätze mit Männern besetzt werden und erst der fünfte, wackelige mit einer Frau, dann brauchen wir uns nicht wundern, wenn wir dann, wenn wir Kandidatinnen für die Gemeindeparlamente suchen, auch die Antwort bekommen, dann braucht ihr uns nicht.«

Gesundheit: Kramp-Karrenbauer ist dagegen, dass der Staat alle Fragen um die Gesundheit regelt. Eine Zuckersteuer zum Beispiel lehnt sie ab. In vielen Sälen macht sie einen Test und lässt abstimmen: Wer ist dafür, dass wie in Österreich geschehen, ein Gesetz verabschiedet wird, dass das Rauchen von Eltern in Autos im Beisein der Kinder verbietet? Die Mehrheiten fallen mal so, mal so aus. Sie glaubt an das Prinzip Selbstverantwortung, nicht an den allzeit zuständigen Staat.

Gleiche Lebensverhältnisse in Stadt und Land: Kramp-Karrenbauer ist gegen eine Vernachlässigung des ländlichen Raumes. »Sonst haben wir nur noch fünf Boom-Regionen und der Rest ist Erholungsgebiet auf der grünen Wiese. Wollen wir das wirklich?« Es treibt sie wirklich um, dass ganze Dörfer abgeschnitten sind, keine Wirtshäuser und Läden mehr haben – von Ärzten ganz zu schweigen. Wenn nur noch hilflose Alte zurückbleiben, ist es keine humane Gesellschaft mehr.

Energiewende: Sie ist laut Kramp-Karrenbauer nicht geglückt, nichts sei schlüssig: »Auf den Konferenzen der Ministerpräsidenten kam ich mir vor wie auf einem türkischen Teppichbasar: »Der eine hat ein bisschen Biomasse, der andere Wind, der dritte Sonne. Ein Gesamtkonzept fehlt. Es kann auf jeden Fall nicht sein, dass wir Elektroautos fördern und die dann mit Atomstrom aus Cattenom fahren.« Ein Verbot von Autos mit Verbrennungsmotor will sie nicht: »Ich war bisher dafür, dass in der Autoindustrie Ingenieure die technischen Fragen festlegen und lösen, nicht Politiker.«

Digitalisierung: Kramp-Karrenbauer erzählt gerne die Geschichte, als sie in einem Hotelzimmer saß und sah, wie sich Facebook-Chef Mark Zuckerberg vor dem amerikanischen Kongress wegen eines Datenskandals im Vorfeld der US-Wahl verteidigte. »Da geht es um Monopole. Mich erinnert das an die Düsseldorfer Leitsätze unserer Partei von 1949, in der auch die Schädlichkeit von Monopolen Thema war.« Sie ist aber keine Digitalfeindin: »Daten sind die Währung des 21. Jahrhunderts. Die meisten Menschen verbinden mit Digitalisierung vor allem Erfahrungen, wo das Internet nicht funktioniert, aber es geht um die Veränderung der Arbeitswelt. Wir können heute niemand niemandem mehr garantieren, dass er mit einem Beruf durchs Leben kommt.« Sie erzählt von einer Rentnerin, die mit den Behörden gar nicht mehr korrespondieren kann, weil sie keinen Computer hat. Solche Geschichten lassen sie nicht los.

Wehrpflicht: Viele Parteimitglieder sind für eine Wiedereinführung und auch die Wiedereinrichtung des Zivildienstes. Favorisiert wird aber auch ein Sozialdienst für Jungen und Mädchen nach der Schule: »Es gibt ein tiefes Bedürfnis der Partei für einen gesellschaftlichen Dienst«. Damit könnten junge Menschen menschliche Reife erwerben und das Sozialsystem entlasten. Das für jeden verpflichtende Jahr könnte auch auf Europa-Ebene absolviert werden. So etwas würde eine europäische Identität stärken.

Pflege: Für Kramp-Karrenbauer ist dies die sozialpolitische Frage, die die CDU-Mitglieder am meisten umtreibt. Sie will die Familien entlasten: »Wir müssen doch feststellen, dass die Familien, die über Jahrhunderte hinweg die Funktion der Sorge und Pflege um Angehörige wahrgenommen haben, diese nicht mehr wahrnehmen können, weil sie nicht mehr vor Ort sind.« Der Kapitalismus verlangt Mobilität, alte Menschen müssen oft den Preis dafür bezahlen, dass ihre Kinder weg sind. Kramp-Karrenbauer ist für eine klare Erhöhung der Bezahlung von Altenpflegern: »Es ist ungerecht, dass Krankenpfleger über 3000 Euro bekommen, Altenpfleger klar unter 3000 Euro.« Es sei grundfalsch zu sagen, dass die eine Art der Pflege mehr wert sei als die andere. »Aber wir müssen dann auch klar sagen, was eine menschenwürdige Pflege den Einzelnen mehr kostet.«

Ehe für alle: Bei diesem Thema trifft Kramp-Karrenbauer als klare Verfechterin der Ehe nur zwischen Mann und Frau schon in der eigenen Familie auf Widerstand: »Meine Kinder haben homosexuelle Freunde, mein jüngster Sohn, ein überzeugter JU-ler, kann nicht verstehen, warum ich gegen die Ehe für alle bin. Der gesellschaftliche Wandel findet auch in unserer Partei statt, ich bin mir nicht sicher, ob ich im Saarland eine Mehrheit auf einem Parteitag in diesem Punkt hinter mir hätte. In der ganzen Debatte habe ich schon hinreichend Prügel bezogen.«

Familie: »Die CDU ist die einzige Partei, die sich überhaupt noch damit auseinandersetzt, wie wir menschliches Leben am Anfang und am Ende schützen können«, meint Kramp-Karrenbauer. Sie verweist auf die langen Debatten in der Partei um den Schutz von ungeborenem Leben, um das Lebensrecht von Babys, die behindert zur Welt kommen. Sie kämpft gegen Abtreibung und Beihilfe zum Suizid. Die dreifache Mutter will Menschen dazu ermutigen, Kinder in die Welt zu setzen: »Mit dem Baukindergeld wollen wir Familien helfen, dass ihr Traum von den eigenen vier Wänden wahr wird. Eine Beschränkung der Wohnungsgröße lehnt die CDU ab. In ländlichen Räumen wäre der Erwerb von älteren Immobilien damit oft ausgeschlossen.«

USA: Wir dürfen uns wegen Donald Trump nicht von den Vereinigten Staaten verabschieden, fordert Kramp-Karrenbauer: »Die transatlantischen Beziehungen sind tiefer und dauerhafter als die aktuellen Beziehungen zum Weißen Haus, sie werden ganz stark getragen von der Zivilgesellschaft.«

AfD: Diese Partei ist für Kramp-Karrenbauer eine populistische Herausforderung. Sie erweckt nicht den Eindruck , als ob das Problem bald gelöst wäre: »Wir dürfen Themen wie Migration nicht diesen Vereinfachern überlassen. Das große Thema wird demnächst sein, dass die AfD eine Rente über 50 Prozent des letzten Gehaltes fordert, dazu Staatsbürgerzuschläge und Gebärprämien für deutsche Kinder. Das ist populistisch und mit unseren soliden Konzepten nicht vereinbar, da müssen wir gegenhalten.

Verhältnis von CDU und CSU: Kramp-Karrenbauer ist da sehr selbstkritisch, obwohl sie persönlich kein Öl in das Feuer goss: Die Zerreißprobe hat uns sehr geschadet. Bürgerliche Wähler mögen es nicht, wenn sich bürgerliche Parteien so aufführen. Es ist keine hohe Regierungskunst, wenn man es schafft, dass eine Partei wie die SPD, die bei 17 Prozent steht, als Hort der Stabilität in der Regierung erscheint. Da müssen wir uns an die eigene Nase fassen.«

Umwelt: Kramp-Karrenbauer kann sich darüber aufregen, dass wegen Fledermäusen der Bau einer Autobahnbrücke verzögert wird: »Da wurde ein Hotel für die Tiere gebaut, in das sie gar nicht eingezogen sind.« Aber sie plädiert dafür, das Thema Natur- und Umweltschutz den Grünen nicht zu überlassen. Beim Dieselskandal ist sie gegen Fahrverbote, aber für das Verursacherprinzip: »Es kann nicht sein, dass die Autofahrer auf ihrem Schaden sitzenbleiben. Das Vertrauen auf ›Made in Germany‹, darauf, dass da auch drin ist, was drauf steht, ist schwer erschüttert.«

Bürokratie: Kramp-Karrenbauer will von anderen Ländern lernen: »In Österreich haben die Eltern eine Steuernummer und kriegen sofort nach der Geburt automatisch Elterngeld überwiesen. In Deutschland muss man das langwierig beantragen, das dauert Monate. Da ist die Elternzeit oft schon vorbei. Da kann man Bürokratie einsparen. Auch von den baltischen Staaten können wir lernen, wie amtliche Anmeldungen digital schnell geklärt sind.« Sie unterstützt die Klage der deutschen Unternehmer gegen zu viel Bürokratie: »Wir neigen in Deutschland dazu, dass alles zu 100 Prozent geregelt ist. Damit wir sagen können, wer schuld ist, wenn etwas schief geht. Die Unternehmer gelten manchen als der natürliche Feind des Guten, deshalb kontrollieren wir sie besser zweimal.« Dem müsse man ein ganz anderes Bild vom Unternehmer entgegensetzen und ihn nicht gängeln. »Viele Firmenchefs haben ja schon den Eindruck, dass sie vor lauter Regulierung nicht mehr Herr im eigenen Laden sind. Aber natürlich muss die Wirtschaft den Menschen dienen.« Hier gehe es immer um die Gratwanderung zwischen unternehmerischer Freiheit und Verantwortung für die Gesellschaft.

Die Gedanken sind frei, die Rede auch: Die Rhetorik von Annegret Kramp-Karrenbauer – eine Analyse des Kommunikationstrainers Sammy Stauch, Leiter der Deutschen Rednerschule

Wovon lebt eine gute Politikerin? Sie muss frei reden können, schlagfertig sein, ihr Publikum berühren und sie darf auf keinen Fall einschläfern. Sie muss die Schwingungen aus dem Publikum erfassen und darauf spontan reagieren können. Das Publikum muss den Eindruck haben, da vorne steht jemand mit Spaß auf der Bühne und genießt es, einen ganzen Saal zu unterhalten. Und die Menschen müssen auch das Gefühl haben, abgeholt und ernst genommen zu werden. Wenn dann die fachliche Substanz mit etwas Humor gewürzt ist, entsteht Politik, die Spaß macht. Damit ist auch Spaß an der spöttischen Rede gegenüber dem politischen Gegner gemeint. Die Kunst der stilvollen Attacke beherrschen nur wenige. Aber sie ist das Salz in der Suppe. Provokation kommt besser an als Konsens, sie prägt sich tiefer ein. Politik ist zwar kein Kasperltheater, aber immer eine Inszenierung. Und wer ein guter Entertainer ist und sein Publikum nicht mit Phrasen belästigt, hat gute Chancen, gemocht zu werden. Die Form kann den Inhalt überlagern. Es ist eben wie bei der Tagesschau: Viele erinnern sich schon kurze Zeit im Anschluss an die Sendung nicht mehr an den Inhalt der Meldungen, aber daran, wie die Krawatte des Sprechers aussah.

Das alles weiß Sammy Stauch, Kommunikationstrainer und Chef der Deutschen Rednerschule, an der auch etliche Politiker das Handwerk gelernt haben. Er hat eigens für dieses Buch die Rhetorik von Annegret Kramp-Karrenbauer untersucht. Insgesamt würde er ihr die Note zwei minus geben.

Hier seine Analyse im Ganzen:

»Annegret Kramp-Karrenbauer: eine Rednerin mit Zielgruppenge-spür. Aber auch mit herausragenden rhetorischen Fähigkeiten? Sie kann, wenn sie will. Und in sich ruht. Gleichwohl existiert nicht die eine Rednerin Kramp-Karrenbauer. Sondern eine Person mit vielen Gesichtern, rhetorischen Schwächen wie Stärken.

Kramp-Karrenbauers größte Stärke ist ihr Mut zur freien Rede. Sie ist dann glaubwürdig, lässt Vorformuliertes beiseite. Und wenn sie sich selbst die Freiheit gibt, minutenlang eine Rede weiterzuentwickeln – ohne ins Manuskript zu schauen. Damit gelingt ihr, wozu sehr viele Po-litiker nicht in der Lage sind: Kontakt zum Zuhörer herzustellen. Mit festem Blick ins Publikum. Und das nicht nur während einer tausendfach eingeübten Kampagnenrede.

Vor Journalistenmikrofonen und hinter Redepulten gibt sie sich fle-xibel: mal sachlich-nüchtern, mal engagiert-emotional, teilweise hu-morvoll. Womit sie – der Erfolg gibt ihr recht – in den meisten Fällen Zuhörererwartungen erfüllt. Das beweisen ihre durchaus passgenauen Auftritte: egal ob als saarländisch schwätzende Putzfrau auf Karnevals-sitzungen oder als Staatsfrau, die ihre Regierungserklärung abgibt. Mit ihrer Empathie für Zielgruppen bringt sie eine wichtige Voraussetzung für das Amt der Generalsekretärin mit. Schließlich bestehen die Haupt-aufgaben dieses Amtes in einer Volkspartei darin, innerparteiliche Strö-mungen zu einen. Und in Wahlkämpfen dafür zu sorgen, dass Plakate, Spots und Flyer möglichst viele Menschen und Temperamente anspre-chen. Sympathisch ist, dass ihre Anpassungsfähigkeit nie anbiedernd wirkt. Sie bleibt stets sie selbst und kommuniziert sehr zuverlässig in ihren Reden zwei Metathemen, die ihr anscheinend sehr wichtig sind: Zuhören und das christliche Menschenbild. Zwei Begriffe, mit denen sie offensichtlich den Nerv der CDU trifft.

Drei weitere rhetorische Stärken fallen auf: dass sie bisweilen Dinge konkretisiert und zuspitzt, wie ihr Beitrag zum Thema Ehe für alle zeigt. Außerdem vermeidet sie ermüdende Zahlen-Daten-Fakten-Reihen, womit sie sich verbal wohltuend von vielen anderen Politikern abgrenzt. Außerdem bleibt sie während ihrer Reden auf der Ebene des Normalsprachlichen. Sie bläht Sachverhalte nicht künstlich auf; sie bleibt stets verständlich. Ihr insgesamt unprätentiöses Auftreten, ihre Bodenständigkeit, wird ihr gedankt.

Doch wo viel Licht ist, ist auch viel Schatten. Ihr Auftritt vor der Jungen Union am 8. Oktober 2017 zog zwar freundliche Zustimmung nach sich, Begeisterung im Publikum sieht allerdings anders aus. Eine rhetorische Ausnahmeerscheinung, der alle Herzen zufliegen, ist sie demnach nicht. Ihr Humor ist meist ohne Lächeln, ihr Gesicht oft wie versteinert, wodurch ihren Worten häufig die letzte Eindeutigkeit fehlt. Anstatt Leichtigkeit oder eine positive Grundstimmung auszudrücken, verfällt sie zu oft in die für deutsche Politiker typische Mimik und Körperhaltung, die vor allem Amtslast, inneres Ringen und das Bitten um Verständnis signalisieren. Damit wird sie der rational-skeptischen Seele des Volkes der Dichter und Denker zwar zu einem großen Teil noch gerecht, wie ihr letzter Wahlerfolg im Saarland bestätigt. Überlässt damit aber als weitere Spitzenpolitikerin das Thema Charisma – im Sinne des Durchbrechens überkommener und immer weniger akzeptierter politischer Kommunikationsmuster – Populisten.

Stattdessen fühlt sie sich im Ungefähren sehr wohl, obwohl sie es – siehe Ehe für alle – anders kann. Ihre Rede vom 26. Februar 2018, mit der sie sich auf dem CDU-Parteitag um das Amt der Generalsekretärin bewarb, blieb gemessen an ihrer Wichtigkeit erstaunlich inhaltsleer und abstrakt. Daran ändern weder stehende Ovationen etwas – noch x-maliges Wiederholen, man müsse die richtigen Fragen stellen und

Antworten geben. Mit diesem brachialen Reden über das Reden – wie neuerdings in der Politik en vogue –, bediente sie sich einer rhetorischen Mimikry, also einer Art unbewusste, automatische Nachahmung, die sie als eigenständige Persönlichkeit im Einheitsbrei politischer Kommunikation komplett verschwinden lassen hat. Dagegen half auch ihre stimmliche Gewalt nicht, die mehr Spannungsbögen, mehr Ruhephasen, mehr Abwechslung vertrüge: Ihre stimmliche Monotonie verhindert, dass Kernaussagen oder wichtige Begriffe beim Zuhörer haften bleiben. Ebenso könnte sie ihre Wirkung unterstützen, indem sie ihre Reden dialogisch aufbaute. Um so ihren etwas pastoralen Stil abzumildern.

Nach einer Rede von Annegret Kramp-Karrenbauer bleiben Fragen zurück: Liebt sie Phrasen? Wird ihr dazu geraten? Oder übernimmt sie bewusst rhetorische Muster, die an Angela Merkel erinnern und somit Erfolg versprechen? An die Kanzlerin erinnert übrigens nicht nur Kramp-Karrenbauers unprätentiöses Auftreten. Sondern auch ihre sprachlichen Ungenauigkeiten. Ihre schiefen Metaphern sind eventuell Ausdruck jenes inneren Ringens um Worte, die ihre Körpersprache nach außen trägt. Oder sind sie Zeichen dafür, dass die Berlin-Mitte-Blase den kreativen Umgang mit Sprache Politikern austreibt?

Politiker jüngerer Generationen wie Kevin Kühnert, der Juso-Chef, oder Jens Spahn beweisen das Gegenteil. Spahn ist als medial wahrnehmbarer Konkurrent Kramp-Karrenbauers jemand, der verstanden hat, dass Politphrasen auf immer weniger Gegenliebe treffen. Dass auch sehr konservative Thesen frisch und progressiv formuliert werden können. Dass konservativ auch Leichtigkeit und Lifestyle bedeuten kann. Und nicht zwangsläufig durch Bodenständigkeit zum Ausdruck kommen muss. Ob Kramp-Karrenbauer mehr als eine personelle Übergangslösung ist, gar Merkels Nachfolgerin wird? Das wird auch damit zusammenhängen, ob sie sich rhetorisch emanzipiert. Und sich, ohne sich zu verbiegen, von den ewig gleichen Worten und Satzkonstruktionen der Partei löst, um wieder mehr Menschen für die politischen Vorschläge der CDU zu interessieren.«

Chaospartei CSU: Wie Kramp-Karrenbauer mit der schwer erziehbaren Schwester umgeht

Mit Geschwistern kennt sich Annegret Kramp-Karrenbauer gut aus, sie hatte ja fünf davon in ihrer Familie, mit denen sie auch nicht immer deckungsgleich war. Sie hat also eine hohe Problemlösungskompetenz und einen eingebauten Hang zum Kompromiss. Als sie im Juli 2018 im Rahmen ihrer Zuhörtour in Kassel über die CSU redete, griff sie gerne zur Geschwister-Analogie, um Konflikte mit den Bayern ein wenig zarter wirken zu lassen. »Wir sind Geschwister, aber wir waren nie eineiige Zwillinge.«

Während der christsozialen Chaostage im Juli 2018, als sich CSU-Chef Horst Seehofer wie ein Rabauke gegenüber der Kanzlerin und CDU-Vorsitzenden benahm, mit seinem Rücktritt drohte und die Kanzlerin mal beleidigte, mal erpresste, war Kramp-Karrenbauer ein ruhender Pol. Sie versuchte den brüllenden bayerischen Löwen nicht noch weiter aufzuscheuchen. Von ihr waren keine ätzenden Sprüche zu hören, die Aggression der CSU-Spitze schien an ihr abzutropfen. Trotzdem setzte sie Grenzen: »Wir als CDU haben auch unseren Stolz. Und wir lassen es nicht zu, das wir nur als verlängerter Arm der CSU gesehen werden«, ließ sie (ebenfalls im Sommer 2018 in Kassel) verlauten.

Kramp-Karrenbauer machte klar, dass sie immer ansprechbar ist, aber dass niemals der Schwanz mit dem Hund wedeln kann – es sei immer noch umgekehrt.

Schon als Ministerpräsidentin des Saarlandes hatte Annegret Kramp-Karrenbauer die CSU immer mal wieder gegen sich aufgebracht. Ob es ums Betreuungsgeld oder die Maut ging – beides Prestigeprojekte der CSU –, Kramp-Karrenbauer war dagegen. Stattdessen plädierte sie für einen Spitzensteuersatz wie zu Zeiten Helmut Kohls, ein No-Go für die CSU, die von den Bossen der bayerischen Metall- und Elektroindustrie jedes Jahr stattliche Spenden bekommt. Als Bundesinnenminister Horst Seehofer als erste Äußerung im Amt völlig unreflektiert betonte, dass der Islam nicht zu Deutschland gehörte, widersprach ihm Kramp-Karrenbauer sofort: Solche Äußerungen seien nicht hilfreich und viel zu oberflächlich. Die Regierung solle nach den quälenden Groko-Verhandlungen rasch zur Sacharbeit zurückfinden.[202]

Eigentlich hätte zwischen der Saarländerin und den dröhnend auftretenden Schwestern aus Bayern ein Verhältnis wie zwischen Katz und Hund herrschen müssen, aber oh Wunder, Kramp-Karrenbauer blieb trotzdem beliebt. Sonst hätte Ilse Aigner, ehemalige Bundeslandwirtschaftsministerin, sicher nicht die Laudatio auf Annegret Kramp-Karrenbauer gehalten, die beim SignsAward 2017 den Sonderpreis »Politikerin des Jahres« erhielt.[203] Die Veranstaltung hatten die konservativen Journalisten und Verleger Wolfgang Weimer und dessen Frau Christiane Goetz-Weimer ins Leben gerufen. In ihrer Rede lobte die CSU-Frau Kramp-Karrenbauer überschwänglich dafür, ihre Landtagswahl gegen die SPD und deren Kanzlerkandidaten Martin Schulz gewonnen zu haben. Es war der Turnaround im Wahlkampf: »Ich bin eine ehrlich begeisterte Laudatorin, Annegret Kramp-Karrenbauer ist die politische Zeichensetzerin des Jahres.« Die Preisträgerin, so Ilse Aigner, habe die Extremen in die Schranken gewiesen und Wahlkampf mit einer Haltung innerer Stärke gemacht: »Sie hat überzeugt auf ganzer Linie – und zwar bestimmt in der Sache, fair im Umgang, ansprechend im Ton. Mit Verlaub, es ist ein anderer politischer Stil, als er jahrelang in Deutschland praktiziert wurde. Nennen Sie es ruhig einen weiblichen Politikstil, einen weiblichen Führungsstil.« Dabei gehe es weder um Selbstinszenierung, schauspielerische Leistungen, noch darum, dick aufzutragen oder große Töne zu spucken. Obwohl das zwar mitunter unterhaltsam wirken könne, sei es nicht politisch konstruktiv. »Bescheidenheit, ja Demut, die Orientierung an der Sache und die Orientierung am Bürger – das sind heute entscheidende Kriterien für Politiker. Und Annegret Kramp-Karrenbauer erfüllt diese Kriterien herausragend. Dabei ist die Ministerpräsidentin des Saarlandes nicht den Weg des geringsten Widerstandes gegangen. Ganz im Gegenteil: Sie hat sich Verständnis erarbeitet. Und Zustimmung. Nicht von oben herab, sondern in verschiedenen Formaten, die voll und ganz auf Dialog gesetzt haben.«

Damals sagte Ilse Aigner einen Satz, der Kramp-Karrenbauer zur perfekten Mediatorin zwischen CDU und CSU machen würde: »Die Preisträgerin weiß Menschen mit unterschiedlichen Interessen zusammenzubringen und dann zu führen. Ich darf festhalten: Das ist ein Charaktermerkmal.«

Stimmt. Spaltung ist nicht ihr Ding. Kramp-Karrenbauer hat der Versuchung widerstanden, die CDU auch in Bayern antreten zu lassen. Damit wäre sie sicher in die Geschichtsbücher eingegangen. Umgekehrt wäre die CSU dann in den fünfzehn anderen Bundesländern mit einer eigenen Liste angetreten. So etwas wünschen sich nicht wenige Menschen, weil viele die CDU wegen der Power der CSU wählen. Umgekehrt setzen viele CSU-Wähler in Bayern bei den Bundestagswahlen ihr Kreuz nur deswegen neben die krachlederne Partei, weil sie ein Korrektiv für die liberale CDU ist. Aber Kramp-Karrenbauer sprach nach dem schlimmen Krach in der Flüchtlingspolitik zwischen den beiden Unionsparteien von einer »Milchmädchenrechnung«, wenn manche glauben, dass man getrennt mehr erreichen kann als vereint. »Sich zu trennen, wäre sehr kurzfristig gedacht. Ich kann nur davor warnen. Ich habe mir oft die Lage auf der linken Seite angeschaut: SPD und Linke nehmen sich die Stimme weg, wie in Saarbrücken beim Kampf um das Bundestagsmandat, da sind wir die lachenden Dritten«, sagte sie im Juli 2018 in Kassel.

Das ist strategisch klug gedacht. Der Wahn ist kurz, die Reu ist lang – diese Mahnung von Friedrich Schiller beherzigt sie. »Jetzt erleben wir, dass Deutschland bei der Fußball-WM in der Vorrunde ausgeschieden ist und ehrlich gesagt, müssen wir auch kämpfen, dass uns das als Bundesregierung nicht passiert«, erwähnte sie mal ganz locker bei der Zuhörtour. Frauen galten lange Zeit als das emotionale Geschlecht. In der Politik sind sie eindeutig das rationalere, weder Merkel noch Kramp-Karrenbauer verloren bisher jemals die Nerven. Dabei half ihnen der Ansatz, alles von hinten her zu denken und zwar mit allen möglichen Konsequenzen. Manche CSU-Politiker sind dazu anscheinend gar nicht fähig. Schon im November 2016 hatte Kramp-Karrenbauer im *Handelsblatt* die Schwesterpartei vor billigen Parolen gewarnt: »Der bürgerliche Wähler will keinen Streit. (…) Die Parteien, die sich auf ein Spiel mit den Rechtspopulisten einlassen, haben keinen Erfolg damit. Die Wähler wählen dann das Original und nicht die Kopie.«[204]

Die kräftigen Töne überlässt Kramp-Karrenbauer anderen CDU-Größen, zum Beispiel dem Innenminister von Nordrhein-Westfalen, Herbert Reul, ein alter Parteihaudegen. Ende Juni 2018 sagte er bei Kramp-Karrenbauers in Zuhörtourstopp in Düsseldorf: »Mich überzeugt nicht, dass Grenzkontrollen das Problem der Flüchtlinge lösen würden. Die ganze Republik hängt im Moment an der Frage, ob in Bayern an drei Stellen kontrolliert wird. Bescheuert. Ich könnte auch sagen: Unverantwortlich. Wir haben in allen Wahlkämpfen gesagt, dass die AfD mit diesen Sprüchen wie scharfen Grenzkontrollen danebenliegt und auf einmal soll das unser Spruch werden: Meine Lösung ist das nicht. Die Welt ist so verdammt kompliziert geworden. Die Sachverhalte sind nicht so einfach mit Simsalabim zu lösen.«

Annegret Kramp-Karrenbauer würde das nicht so schnoddrig verkünden wie der alte Haudegen Herbert Reul, aber inhaltlich teilt sie natürlich seine Skepsis. Sie will nicht, dass das Kind mit dem Bade ausgeschüttet wird und erzählte von dem Spediteur aus dem Saarland, der seinen Job verlieren würde, weil dann alles viel zu langsam an den Grenzen wegen der Kontrollen gehen würde – der europäische Handel wäre enorm erschwert. »Er hat auf seinen Touren fünf Grenzen zu passieren, da geht es wirklich um die Existenz. Auch das müssen wir berücksichtigen«, sagte sie in Düsseldorf.

Trotz der unterschiedlichen Positionen in der Asylpolitik: Annegret Kramp-Karrenbauer bleibt beliebt. Viele CSU-Abgeordnete, die keine Lust auf Neuwahlen hatten, schickten Stoßgebete zum Himmel, dass ihr ausgleichender Stil sich durchsetzen möge. Und so kam es ja auch. Mit einem windelweichen Kompromiss blieben CDU und CSU in der Fraktionsgemeinschaft zusammen. Der Supergau war abgewendet. Aber die Parteien hatten, wie Bundestagspräsident Schäuble es ausgedrückt hatte, einige Wochen lang in den Abgrund geschaut. Am Ende besiegte dann doch die Klugheit die Lust am Untergang.

Kramp-Karrenbauer warnte immer vor dem großen Crash. Sie denkt am Ende in weiten Linien: Sie weiß genau, dass sie, falls sie jemals als Kanzlerkandidatin antreten sollte, die starken Ergebnisse der CSU braucht, um die Union als die Nummer 1 im Parteienranking abzusichern. CSU und CDU sind auf Gedeih und Verderb aneinander gekettet. Wichtige CSU-Leute, die in vielen Hintergrundgesprächen den Kopf von Angela Merkel forderten und sie ganz offen bewusst nicht in den bayerischen Landtagswahlkampf einladen, haben es jetzt genau gemerkt: im Moment größter Gefahr schart sich die CDU um die Kanzlerin und Parteivorsitzende. Der Draht zu den CSU-Politikern, vor allem denen im Kanzleramt, glüht auf jeden Fall wieder. Digitalstaatsministerin Dorothee Bär, die mächtigste Frau in der CSU, die ganz bewusst davon spricht, dass sie im »Bundeskanzlerinnennamt« arbeitet, hielt auch nach der großen Unionskrise große Stücke auf Annegret Kramp-Karrenbauer: »Ich habe mich sehr gefreut, dass sie Ja gesagt hat, als die Kanzlerin ihr das Angebot gemacht hat. Da gehört schon was dazu, ein Ministerpräsidentinnen-Amt aufzugeben. Sie war die Königin des Saarlandes, im Wortsinn die Landesmutter. Wenn man in die Parteipolitik geht und sich in den Dienst an der Sache stellt, verliert man automatisch an Popularität.«

Auch politisch gibt es trotz gegensätzlicher Meinungen keine Probleme zwischen dem CSU-Jungstar und der CDU-Generalin: »Die Chemie stimmt bei uns beiden, wir arbeiten sehr gerne und gewinnbringend zusammen. Wenn wir uns sehen, freuen wir uns gegenseitig. Sie versteht auch meine Arbeit und findet nicht alles spinnert, was ich den ganzen Tag als Staatsministerin für Digitales mache.« Und kann Kramp-Karrenbauer denn mit den Machos der CSU umgehen? Dorothee Bär lacht: »Die kann alles. Aber das sind aus meiner Sicht keine Machos, sondern gestandene Mannsbilder.«

Kramp-Karrenbauer kann die deutsche Politik rocken, meinte Bär bei ihrer Nominierung. Auch Edmund Stoiber hat großen Respekt vor ihr, aber der ehemalige CSU-Generalsekretär und bayerische Ministerpräsident wünscht sich eine Kramp-Karrenbauer, die sich einmischt: »Sie gehört seit langer Zeit zur Spitze in der CDU, eine beachtliche Entscheidung, dass sie von einem großen Amt wechselt. Sie sieht, welche Bedeutung Volksparteien haben. Die CDU war in den letzten Jahren sehr stark geprägt durch's Kanzlersein.« Es hätte ein eigenständiges Gewicht der Partei in der Gestalt eines Generalsekretärs gefehlt. »Ich war damals in der CSU als Generalsekretär das Pendant zu Heiner Geißler, ihn hat seine Leidenschaft ausgezeichnet, er war bereit zu polarisieren.« Mit Merkel würde man in der Politik dagegen nicht gerade Empathie und Leidenschaft verbinden. »Annegret Kramp-Karrenbauer hat eine Riesenaufgabe, wenn sie Heiner Geißler als Vorbild hat, muss sie auch ein Stück Gefühl und Leidenschaft in die Politik bringen, um die weniger bildungsorientierten Schichten zu erreichen.«

Horst Seehofer ist kein Lobredner von AKK, er war weniger gut auf Kramp-Karrenbauer zu sprechen, nachdem sie in einem Brief an die CDU-Basis den klaren Europakurs von Angela Merkel in der Asylfrage ohne Wenn und Aber unterstützt hatte. Der leicht erregbare CSU-Chef fühlte sich durch die Worte von Kramp-Karrenbauer bis aufs Blut gereizt. In dem Brief hatte sie geschrieben:»In der aktuellen Debatte geht es nun um einen Vorschlag: die Zurückweisung an der Grenze. Wir als CDU haben die Sorge, dass ungeordnete Zurückweisungen an unseren Grenzen, als Land im Herzen Europas, nicht der richtige Weg sind. Sie könnten zu einem negativen Dominoeffekt und letztlich der Infragestellung des Europäischen Einigungswerks führen, für das wir als CDU immer gestanden haben.«[205] Horst Seehofer bestehe im Gegensatz dazu weiter auf einer vorzeitigen nationalen, einseitigen Maßnahme ohne Abstimmung mit den Nachbarländern und ohne auf den Ausgang der Verhandlungen in den nächsten zwei Wochen zu warten, bemängelte sie weiter. »Eine solche Maßnahme berge die Gefahr in sich, Europa weiter zu spalten und zu schwächen.»Gerade angesichts der aktuellen weltpolitischen Entwicklungen brauchen wir – mehr denn je – ein starkes und geeintes Europa. (…) Mir ist sehr bewusst, dass viele von Ihnen diese Diskussion nur schwer nachvollziehen können und sich um den Schaden für die Union Sorgen machen.« Sie erklärte in Treue fest zur Kanzlerin, dass die CDU seit Konrad Adenauer über Helmut Kohl bis Angela Merkel immer die Partei der Sicherheit und des Europäischen Zusammenhalts geblieben sei und versucht hätte, beides zusammenzubringen, auch wenn das oft schwierig und unpopulär gewesen sei. »Heute stehen wir wieder vor einer solchen Herausforderung – die Sicherheit Deutschlands zu gewähren durch eine stabile Situation im Inneren und in Europa. Wir wollen diese beiden Ziele wie in all den Jahrzehnten zuvor gemeinsam mit unserer Schwesterpartei CSU erreichen.«[206]

Dem Bundesinnenminister, der sich im Vorgriff auf die Landtagswahl in Bayern um die Lufthoheit an den Stammtischen sorgte, passte dieser Klartext gar nicht. Seehofer schäumte. Für den Mann, der in diesem Sommer seinen ganzen Ruf als ernstzunehmender Politiker verspielte, ist die Welt klar in Schwarz und Weiß eingeteilt. Wer nicht für mich ist, ist nicht ganz bei Trost, so präsentierte er sich wie ein Geisterfahrer, der darauf besteht, dass die anderen in der falschen Richtung unterwegs sind. Für ihn war der Schuldige schnell gefunden: Es sei die CDU gewesen, die mit der Flüchtlingsentscheidung 2015 die Spaltung Europas herbeigeführt habe, konterte er. Und dann kam ein Satz, in dem er seinen etwas verqueren Ehrbegriff zum Ausdruck bringt: »Frau Kramp-Karrenbauer stellt uns als Provinzfürsten aus Bayern hin, die die europäische Idee nicht verstanden haben.«[207]

Die Bayern mögen keine Kritik an ihren kühnen Plänen, auch wenn diese in der deutschen Parteienlandschaft überhaupt gar nicht mehrheitsfähig sind. Aber es gibt nun mal das Gesetz von Ursache und Wirkung. Eine Partei, die immer nur negativ über Ausländer redet, den Staatsnotstand und die Herrschaft des Unrechts herbeiredet und Ängste schürt, ist kaum mehr ernstzunehmen. Denn sie besorgt schlicht das Geschäft der Rechtspopulisten. Kramp-Karrenbauer wird die Kritik vonseiten der CSU nicht stören. Ihr Markenzeichen war immer die ausgestreckte Hand, nicht der Fehdehandschuh. Aber sie ist auch, wie man in Bayern sagt, nicht auf der Brennsuppe dahergeschwommen, also clever, wehrhaft und nicht unbedarft. Es kann gut sein, dass sie die zweite Frau ist, an der sich die Kraftprotze in der CSU – letztendlich nichts weiter als Scheinriesen – die Zähne ausbeißen.

Als Seehofer dann noch die freche Behauptung in die Welt setzte, Merkel sei nur wegen ihm Kanzler geworden, war sich die Kanzlerin für einen Konter zu schade – das ist unter ihrer Würde. Die Generalsekretärin fand dazu Worte, die auch von einer Therapeutin kommen könnten: »Jedem, der ein öffentliches Amt hat, ist klar oder sollte klar sein, dass er dieses Amt immer den Wählerinnen und Wählern verdankt. Ich glaube, dass das für Horst Seehofer in den letzten Tagen persönlich eine sehr angespannte Situation war. Als Partei, die das Christliche im Namen trägt, können wir durchaus großzügig sein und müssen nicht jedes Wort auf die Goldwaage legen.«[208] Übersetzt heißt das: Horsti, das wird schon wieder. Oder: Lass ihn doch reden, den Silberrücken, der sich wie ein Orang-Utan immer auf die Brust klopft. Es nimmt ihn sowieso keiner mehr ernst.

Der selbstmörderische Kamikazekurs hat jedenfalls auch in der CSU für Unfrieden gesorgt. Theo Waigel, Parteichef von 1988 bis 1999 und heute Ehrenvorsitzender, hat den kopflosen Crashkurs der CSU-Spitze scharf verurteilt: »Respice finem – Bedenke das Ende! An diesen Imperativsatz sollten sich alle erinnern, die gegenwärtig mehr oder minder bedacht über das Auseinanderfallen von CDU und CSU reden. Eine solche Entwicklung würde nicht nur eine Krise der Unionsparteien und der regierenden Koalition bedeuten, sie könnte der Beginn einer gefährlichen Staatskrise sein, die an die Zeiten von 1929 bis 1932 erinnert. (…) Wer mit dem Gedanken spielt, eine bundesweite CSU könne 18 Prozent erreichen, während die CDU nur noch auf 22 Prozent kommt, ist blind für die Realität und töricht in der Strategie.«[209]

Obendrein bricht der bayerischen Partei, die das C im Namen hat, die kirchliche Basis weg. Der Bamberger Domkapitular Peter Wünsche, Sohn eines langjährigen CSU-Abgeordneten, ist aus Gewissensgründen aus der CSU ausgetreten – er steht für viele: »Ein Wahlkampf als Wettbewerb in Asylverhinderung, diskriminierende Worte wie ›Asyltourismus‹ und ›Asylwende‹, die mutwillige Demontage der Kanzlerin, eine Politik, die Überfremdungsängste auf- statt abbaut: Das geht nicht mit meinem Wertesystem zusammen.«[210] Sein Vater wäre entsetzt über das Verhalten der derzeitigen CSU-Führung. Die Partei verliere die bürgerliche Mitte. Also genau das, wofür die CDU steht: »Die Mitte« steht auf dem Rednerpult im Konrad-Adenauer-Haus.

So ähnlich sieht das auch der frühere bayerische Kultusminister Hans Maier, ein Katholik vom Scheitel bis zur Sohle, früher Präsident des Zentralkomitees der deutschen Katholiken. »Kann eine Partei, die das C im Namen führt, wirklich den Familiennachzug – vielmehr sein Unterbleiben – zur Hauptforderung bei Koalitionsverhandlungen machen? Kann sie eine Flüchtlingspolitik vertreten, in der das Wort Nächstenliebe und das elementare Verständnis für Verfolgte fehlen«, fragte er im Januar 2018 in der *Süddeutschen Zeitung*.[211]

Auch die Nürnberger Jesuiten haben einen offenen Brief geschrieben. Beatrice von Weizsäcker, die Tochter des ehemaligen Bundespräsidenten Richard von Weizsäcker: »Ich bin erschüttert, wie verirrt die Debatte über Flucht, Asyl und Migration inzwischen geworden ist. Dass ein Unwort wie Asyltourismus salonfähig werden konnte, hätte ich mir nicht träumen lassen. Auch nicht, dass rechte Parolen so unverblümt Platz in unserer Demokratie finden konnten.«[212]

Kramp-Karrenbauer werden solche Kommentare freuen, auch wenn sie die offizielle CSU-Politik schwächen. Sie hielt den ganzen Konflikt für überflüssig und verantwortungslos: »Mich bedrückt der Streit auch deshalb, weil sich gerade so viel verändert, wir aber auf der Stelle treten, es gibt so viele wichtige Probleme und Themen – bezahlbarer Wohnraum, Digitalisierung, gute Pflege – die gerade deshalb auf der Strecke bleiben. Wir müssen aufpassen, dass die Menschen am Ende der Wahlperiode nicht sagen: Das waren verlorene Jahre. Die haben sich ausgiebig gestritten, statt sich um die wirklich wichtigen Dinge zu kümmern. Da tragen wir eine große Verantwortung.«[213]

Bereits im November 2016 gab es dicke Luft zwischen CDU und CSU. Damals hatte die CSU die Kanzlerin nicht zu ihrem Parteitag eingeladen. Das kommentierte Kramp-Karrenbauer im Handelsblatt so: »Es ist kein Drama, wenn die Parteivorsitzenden sich nicht gegenseitig auf den jeweiligen Parteitagen besuchen. Das Wohl der Republik hängt davon nicht ab. Die Bürger haben unseren monatelangen Streit mitbekommen. Deshalb ist es ehrlicher, nicht zu kommen als auf offener Bühne eine vermeintlich heile Welt vorzuspielen. Es ist in der Politik so wie im Privatleben: Verwandtschaft sollte man besuchen, weil man es will und nicht weil es immer schon so war.«[214]

V. Das Private ist politisch: Annegret Kramp-Karrenbauer als Frau und Mensch

Wir leben im Jahr 2018. Immer weniger Menschen sind bereit, sich intensiv mit politischen Programmen zu beschäftigen, weil das doch etwas mühsam und zeitraubend ist. Aber etwas mitreden können und wählen, wollen sie trotzdem. Dabei ist die Persönlichkeit des Politikers oft wichtiger als das Parteiprogramm. Viele wählen nach Sympathie und auch nach Aussehen. Es geht um Köpfe, die Vertrauen einflößen, die Durchsetzungsfähigkeit und Bürgernähe ausstrahlen. Schöne und markante Menschen mit einem hohen Wiedererkennungswert haben es da leichter. Ist Annegret Kramp-Karrenbauer so eine? Kann sie Menschen mit ihrem gewinnenden Lächeln aufschließen? Hat sie so einen Kopf, der nicht nur schlau ist, sondern auch eindrucksvoll?

Frisur, Brille, Kleidung: Wie sich Annegret Kramp-Karrenbauer inszeniert

Wenn es nach Udo Walz, dem bekanntesten Frisör Deutschlands geht, ist Kramp-Karrenbauer auf dem Weg ins Kanzleramt nicht mehr aufzuhalten – zumindest was das Äußerliche angeht. Walz hat den lang anhaltenden Spott um die Frisur von Angela Merkel ein für alle Mal aus der Welt geschafft. Als Ministerin und auch noch anfangs als CDU-

Vorsitzende musste sie sich viele hämische Kommentare wegen ihrer strähnigen Haare und der Prinz-Eisenherz-Frisur anhören. So eine Krisenintervention wie bei Angela Merkel ist bei Annegret Kramp-Karrenbauer nicht nötig, meint der Meister: »Ihre Frisur sieht hervorragend aus, sie muss einen sehr guten Frisör haben. Von zehn möglichen Punkten kriegt sie von mir zehn.« Die Frisur von Kramp-Karrenbauer entspreche ihrer Persönlichkeit und sei pflegeleicht, sagte Walz: »Und Frauen können sich mit ihr identifizieren. Ihr steht einfach ein Kurzhaarschnitt.«

Thomas Kemper, der Münchner Star-Frisör, der viele Prominente frisiert, sieht das etwas anders: »Wenn Sie Kundin bei mir wäre, würde ich ihr sagen: Aus diesen Haaren könnte man mehr machen. Es ist keine Frisur, es ist ein Haarschnitt, den sie trägt. Sehr praktisch, sie kann die Haare trocknen lassen, sie wirkt sehr burschikos und sportlich damit, ihr Lächeln ist großartig. Aber sie wirkt mit diesen Haaren eben auch nicht sehr elegant. Sie schaut aus wie eine Lehrerin am Gymnasium.«

Thomas Kemper empfiehlt der CDU-Generalsekretärin, die Haare länger wachsen zu lassen: »Dann kann man viel mehr damit machen. Christine Lagarde, die Französin, Chefin des Internationalen Währungsfonds, schaut immer edel und schick aus. Sie hat längeres Deckhaar, das feminin und weich fällt.«

Thomas Kemper glaubt, dass eine elegante Frisur auch auf internationalem Parkett hilfreich ist: »Das bringt auf der Weltbühne mehr Respekt. So ist Annegret Kramp-Karrenbauer noch keine Lady. Aber vielleicht will sie gar keine werden. Das ist auch o.k. Es steht mir ja gar nicht zu, ihr Ratschläge zu geben.«

Auch die Brille steht ihr, meinte Uwe Pinhammer, Chef des Münchner Brillenladens »Freudenhaus«, eines der zehn besten Optikergeschäfte in Deutschland. »Es ist eine klassische hochwertige Designer-Kunststoffbrille, gute Qualität, sie passt sehr gut zu Frisur und ihrem geradlinigen Image. Die Augen kommen sehr gut zur Geltung.«

Angreifbar würde sie durch die Wahl ihrer Brille nicht, ganz im Gegensatz zum SPD-Kanzlerkandidaten Martin Schulz: »Der wirkte durch seine Brille langweilig. Gute Brillen verschaffen einem Respekt in der Öffentlichkeit. Ein Alexander Dobrindt hat zum Beispiel dadurch sehr gewonnen.«

Für Uwe Pinhammer wäre es auch vorstellbar, dass Kramp-Karrenbauer mal zu einer farbigen Brille greifen könnte: »Aber da würde ich ihr gedeckte Farben raten, die sie feminin erscheinen lassen. Beim Thema Farbe im Gesicht sollte man eher zum Lippenstift greifen.«

Was ziehe ich an? Das ist die Frage, die sich viele Frauen stellen. Bei Politikerinnen, die immerzu beobachtet werden, stellt sich die Frage noch viel dringlicher. Sie ziehen sich mehrfach am Tag um. Jeder Auftritt ist, ob sie nun wollen oder nicht, eine mehr oder weniger gelungene Inszenierung von Geschmack und Stil, über die sich trefflich streiten lässt. Und Frauen werden nun mal kritischer betrachtet, weil sie nicht wie Männer nur eine Politikeruniform, den dunklen Anzug, im Schrank hängen haben. Allen recht machen kann es keiner. Annegret Kramp-Karrenbauer hat sich für einen lockeren und praktischen Kleidungsstil entschieden. Hosenanzüge trägt sie eher selten, farbige Blazer im Merkel-Stil nie. Sie will nicht wie eine Kopie der Kanzlerin aussehen. Aber zu Merkel passt der Stil natürlich, er gibt ihr Sicherheit und beruhigt das Land, erzählte Modemacher Wolfgang Joop der *Märkischen Allgemeinen Zeitung*: »Deutschland hat wieder eine Identität – und das durch Frau Merkel. So wie Frau Merkel eben auch aussieht: Immer der gleiche Jackenschnitt, ihre stoische Art der Politik – da passen Stil und Amt zusammen.«[215]

Ein geblümtes Kleid wie eines von Michelle Obama wäre unvorstellbar bei der auf Sachlichkeit orientierten Kanzlerin, die es eher androgyn mag. Kramp-Karrenbauer ist da deutlich vielfältiger: Sie trägt durchaus Kleider, die aber bei ihr immer lässig ausschauen, mit Kleidergröße 36 strahlt sie immer eine gewisse Anmut aus. Sie verzichtet auf Kleidung, die Kontroversen auslösen können. Und sie ist keine Theresa May, die alle Modefans dieser Welt begeistert. Denn die britische Premierministerin fällt gerne auf: Sie zieht Lackstiefel an, trägt Zebra-Pumps, rote Handschuhe und bunt gescheckte Mäntel. »Ich bin eine Frau, ich mag Mode«, lautet ihr Motto. Die Vorstellung, dass man als Politikerin wie ein Mann aussehen muss, um ernstgenommen zu werden, ist Gott sei Dank von gestern. Man kann als Politikerin heute deutlich farbiger gekleidet auftreten als im dunklen Blazer und weißer Bluse, die Uniform der Karrierefrauen in der Wirtschaft.

Bei Annegret Kramp-Karrenbauer hat man nicht das Gefühl, dass sie sich entsprechend der Erwartungen von Männern anzieht. Sie tritt meist in bequemen Hosen auf, die sie mit einer farbigen Bluse kombiniert. Das Wohlfühlen in ihren Klamotten, ist für sie das Kriterium. Und das wird akzeptiert. Der Zeitgeist ist entscheidend. Heute kann man es sich kaum mehr vorstellen, dass es bis 1970 im Bundestag für die wenigen weiblichen Abgeordneten einen Rockzwang gab. Bundestagspräsident Richard Jäger, ein stramm rechter CSU-Politiker, tönte damals, dass er es einer Frau nie erlauben würde, das Plenum in Hosen zu betreten. Das reizte die SPD-Abgeordnete Lenelotte von Bothmer zum Widerstand. Sie erschien in einem Hosenanzug im Bundestag. Dadurch sahen zwar viele Abgeordneten die Würde des Hohen Hauses verletzt, aber es brauchte eine Tabubrecherin. Herr Jäger zeigte sich aber nicht angriffslustig und schaute nur grimmig. Den Fortschritt konnte er aber einfach nicht stoppen. Das Grundrecht, sich so zu kleiden, wie man es mag, war fortan unangetastet. Selbst als die CSU-Abgeordnete Dorothee Bär im Fußballtrikot des FC Bayern oder in einem Dirndl erschien, sprach der Bundestagspräsident kein Machtwort.

Kathrin Bierling ist Modebloggerin und sie betreibt den einflussreichen Blog »modepilot«. Wie beurteilt sie den Annegret-Style? »Vermutlich würde sich ihre Art zu kleiden verändern, wenn sie die Nachfolge von Frau Merkel antreten sollte. Sie würde eine parkettsichere Beratung erhalten, Maßkleidung womöglich. Doch die Art, wie sich Frau Kramp-Karrenbauer bisher kleidete, sagt viel über sie aus.« Statt der Art Uniform in Form des Hosenanzuges, die in der Politik auch viele Frauen wählten, nutze Kramp-Karrenbauer die vielen Möglichkeiten der weiblichen Garderobe. »Sie trägt verschiedene Rocklängen und sämtliche Kragenformen. Ihre Klaviatur reicht über sämtliche Blazer-Varianten, von der Bouclé- bis zur Lederjacke. Es wäre geradezu schade, wenn sie sich auf einen Stil festlegen würde. Zumal ein Outfit, das Stimmung und Experimentierfreudigkeit widerspiegelt, auch immer ein Zeichen von Mut und Selbstvertrauen ist.«

Kathrin Bierling stellt sich Kramp-Karrenbauer beim Kleider-Shopping so vor: »Sie geht in eine Boutique, greift spontan zu einer Lederjacke, wie sie sie liebt. Dann empfiehlt ihr die Boutiquenbesitzerin die neue Rocklänge Midi. Die Politikerin: ›Und wie trägt man das? … Ah, mhmm, ja, warum nicht, probiere ich mal aus.‹ Dann verschwindet sie in der Kabine, fragt nach weiteren Modellen bis sie fühlt, was die Verkäuferin mit dem neuen Trend meint, und kauft ein blaues Midi-Kleid, das ihr hervorragend steht. Sich auf Neues einlassen zu können und sich das zu eigen zu machen, ist eine Qualität.«

In eine Schublade will die Modebloggerin die Politiker nicht einordnen: »Frau Kramp-Karrenbauer hat keinen Kleidungsstil, außer den, dass sie keinen hat. Das wirkt nicht bemüht, sondern tiefenentspannt und sympathisch – ganz im Gegensatz zu ›Endlich Prinzessin‹-Dorothee Bär. Keiner erwartet von einer Politikerin, sich in die Modewelt einzufügen. Etwas Neugier und Interesse sind aber gern gesehen.«

Interview: Eric Althaus, Frisör von Annegret Kramp-Karrenbauer

Seit 2006 ist er der Frisör von Annegret Kramp-Karrenbauer: Eric Althaus, der in Püttlingen mit seinem Freund Uli Schmal den Salon »Coiffeur Eric« mit dem Haarpflegeprogramm »labiosthetique« betreibt.

Ist es leicht, Frau Kramp-Karrenbauer zu frisieren?
Sie hat kräftiges Haar, sehr viel Masse auf dem Kopf. Lange Haare möchte sie nicht, das wäre dann nicht mehr die Annegret. Mit dem Kurzhaar erkennt sie jeder. Aus 36 Jahren Berufserfahrung kann ich sagen: Lange Haare würden sie erschlagen, dafür ist ihr Gesicht zu zierlich, zu filigran. Im Sommer färbe ich ihre Haare schön goldbraun, im Winter mit einem Kupferton. Als sie das erste Mal zu mir kam, waren ihre Haare auch kurz, aber etwas kantig und stumpf. Ich habe sie gesoftet, weicher geschnitten, so dass es leger ausschaut und zu jedem Anlass passt.

Ist sie eine ganz normale Kundin?
Sie hat keinerlei Privilegien. Wir machen einfach einen Termin – fertig. Sie will keine Extrawürste, keinen Promibonus. Schon ihre Mutter war ja bei mir.

Wird bei Ihnen im Frisörsalon politisiert?
Nein, wir sind eine politikfreie Zone, das gehört sich nicht. Man weiß ja nicht, welcher Kunde da sitzt und welche Meinung der hat.

Und über die Ehe für alle, die Annegret Kramp-Karrenbauer gar nicht mag, haben Sie sich auch noch nicht unterhalten?
Nein, das habe ich mich nicht getraut. Annegret weiß natürlich, dass ich mit meinem Lebensgefährten schon seit 26 Jahren zusammen bin. Wir sind nicht verheiratet, aber das war schon ein Fauxpas, was Annegret zu

homosexuellen Paaren da gesagt hat. Aber sie akzeptiert uns voll, wir waren ja auch bei Empfängen immer wieder mal eingeladen. Das steht nicht zwischen uns.

Annegret Kramp-Karrenbauer von A bis Z

A wie AC/DC: Mit den Hardrockern, die längst Mainstream sind, putscht sie sich manchmal vor Reden auf. Ihre Begründung ähnelt der Fußballern, die sich über ihre stylischen Kopfhörer mit Rocksongs richtig für die Partie aufheizen: Mit »Highway to Hell« im Plenum aufzulaufen, da hat man eine Grundaggressivität, die zuweilen in der Debatte hilfreich sein kann.«[216]

B wie Bergmannschor: Ein Ritual im Saarland, dem alten Bergbauland. Tradition wird hier großgeschrieben, wenn die Kumpels von anno dazumal ihre nostalgischen Lieder wie »Schwarzes Gold« singen. Da Kramp-Karrenbauers Mann selbst Steiger war, geht ihr das immer wieder nah. Auch wenn sie es schon tausendmal gehört hat.

C wie Circle-Training: Nur in einem gesunden Körper wohnt ein gesunder Geist – Annegret Kramp-Karrenbauer weiß wie wichtig Fitness ist, gerade für Politiker, die viel sitzen und reisen müssen. Sie hat im Saarland Circle-Training in einem Sportclub gemacht, der nur für Frauen zugänglich ist. Dort schult sie sich in Kraft, Ausdauer, Beweglichkeit und Schnelligkeit, zum Beispiel mit Klimmzügen, Liegestützen, Armbeugen und Strecksprüngen.

D wie Dollberg: Mit 695 Meter ist er der höchste Berg des Saarlandes – das macht demütig. CSU-Landesgruppenchef Alexander Dobrindt, der die Zugspitze (2962 Meter) vor der Nase hat, kann darüber nur müde lächeln. Aber die kleine Erhebung im Saarland hat trotzdem einiges für Spaziergänger und Wanderer zu bieten: Der Saar-Hunsrück-Steig führt darüber. Wandern ist eine der Leidenschaften der CDU-Politikerin. Die setzt sie auch politisch ein und ist sehr gut ansprechbar, wenn sie etwa bei grenzüberschreitenden Wanderungen ihre Sichtweise auf Frankreich erklärt – zum Beispiel zum 50-jährigen Jubiläum des Élysée-Vertrags.

E wie Ellenbogen: Eines der wichtigsten Körperteile, um in der Politik ernst genommen zu werden. Manchmal taugt der Ellenbogen einfach gut zur Abschreckung gegen Rempeleien aller Art. Bei einem Wanderurlaub in den Vogesen hat sie sich 2014 den linken Ellenbogen gebrochen, als sie auf einer Eisplatte ausgerutscht war, gottlob war Ehemann Helmut sofort zur Stelle. Ein Freizeitunfall, der glimpflicher verlief als einst bei Angela Merkel: Die Kanzlerin brach sich 2014 in St. Moritz beim Skilanglauf den Beckenring.

F wie FC Bayern: Der Fußballverein, den die eine Hälfte der Nation liebt und die andere hasst. Annegret Kramp-Karrenbauer verehrt den FC Bayern – und nicht etwa das Gründungsmitglied der Bundesliga, den FC Saarbrücken, der seit Jahren in der Vierten Liga dahindümpelt. Man kann sagen, die Frau hat Geschmack und versteht etwas vom Fußball, sie liebt einfach die Champions League, weil sie selbst ein Champion werden möchte. Dass Uli Hoeneß im Gefängnis war und Aufsichtsrat Rupert Stadler als Audi-Boss hinter Gittern kam, auch Kalle Rummenigge wegen Zollvergehen vorbestraft ist, stört sie nicht. Der Versuchung, den Fall Hoeneß auszuschlachten, hat sie widerstanden. Denn es hat ihr erspart, vor der eigenen Haustür zu kehren: Denn auch der 1. FC Saarbrücken ist, auf viel niedriger Ebene, ein Skandalverein mit vielen Affären.

G wie Grüne Damen und Herren: Ein Besuchsdienst, der auch in Püttlingen, Kranke und Alte von ehrenamtlich Tätigen betreuen lässt. Es ist klassische Sozialarbeit von Menschen, die Zeit für andere haben – Helmut Kramp-Karrenbauer ist einer von ihnen. Er hängt das nicht an die große Glocke, aber der Gatte der CDU-Politikerin geht gern dahin, wo nicht die Privilegierten der Nation leben – seine Erfahrungen dort gibt er auch an seine Frau weiter. So etwas erdet, die beiden leben nicht in einer Politikblase. Die Grundidee finden beide überzeugend. Seit über 40 Jahren besuchen bundesweit mehr als 9000 ehrenamtliche Grüne Damen und Herren kranke und hilfebedürftige Menschen in mehr als 600 Krankenhäusern und Altenhilfe-Einrichtungen. Es ist ein klassisches Ehrenamt. In der Selbstdarstellung der Grünen Damen und Herren heißt es: »Die Patienten erleben im Klinik- oder Heimalltag eine wertvolle Abwechslung. Die Grünen Damen und Herren können ihnen auch sehr persönliche Bedürfnisse erfüllen. Die Engagierten erhalten keine leichte, wohl aber eine sinnstiftende und bereichernde Aufgabe, denn sie mildern die Sorgen und Nöte der Patienten. Im Sinne christlicher Nächstenliebe können Krankenhäuser, Alten- und Pflegeeinrichtungen ihr Angebot durch diesen Freiwilligendienst erweitern und den Menschen, die ihnen anvertraut sind, eine persönliche Begleitung ohne Zeitdruck ermöglichen.«[217]

H wie Hebamme: Einer der Berufe, über den sie nachdachte, bevor sie sich für die Rolle der Politikerin entscheid. Auch Lehrerin wäre für sie in Frage gekommen, das Vorbild des Vaters wirkte nach. Wäre sie wirklich Geburtshelferin geworden, hätte sie sicher gegen die Bundesregierung demonstriert. Denn die Hebammen von heute können wegen hoher Versicherungsprämien in der Haftpflichtversicherung kaum mehr von ihrer Arbeit leben. Der fruchtbarste Beruf der Republik ist ein prekärer geworden – und das in einem Land, das so wenig Kinder hat, gerade mal

1,4 im Durchschnitt pro Frau. Der dreifachen Mutter Annegret Kramp-Karrenbauer und ihrer großen Familie wird das nicht egal sein.

I wie iPad: Annegret Kramp-Karrenbauer ist kein ›digital native‹, dafür ist sie schlicht zu früh geboren, nämlich 1962. Da war das Internet noch Galaxien weit von uns entfernt. Trotzdem ist das Internet für sie kein Neuland, sie läuft häufig mit dem iPad unterm Arm herum. Und sie hat erkannt, dass Wahlen heutzutage im Internet entschieden werden. Auch da will sie die CDU modernisieren.

J wie Joggen: Drei- bis viermal die Woche gönnt sich Kramp-Karrenbauer eine Auszeit. Beim Joggen kriegt sie neue klare Gedanken. Außerdem hilft es ihr, die schlanke Figur zu bewahren. Sie hat Kleidergröße 36/38. Beleibt zu werden, hat die Süßigkeiten-Liebhaberin, die Gummibärchen liebt, bisher vermieden. Das geht nur mit Disziplin und regelmäßigem Sport. Sie ist »Ehren-Hartfüßlerin« und beteiligt sich am gleichnamigen Marathonlauf, der durch Naherholungsgebiete führt, die aus rekultivierten Halden und ehemaligen Absinkweihern entstanden sind.

K wie Kreuzkapelle: Es gibt eine Familientradition bei den Kramp-Karrenbauers: Jeden Gründonnerstag gehen sie mit der Familie in die kleine Kreuzkapelle in der Nähe ihres Hauses und beten den Kreuzweg von Jesus Christus. Tief empfundener Glaube, und ein Ritual, das alle Stürme des Lebens überdauert.

L wie Lesen: Das macht sie für ihr Leben gerne, Fantasy-Literatur wie Tolkiens »Herr der Ringe«, aber auch Liebesromane wie den von Siri Huvstedt »Der Sommer ohne Männer« – ein sehr erotisches Buch. Die New Yorker Dichterin Mia und der Neurowissenschaftlerin Boris haben eine Ehekrise, Boris möchte eine Pause, wobei Mia feststellt, dass diese ›Pause‹ viel jünger ist als sie und vollere Brüste hat … Mit der

Lebensrealität der Politikerin hat das nichts zu tun, wie sie betont. Aber Literatur ist ja die beste Möglichkeit, sich in andere Welten zu begeben. Natürlich bildet sich Kramp-Karrenbauer auch gerne mit Fachbüchern fort. Etwa zum Thema: Wie manage ich mein Büro und meinen Terminkalender? Denn sie ist kein Mensch mit einem angeborenen Ordnungssinn.[218]

M wie Marie-Luise-Kaschnitz-Gymnasium. In Völklingen, in der Schule, die der großen Dichterin gewidmet ist, absolvierte Annegret Kramp-Karrenbauer locker das Abitur. Sie war keine Überfliegerin, aber eben auch kein Problemfall wie Edmund Stoiber, der zweimal eine Klasse wiederholen musste. Sie kann stolz auf ihre Schule sein, hier werden die Schüler zu echten Persönlichkeiten erzogen: Es gibt Aktionen wie ›Schule ohne Rassismus‹, ›Schule mit Courage‹, Ramandanfeste, Spendenläufe für Afrika, Handysammelaktionen. So zeichnete Annegret Kramp-Karrenbauer ihre ehemalige Schule bei der Kampagne ›Verantwortung und Nachhaltigkeit – mach mit!‹ mit dem 1. Preis aus. Das Umweltbewusstsein ist hoch – und hochpolitisch: Mehr als 100 Millionen gebrauchter Handys liegen ungenutzt in Deutschlands Schubladen, eine Million alleine im Saarland. Eine Tonne Handys enthält circa 300 Gramm Gold, bis zu drei Kilogramm Silber, 120 Kilogramm Kupfer und 100 Gramm seltenes Palladium. Diesen Schatz zu heben, ist zumindest an der Kaschnitz-Schule aller Ehren wert.

N wie Nationalhymne: Sie wird auf jedem CDU-Parteitag gesungen und Kramp-Karrenbauer singt gerne mit. Die Nationalhymne umzudichten, so dass sich auch Frauen mehr angesprochen fühlen, lehnt sie ab: »Ich habe bisher – und ich gelte ja durchaus als eine emanzipierte Frau – noch nie den Eindruck gehabt, dass ich mit dieser Hymne nicht gemeint wäre oder nicht angesprochen werde.«[219] Der Hintergrund: Die Gleichstellungsbeauftragte des Familienministeriums in Berlin hatte gefordert, dass aus »Vaterland« ein »Heimatland« wird, aus der Zeile »brüderlich mit Herz und Hand« ein »couragiert mit Herz und Hand«.

O wie Orden: Davon kann eine Politikerin gar nicht genug kriegen, besonders wenn sie als uneitel gilt. Von der französischen Ministerin für Bildung, Hochschule und Forschung bekam sie den Orden der Akademischen Palmen, eine Auszeichnung, die auch schon Monacos Fürst Albert erhalten hatte. Der Orden war auch der Lohn dafür, dass bis zum Jahr 2020 im Saarland rund 200 zweisprachige deutsch-französische Kitas eingerichtet werden. Als Ritterin wider den tierischen Ernst bekam sie 2017 auch noch den Mainzer Narrenpreis »Ranzengardist«. Auch hier war sie die erste Frau, der diese Ehrung zuteil wird. Die Begründung klang schlüssig: Mit Kramp-Karrenbauer werde die Rolle des Saarlandes als Tor nach Frankreich und als Brücke nach Deutschland gewürdigt. »Keine Ministerpräsidentin, kein Ministerpräsident ist in europakritischen Zeiten europäischer als Frau Kramp-Karrenbauer. Mit trockenem Humor nimmt sie die eigene Politik und sich selbst auf den Arm und verbreitet dadurch Lebensfreude und Optimismus.«[220] Ein Lob auf die Trockenheit also.

P wie Pommes: Diese und Bratkartoffeln kann Helmut Karrenbauer angeblich viel besser zubereiten als seine Frau, die den Herd gerne ihrem Gatten überlässt. Sie hatte ihm das Kochbuch *Was ich koche & und wie das geht* geschenkt, das in vielen Bildern die Brutzelkunst erklärt, damit er seine Qualitäten als Hausmann noch einmal steigern konnte. Jetzt trauen sich die beiden auch an aufwendigere Gerichte ran. Liebe geht eben auch durch den Magen. Und die CDU-Politikerin kann sich ja schlecht ständig den Pizzadienst in Püttlingen kommen lassen. So etwas spricht sich in einer Kleinstadt herum.

Q wie Queen: Die Lieblingsband von Annegret Kramp-Karrenbauer, Freddy Mercurys Queen, geht ihr noch immer in die Seele. Melodiöser Rock vom Feinsten, bombastisch, ohne Angst vor Pathos. Da wird die angeblich so nüchterne Politikerin, die auch gerne mal eine Lederjacke trägt, zur Rockerin. Und es dürfte nach wie vor wohl kaum einen besseren Song für eine erfolgsverwöhnte Partei geben als ›We are the Champions‹.

R wie regional: Sie kauft natürlich regional ein, wenn sie in Püttlingen in die Läden geht. Und über Regionalpolitik hat sie auch ihre Abschlussarbeit an der Uni geschrieben: Ein Vergleich zwischen dem Saarland und der Nachbarregion Lothringen. Das Thema kam ihr später in der Politik immer wieder unter. Die europäische Nachbarschaft lebt.

S wie Schreibtisch: Weil das Saarland so klamm ist, hat Annegret Kramp-Karrenbauer als Ministerpräsidentin den alten Schreibtisch von Oskar Lafontaine übernommen und ihn ihre gesamten sieben Amtsjahre über behalten. Kein Problem für sie. Der linke Geist wehte nicht mehr in ihrem Amtszimmer. Und als Saarländerin denkt man praktisch.

T wie Tanzen: Eine der großen Leidenschaften im Leben der Politikerin, hier kann sie die Welt vergessen, die perfekte Entspannungsübung für sie. Kramp-Karrenbauer hat Rhythmusgefühl – offenbar mehr als Schleswig-Holsteins Ex-Ministerpräsidentin Heide Simonis, die bei der Fernsehshow *Let's Dance* den wenig schmeichelhaften Namen »Hoppel-Heide« verpasst bekam.

Übergangsgeld: Nach ihrem Rücktritt als Ministerpräsidentin hätte Annegret Kramp-Karrenbauer Anspruch auf eine ordentliche Summe gehabt. Klug, dass sie darauf verzichtet hat und es so vermieden hat, dass sich daran eine moralische Debatte entfacht. Zwei Jahre Alimentierung durch den Staat hätten ihr zugestanden. In den ersten drei Monaten das reguläre Gehalt von rund 11 000 Euro; für den Rest der Zeit dann die Hälfte der Bezüge. Aber Raffke-Vorwürfe im Zusammenhang mit Politikerdiäten sind Gift im Kampf um Glaubwürdigkeit. Viele Menschen sind nun mal der Meinung, dass Politiker zu viel verdienen. Das stimmt zwar objektiv nicht, wenn man es in Bezug zu den 60-bis 80-Stunden-Wochen sieht, die sie absolvieren. Nimmt man einen Sparkassendirektor als Maßstab, stellt sich heraus, dass die meisten von ihnen mehr verdienen als die Kanzlerin.

V wie Vatikan: Gleich zwei Päpste besuchte die tief gläubige Katholikin im Vatikan: Papst Benedikt und Papst Franziskus. Auch wenn sie in vielen Punkten mit den Heiligen Vätern im Clinch liegt und mit ihrer dahinsiechenden Kirche in Deutschland gar nicht zufrieden ist: Ein Foto vom Papst, ein Segen von dem Oberhaupt der katholischen Kirche, den Millionen verehren, kann nie schaden. Als deutsche Ministerpräsidentin hat sie quasi ein Recht auf eine Audienz. Beim ersten Mal trug sie noch einen schwarzen Schleier, was ihr viel Spott einbrachte. Bei Franziskus hatten sich 2017 die protokollarischen Gepflogenheiten geändert: Er erwartete keine Kopfbedeckung mehr, nicht einmal mehr einen Knicks.

W wie Wohnen: Zum ersten Mal seit ihrer Studentenzeit wohnt Annegret Kramp-Karrenbauer jetzt wieder alleine. Sie hat sich im Berliner Stadtteil Charlottenburg eine kleine Wohnung genommen. Eine interessante Erfahrung für sie. In das Eigenheim in Püttlingen kommt sie so oft wie möglich zurück, und manchmal bekommt sie auch in Berlin Besuch von ihrem Ehemann Helmut. Die beiden führen jetzt eine Fernbeziehung. Das sind sie ganz und gar nicht gewohnt und es ist nicht ganz ungefährlich. Viele Politikerehen haben sich durch die Distanz aufgrund von Entfremdung aufgelöst. Aber für die beiden gilt wohl auch die Aussage des chinesischen Philosophen Laotse: »Die Entfernung ist für die

Liebe wie der Wind für das Feuer. Das Schwache bläst er aus, das Starke facht er an.« Alle, die Kramp-Karrenbauer kennen, schwärmen von der Stärke ihrer Lebensliebe.

X wie x-beliebig: Genau das ist Kramp-Karrenbauer nicht, sie hat ein festes Fundament: Wäre sie eine Opportunistin, könnte sie nicht mehr in den Spiegel schauen. Keine Macht der Welt könnte ihr das gute Gefühl ersetzen, sich selbst treu geblieben zu sein. Also, Opportunistin nein – Optimistin ja: »Ich bin von Haus immer zuversichtlich, sonst wäre ich nicht in der Politik.«[221]

Y wie Generation Y (English ausgesprochen Why): Die kann Kramp-Karrenbauer, die eher aus der »Generation Golf« kommt, an ihren Kindern ausgiebig studieren. Sie wollen eine andere Work-Life-Balance, Glück geht vor Geld, sie legen mehr Wert auf Freizeit, Zeit mit Freunden und Familie ist ihnen wichtiger als Karriere. Es ist die Multioptions-Generation – noch nie standen so viele Türen offen. Generation Y ist dadurch die internationalste, örtlich flexibelste, technikaffinste und vielsprachigste Generation, die jemals die Arbeitswelt betreten hat.

Z wie Size Zero: Annegret Kramp-Karrenbauer macht sich Sorgen um Essstörungen bei jungen Mädchen. »Size-Zero-Models gaukeln ein Ideal vor, welches weder ästhetisch noch gesund ist – mit gefährlichen Langzeitschäden für Körper und Seele bis hin zum Tod«, warnt die Politikerin.[222] Sie hat recht: Es ist keine Privatsache, wenn eine ganze Generation von Mädchen auf einen gefährlichen Perfektionstrip gebracht wird. Krankhafte Schönheitsideale sind natürlich schwer politisch zu bekämpfen. Immerhin dürfen in Frankreich Magermodels nicht mehr auf die Laufstege. Wäre es nicht schön, wenn nicht die Figur einer Bohnenstange, sondern Intelligenz, Bildung und Engagement sexy wären?

Interview mit Patricia Riekel, Society-Expertin

Sie war eine der mächtigsten Journalistinnen Deutschlands: Patricia Riekel, zwanzig Jahre Chefredakteurin der Zeitschrift BUNTE. Sie hat Frauen in der Politik aufmerksam studiert und ihre Inszenierung in Europas größtem People-Magazin immer wieder zum Thema gemacht.

Haben Sie Vertrauen in Annegret Kramp-Karrenbauer?
Ich habe ein sehr gutes Gefühl bei ihr, sie wäre eine würdige Nachfolgerin von Angela Merkel, mit der wir ja sehr gut gefahren sind. Kramp-Karrenbauer ist eine Person, die nachdenkt, mit vielen spricht und im entscheidenden Moment Härte zeigt. Deutschland wäre bei ihr in guten Händen. Testosterongesteuerte Männer können viel Schaden anrichten. Sie sind oft mehr Schein als Sein, bei Kramp-Karrenbauer scheint es mir umgekehrt zu sein. Sie spaltet nicht so wie Jens Spahn oder Ursula von der Leyen. Sie hat nichts Bedrohliches an sich, sie ist nicht der Typ »I steel your husband, darling«. Das würde man eher mit der strahlenden Julia Klöckner in Verbindung bringen. Sie hat etwas Unaufdringliches, aber Hochkompetentes. Und sie ist total deutsch: bodenständig, fleißig, bescheiden. Aber nicht bescheiden aus Not. Ich spüre eine fröhliche Bescheidenheit, die keinen Glamour nötig hat. Damit können sich viele Frauen identifizieren.

Wie viele Parallelen sehen Sie zwischen Merkel und Kramp-Karrenbauer?
Eine Menge, sie sind Schwestern im Geiste, weder eitel noch selbstgefällig, beide immun gegen Schmeichler. Kramp-Karrenbauer ist down to earth, wirkt burschikos. Aber wenn sie wie Theresa May daherkäme, würden viele Deutsche misstrauisch werden. Manche wollen nicht glauben, dass hinter einem gewagten Kleid und schicken Schuhen auch noch Intelligenz stecken kann. Ich finde es gut, dass Kramp-Karrenbau-

er manchmal hohe Schuhe trägt – im Gegensatz zu Angela Merkel. Sie strahlt mehr Empathie aus als die verschlossene Kanzlerin, bei der das Amt über allem Persönlichen stehen soll. Die Kanzlerin kann sehr amüsant sein, aber das weiß nur ihr engster Kreis. AKK wirkt lange nicht so spröde.

Und was imponiert Ihnen noch?
Ihr skandalfreies Familienleben mit langjährigem Ehemann und drei Kindern, das sie offenbar wirklich im Griff hat. Bei Politikern, die ihre Frauen oft wechseln, habe ich das Gefühl, dass ihre private Wankelmütigkeit sich irgendwann auch im Amt bemerkbar macht.

Epilog: Keine Angst vor Abstürzen – die Frau am Schwebebalken

»Sie kennen mich«, hat Angela Merkel vor der Wahl 2013 im Fernsehen gesagt und mit einer Mischung aus Koketterie und gespielter Naivität in die Kameras geschaut. Es war eine der größten schauspielerischen Leistungen in der deutschen Politikgeschichte. Denn die Kanzlerin ließ sich in zwölf Amtsjahren nie ins Herz blicken. In Wirklichkeit kennt sie keiner richtig. Sie blieb immer distanziert, kontrolliert, gefiltert, kühl bis ins Herz, sachlich – eine Matrone der Macht. »Sie kennen mich« – allenfalls aus der Tagesschau, von oberflächlichen Bildern. Der Mangel an Emotion, erst wurde er als erfreulich und uneitel aufgefasst, irgendwann dann aber als lähmend inhaltsleer. Das ist keine Vitaminkur für die Demokratie, sondern eher eine Schlaftablette. So als lebe man hinter heruntergelassenen Jalousien: gedämpftes Licht, gedämpfte Leidenschaft.

Da kann man Annegret Kramp-Karrenbauer schon eher richtig kennenlernen, derzeit ist sie in der CDU noch Everybody's Darling. Obwohl die Umfragezahlen für die Union seit ihrem Amtsantritt von 33 auf 29 Prozent im August sanken – vor allem dank des Kamikazekurses der CSU. Für sie gilt: Das Amt ist größer als der Mensch – so hat sie auch ihre Aussage »niemand ist unersetzlich« gemeint. Die galt für Angela Merkel und für sie als Ministerpräsidentin des Saarlandes. Dabei hatte sie nichts Umstürzlerisches im Sinn. Revolution ist nicht ihre Sache, eher Evolution. Stabilität ist ihr zweiter Vorname, alles step by step. Mit 38 Jahren Innenministerin, mit 48 Ministerpräsidentin, mit 59 Kanzlerin im Jahr 2021? Oder schon viel früher? Annegret Kramp-Karrenbauer ist dieser Karriereschritt durchaus zuzutrauen, sie hat ein Navigationssystem zur Macht in sich. Und sie weigert sich, ihre reiche, bunte Persönlichkeit zu verstecken. »Es Annegret« tanzt gerne, sie hatte Probleme in Mathematik und mit der Ordnung der Dinge – wie viele andere auch. Sie traut sich als Putzfrau auf eine Kabarettbühne nach dem Motto: »Bin gerade aus Berlin kumm – da bin ich eingedeelt (eingeteilt) gewesen.«. Sie mag die einfachen Menschen, und die spüren, ob jemand echt ist, wenn sie im Supermarkt einkauft. Sie ist nahbar und nicht zerfressen vor Ehrgeiz: »Mein Leben wird nicht daran kaputtgehen, wenn ich nicht alle politischen Ziele erreiche.«[223] Das klingt gut, aber den anderen Satz sollte man ihr eher nicht abnehmen: »Ich brauche nichts mehr werden, das ist sehr befreiend.«[224]

Denn in ihr brennt ein Feuer. Sie hat sich noch einmal die größtmögliche Herausforderung gesucht. Kann sie auch Berlin? Schafft sie Berlin oder schafft Berlin sie? Kriegt sie es hin, die größte deutsche Volkspartei zu reformieren? »Das Feld muss bestellt werden«. Das weiß sie, da muss sie in Vorleistung gehen, damit die Partei ihr dann dankbar die Kanzlerkandidatur schenkt. Kramp-Karrenbauer hat sich aus der Komfortzone des Saarlandes in die Gefahrenzone Berlin begeben. Da weht ein anderer Wind und daran sind schon viele Provinzpolitiker gescheitert. Sie wird von der Berliner Machtelite als Externe angesehen. Manche werden nur darauf warten, dass sie Fehler macht. Fehler und Rückschläge wird sie einkalkulieren. Sie hat auch eine gesunde Distanz zur Bedeutung ihrer eigenen Person. Eine wie sie gehört nicht zu den Menschen, die glaubt, dass die Sonne vor allem wegen ihnen aufgeht.

Siebzehn Jahre lang hat Kramp-Karrenbauer ununterbrochen ein Regierungsamt ausgeübt – zwar nur im Saarland, aber das ist Rekord in Deutschland, da kommt nicht mal Helmut Kohl mit. Wenn man sich Politik als Ausbildungsberuf vorstellen will, hat sie alle Etappen auf dem Weg zur professionellen Meisterschaft durchlaufen. Die harten und die gefühligen Themen. Superministerin im Saarland, später Ministerpräsidentin, das verschafft Überblick – und es lässt Raum für Selbstironie: »Ich hätte nie gedacht, dass es einen Ministertitel gibt, der länger ist als mein Name: Ministerin für Arbeit, Familie, Soziales, Prävention und Sport«[225]. Sie macht ihre vermeintliche Schwäche, den Bandwurmnamen, zu einer Stärke. AKK ist die neue Maßeinheit für politische Vernunft, Augenmaß, Regierungskunst. Rita Süßmuth, die große Modernisiererin in der CDU, hat sie einen »Schatz für die Union« genannt, fast alle stimmen zu. Wenn die CDU-Generalin Themen setzt, so wie sie das beispielsweise im Sommer 2018 tat, als sie eine soziale Dienstpflicht für alle Jugendlichen ab 18 Jahren forderte, ist das CDU pur, und gleichzeitig der Ausweis ihrer Gesinnung: Wir statt ich.

Annegret Kramp-Karrenbauer hat sich alle Träume erfüllt, sie hat drei Kinder, wurde Ministerpräsidentin. Jetzt hat sie das richtige Alter für die Kanzlerschaft, die ihr die Partei bald antragen könnte: Erfahren, aber nicht verbraucht. Machtbewusst, aber nicht penetrant. Offen für Reformen, aber mit Augenmaß. »Alles muss sich ändern, damit alles so bleibt, wie es ist«, sagte der Schriftsteller Guiseppe Tomasi di Lampedusa. Diesen Spagat könnte Kramp-Karrenbauer schaffen. Sie verkörpert Wandel und Kontinuität in einem. Und sie lebt auch ein wenig von der Unterschätzung. Obwohl ihr Kürzel AKK an das berühmteste Gewehr der Welt erinnert, die Kalaschnikow AK-47. Die Frau ist gefährlich, aber schießt nicht aus der Hüfte.

Sie ist 1,63 Meter groß, ein Horst Seehofer, ein Markus Söder, ein Jens Spahn und ein Donald Trump überragen sie von der Statur her um ganze zwei Köpfe. Aber Länge ist ja nicht gleich Größe. Und entscheidend ist, was im Kopf drin ist. Auch Angela Merkel ist eine kleine Frau, wie viele überrascht feststellen, wenn sie ihr einmal persönlich begegnen. Im Fernsehen wirkt sie viel größer.

Ein Vorbild hat die Frau, die nach oben will und bei ihrem Aufstieg noch nie abgestürzt ist, nicht, das beteuert sie. Sie ist ein Unikat, keine

Kopie. Sie ist sich selbst Vorbild genug, ohne deswegen zur Narzisstin geworden zu sein, die sich an ihrem Spiegelbild berauscht. Kein Wunder, dass eines ihrer Lieblingslieder der Chanson »Non je ne regrette rien« von Edith Piaf ist. Genau wie der Spatz von Avignon singt: »Nein, ich bedaure nichts, nicht das Gute, was mir widerfahren ist, nicht das Schlechte, all das ist mir egal. Ich habe bezahlt, weggefegt, vergessen. Die Vergangenheit kümmert mich nicht.«

Für Kramp-Karrenbauer ist die Erinnerung an die Glückseligkeit im Saarland ein kostbarer Schatz. Es ist ein Paradies, aus dem sie nicht vertrieben werden kann, aber Nostalgie ist kein politisches Programm. Ihre Zukunft sollte im Kanzleramt liegen, das strebt sie an, sonst hätte sie nicht aus dem Saarland weggehen müssen. Noch hat sie keine sichtbaren Feinde, wobei sich ja die eigenen »Parteifreunde« gerne als die gefährlichsten entpuppen. Aber Feinde werden wohl oder übel noch auf den Plan treten. »Frauen verändern die Welt, wir sehen das an Annegret Kramp-Karrenbauer und Angela Merkel, sie verändern Deutschland, auch wenn es den einen oder anderen Mann gibt, der das etwas verhindern möchte«, sagte Gerd Müller, der Entwicklungshilfehilfeminister der CSU, der AKK prima findet, auf dem Volkshochschultag 2016 in Berlin.

Es ist auffällig, dass die politischen Gegner sehr gut über Kramp-Karrenbauer reden. Zum Beispiel der tragische SPD-Kanzlerkandidat Martin Schulz, dem sie bei ihrem Wahlsieg im Saarland im März 2017 richtig weh getan hat: »Sie ist eine sehr seriöse, sehr ernst zu nehmende Frau und wird sicher ihren Weg gehen. Sie hat Stehvermögen und einen Modernisierungsanspruch in der CDU, der noch zu einer weiteren Spaltung in der CDU führen kann. Die Frage ist: Wer setzt sich durch? Die CDU, die Jens Spahn vertritt, oder die Merkel-CDU? Mit Kramp-Karrenbauer als CDU-Generalsekretärin hat die Nach-Merkel-Ära begonnen.«

Auch Bundesaußenminister Heiko Maas, im Saarland lange ihr Rivale und dann stellvertretender Regierungschef, hält große Stücke auf

Kramp-Karrenbauer: »Sie hat ein feines Gespür für politische Stimmungen und ist auch in der Lage, so etwas operativ in Politik umzusetzen. Sie gehört nicht zu denjenigen, die sich allzu wichtig nehmen. Daraus entsteht eine Kombination, die aus ihr eine attraktive Politikerin macht. Wir haben schon einiges miteinander erlebt, wir vertrauen uns und sind uns auf jeden Fall freundschaftlich verbunden.«

Bodo Ramelow aus Thüringen, der erste linke Ministerpräsident der deutschen Geschichte, mag Kramp-Karrenbauer auch, er hielt die Laudatio, als sie von der Landespressekonferenz im Saarland den Landesmedienpreis erhielt: »Wenn man ihr etwas erzählt, geht es nicht nur links rein und rechts raus, man kriegt ein Feedback. Das Saarland ist das älteste der neuen Bundesländer, und sie hat eine andere Sensibilität wie manch andere, die sich nicht vorstellen können, in welchen Zwängen wir in den neuen Bundesländern leben. Das hat sie immer verstanden. Sie hat Verständnis für Deklassierte, Ausgegrenzte, Menschen, die herablassend behandelt werden. Sie ist gewillt, an Sachthemen zu arbeiten, nicht an Schubladen, in die man Menschen packt. Wir haben aus dem Osten sogar Geld fürs Saarland abgegeben. Sie war erstaunt darüber.«

Auch Grünen-Legende Claudia Roth mag AKK: »Ich habe allerhöchsten Respekt vor ihr. Sie ist eine liberale konservative Politikerin, extrem klug, sehr loyal, fair und erfolgreich. Sie hat das C in der CDU nicht entsorgt und das D auch nicht. Die CDU wäre gut beraten, Frauen nach vorne zu stellen, wo du spürst, dass es ihnen um die Sache geht, nicht um die Macht. Sie ist natürlich machtbewusst, aber man riecht es nicht so in jeder Sekunde wie bei Jens Spahn. Sie ist kein Ichling, der sich gegen die eigene Partei positioniert. Sie hat diese ruhige Art, die auch Frau Merkel hat: Gegner kommen lassen und sie an die Wand laufen lassen.«

Um Kanzlerin zu werden, braucht Kramp-Karrenbauer auf jeden Fall Verbündete, Koalitionspartner. Robert Habeck, der neue Superstar der Grünen, könnte wohl gut mit ihr. »Ich kenne sie aus dem Bundesrat, wir haben einen sehr freundlichen, sehr zugewandten persönlichen Draht. Ich habe sie immer als sehr aufgeschlossene Frau erlebt. Sie hat die CDU in einer sehr schwierigen Phase übernommen, ich wünsche ihr alles Gute.«

Schwieriger ist es da schon mit FDP-Chef Christian Lindner, der im Dezember 2017 die naheliegende Jamaika-Koalition mit den Grünen und der Union platzen ließ. Aber da sind keine Bad Vibrations zurückgeblieben, sagt Lindner. Er hegt keinen Groll gegen die CDU-Generalin, die damals vergeblich mitverhandelte. Er ist durchaus offen für einen neuen Jamaika-Versuch: »Ich schaue nach vorne, Annegret Kramp-Karrenbauer auch. Sie ist aktiv dabei, neue Kontakte zu uns und den Grünen zu knüpfen, sie hat sogar Robert Habeck und mich ins Konrad-Adenauer-Haus eingeladen, um Gastreden zu halten. So etwas schafft neue Optionen. Das Verhältnis von ihr zur FDP ist viel besser als das von Angela Merkel. Mit AKK stimmt die Chemie. Sie ist eine kluge Frau, sehr professionell. Und sie hat eine gewisse Geländegängigkeit – nicht nur, weil sie im Karneval als Putzfrau Gretel brilliert.«

Kramp-Karrenbauer könnte eine neue Jamaika-Koalition zusammenbringen, meint Lindner, der Merkel für einen hoffnungslosen Fall hält. »Eine neue Kraft ist eher zu Kompromissen fähig.« Der Ausdruck »Mini-Merkel« für AKK, den er geprägt hatte, ist für ihn auch nicht mehr zeitgemäß: »Ich meinte die Merkel von 2005, nicht die von 2018. AKK ist sachorientiert. Und sie setzt Themen wie die Dienstpflicht für junge Leute, die uns auch Chancen zur Gegenprofilierung geben. Für mich ist sie kein Schreckgespenst, sondern eine Hoffnung für die Zeit nach Merkel, weil sie kleineren Parteien wie der FDP und den Grünen auch etwas gönnt.«

Aber noch ist Kramp-Karrenbauer nicht am Ziel, Lindner prophezeit ein Duell mit Jens Spahn um die Kanzlerkandidatur: »Ich kann mir einen Zweikampf um den CDU-Vorsitz und die Kanzlerkandidatur vorstellen. Aber Jens Spahn macht als Gesundheitsminister eher eine sozialistische Politik, das ist das Gegenteil einer konservativen Revolution. Er ist näher bei Norbert Blüm als bei Friedrich Merz. Er kann nicht mehr überzeugend sagen, dass er für etwas ganz Neues steht. Ich sehe ihn in der CDU nicht als das Zentrum, um das sich alle sammeln. Er wird eher Kanther als Kanzler – Manfred Kanther war als Innenminister der Mann für Law und Order in der CDU, eine sehr respektierte Persönlichkeit.«

Annegret Kramp-Karrenbauer ist auch hoch respektiert – obwohl sie keine Kriegerin, keine Prinzessin und keine Physikerin der Macht ist. Aber sie ist eine meisterhafte Strippenzieherin, eine Frau, mit der man sich gerne hinsetzt und Kaffee oder auch mal ein Bier trinkt. Sie hat eine heitere Unverwüstlichkeit, sie ist aus Kanzlerholz geschnitzt. Stabil und geschmeidig zugleich. Nicht umsonst war der Schwebebalken ihr Lieblingsgerät als Turnerin. Balance, dein Name ist Annegret. Ob das reicht, um aus Annegret eine Anne-*great* zu machen? Das kann keiner seriös voraussagen, aber wer Kramp-Karrenbauer mehr als dreißigmal begegnet ist, wie der Autor dieses Buches, der weiß: Sie hat die Energie dafür, Großes zu schaffen. Großes, das aus dem Kleinen entsteht.

Und ihr Ehemann Helmut? Der wird ihr mit dem BMW-Motorrad hinterherbrausen, den Tibet-Terrier Stifler, eine Hommage an den Film *American Pie*, Gassi führen und sie unterstützen – zurückhaltend, wie es seine Art ist. Auch wenn ihm die Machtgelüste seiner Ehefrau nicht ganz geheuer sind. »Es muss nicht sein«, sagte er in Neustadt an der Weinstraße lächelnd auf die Frage, ob er sich auf eine Kanzlerin am Frühstückstisch freut. Für ihn bleibt sie »es Annegret«. Und ihr Leben geht so oder so glücklich weiter.

Danksagung

Auf meiner Recherche zum Phänomen AKK bin ich über hundert Menschen begegnet, nahezu alle gaben freimütig Auskunft. Besonders bedanken möchte ich mich bei Hans-Günter Kramp, dem Bruder der Politikerin, der mir in Püttlingen zwei Stunden Zeit schenkte, Rhetoriktrainer Sammy Stauch, der die Redekunst der Generalsekretärin kundig analysierte, und dem Friseur Eric Althaus, der dafür sorgt, dass viele sagen: Sie hat die Haare schön …

Außerdem möchte ich mich bei den Mitarbeitern von Annegret Kramp-Karrenbauer für die freundliche Behandlung bei der Zuhörtour bedanken – teilweise wurde ich sogar von einer Station zur nächsten im Auto mitgenommen. Dank auch an Ingrid und Alice, die an manchen Tagen mit mir auf diesen Trip durch die Republik gegangen sind und mich sicher im Auto ans Ziel gebracht haben. Ich habe viele wunderbare Begegnungen mit bunten Persönlichkeiten gehabt und bin auf sehr viel Herzlichkeit getroffen – besonderen Dank dir, liebe Florentina. Und nicht zuletzt möchte ich meiner Kollegin Claudia Benz danken, die wohlwollend kritisch das Buch gelesen hat und mich mit ihren Vorschlägen und Korrekturen geistig immer herausfordert.

Über den Autor

Manfred Otzelberger ist Redakteur bei der BUNTEN, Europas größtem People-Magazin, er hat viele große Politikerinterviews gemacht, unter anderem mit Annegret Kramp-Karrenbauer und ihrem Ehemann Helmut. Sein Ziel: Den Menschen hinter dem Amt sichtbar machen, weil das Private politisch ist. Der Reporter, der bereits Biografien über CSU-Rebellin Gabriele Pauli und den SPD-Kanzlerkandidaten Martin Schulz geschrieben hat, hat Kramp-Karrenbauer seit ihrem Amtsantritt als Generalsekretärin über dreißig Mal getroffen und intensiv beobachtet, dazu 50 Gespräche mit Freunden und Gegnern geführt. Sein Fazit: »Sie hat kaum Feinde, weil sie auch mit politischen Gegnern anständig umgeht und auf ihrem sanften Weg zur Macht keine verbrannte Erde hinterlässt.«

Quellenverzeichnis

Soweit Zitate in diesem Buch nicht durch Endnoten belegt werden, zitiert der Autor aus seinen eigenen Aufzeichnungen, von Veranstaltungen, die er besucht hat, oder aus Mitschriften von selbst geführten Interviews.

I. Die Heimat – wo Annegret Kramp-Karrenbauer verwurzelt ist

1   »Niemand ist unersetzlich. Auch nicht Angela Merkel
    Annegret Kramp-Karrenbauer spricht Klartext«, BILD am Sonntag, 7.5.2016,
    https://www.bild.de/politik/inland/annegret-kramp-karrenbauer/
    niemand-ist-unersetzlich-auch-nicht-angela-merkel-45707998.bild.htmll

2   Einmischen – auch mal mit Ellenbogen«, *Süddeutsche Zeitung,* 10.8.2011,
    https://www.sueddeutsche.de/politik/annegret-kramp-karrenbauer-einmischen-
    auch-mal-mit-ellenbogen-1.1129827

3   »Von der Saar an die Spree: CDU-Hoffnungsträgerin Kramp-Karrenbauer«,
    Die Zeit, 19.2.2018, https://www.zeit.de/news/2018-02/19/cdu-
    hoffnungstraegerin-kramp-karrenbauer-180219-99-143803

4   Hofer, Jan in: »Saarland – Wussten Sie schon …«, www.reinhard-buerck.de,
    http://www.reinhard-buerck.de/waltraud_schwambach/misc/saarland/
    wussten_sie_schon.htm

5   Rehlinger, Anke in: »Großes entsteht immer im Kleinen, Imagebroschüre des
    Saarlandes«, Oktober 2016, S.4, https://www.saarland.de/dokumente/res_stk/
    ZPT-0004-Imagebroschuere-04-05_WEB.pdf

6   Waldbauer, Peter: *Homo Saarlandicus; was es heißt, ein Saarländer zu sein,*
    Köln: Anaconda Verlag, 2015

7   Harig, Ludwig in: *Homo Saarlandicus; was es heißt, ein Saarländer zu sein,*
    Köln: Anaconda Verlag, 2015

8   Winterhoff-Spurk, Peter: »Nie wirklich daheim? Saarländische
    Erinnerungsorte und saarländische Identität. Vortrag bei einem Symposium
    der Kulturpolitischen Gesellschaft des Saarlandes: ›Erinnerungsorte –
    Ankerpunkte saarländischer Identität‹« (am 13.05.06 in der Villa Lessing)

9   https://de.wikipedia.org/wiki/Saarlandlied

10   *50 Jahre Stadt Püttlingen: Festschrift zum 50jährigen Jubiläum der Verleihung der Stadtrechte*, 2018

11   ebd.

12   Freud, Sigmund, zitiert nach: Pontzen Walter: »Zur Geschichte der Psychoanalyse, Vortrag bei einer Veranstaltung des Nürnberger Laienforum für Psychoanalyse e.V. in Zusammenarbeit mit dem Bildungszentrum Nürnberg«, Nürnberg, 13.10.2004, http://www.psychoanalyse-laienforum.de/vortragsnotizen/vortrnotiz_ws0405_geschichte_psa.html

13   »Annegret Kramp-Karrenbauer Ministerpräsidentin Saarland«, alpha-Forum, ARD-alpha Bildungskanal 1.6.2016, https://www.br.de/fernsehen/ard-alpha/programmkalender/ausstrahlung-700702.html

14   BUNTE 38/2011

15   BUNTE 12/2017

16   BUNTE 38/2011

17   BUNTE 12/2017

18   ebd.

19   BUNTE 12/2017.

20   ebd. (ebenso wie die Zitate zuvor)

21   »Der AKK-Effekt verschafft Merkel einen Sieg im Fernduell«, *Berliner Morgenpost*, 26.3.2017, https://www.morgenpost.de/politik/article210063187/Der-AKK-Effekt-verschafft-Merkel-einen-Sieg-im-Fernduell.html

22   ebd.

23   BUNTE 6/2015

II.   Aufstieg in der Politik: Eine Frau will im Saarland nach oben

24   »»Ich habe Hochachtung vor Kristina Schröder««, *Die Welt*, 3.11.2013, https://www.welt.de/wirtschaft/article121490214/Ich-habe-Hochachtung-vor-Kristina-Schroeder.html

25   ebd.

26   »Basta-Stil und die dunkle Seite des Politikgeschäfts«, *Die Welt*, 21.8.2011, https://www.welt.de/politik/deutschland/article13556080/Basta-Stil-und-die-dunkle-Seite-des-Politikgeschaefts.html

27   »»Ich bin sehr geerdet‹ – Interview mit Annegret Kramp-Karrenbauer«. *Die Welt*, 15.6.2011, https://www.welt.de/print/die_welt/politik/article13430284/Ich-bin-sehr-geerdet.html

28   ebd.

29 »Basta-Stil und die dunkle Seite des Politikgeschäfts – Interview mit Annegret
    Kramp Karrenbauer«, *Die Welt*, 21.8.2011, https://www.welt.de/politik/
    deutschland/article13556080/Basta-Stil-und-die-dunkle-Seite-des-
    Politikgeschaefts.htmlC:\Users\FregiehnC\Documents\Documents\MVG
    Korr\2018 Kramp Karrenbacher\EDIT\Basta-Stil und die dunkle Seite des
    Politikgeschäfts
30 »Sie wird Deutschlands erste Innenministerin«, *Die Welt*, 26.11.2000, https://
    www.welt.de/print-welt/article549615/Sie-wird-Deutschlands-erste-
    Innenministerin.html, 26.11. 2000
31 ebd.
32 »Annegret Kramp-Karrenbauer Ministerpräsidentin Saarland«, alpha-Forum,
    ARD-alpha Bildungskanal, 1.6.2016, https://www.br.de/fernsehen/ard-alpha/
    programmkalender/ausstrahlung-700702.html
33 ebd.
34 zitiert nach: www.tagesschau.de, 19.2.2018, https://www.tagesschau.de/
    inland/portraet-kramp-karrenbauer-101.htmll
35 »Saarland: Erste Innenministerin Deutschlands vereidigt«, *Rheinische Post*,
    13.12.2000, https://rp-online.de/politik/saarland-erste-innenministerin-
    deutschlands-vereidigt_aid-8214437
36 »Annegret Kramp-Karrenbauer Ministerpräsidentin Saarland«, alpha-Forum,
    ARD-alpha Bildungskanal, 1.6.2016, https://www.br.de/fernsehen/ard-alpha/
    programmkalender/ausstrahlung-700702.html
37 ebd.
38 »Aus für Jamaika? Bittere Pille zwischen Aufbruchsstimmung und
    Resignation«, *Saarbrücker Zeitung*, 10.1.2012, https://www.saarbruecker-
    zeitung.de/saarland/saarland/aus-fuer-jamaika-bittere-pille-zwischen-
    aufbruchstimmung-und-resignation_aid-1268380
39 ebd.
40 »Kramp-Karrenbauer und die Museumsaffäre: Gnade vor Recht«, *Frankfurter
    Allgemeine Zeitung*, 8.11.2011, http://www.faz.net/aktuell/politik/inland/
    kramp-karrenbauer-und-die-museumsaffaere-gnade-vor-recht-11600847.html
41 ebd.
42 »Wie aus einem Museumsbau ein politischer Skandal wurde«, *Saarbrücker
    Zeitung*, 9.11.2017, https://www.saarbruecker-zeitung.de/politik/themen/
    wie-aus-einem-museumsbau-ein-politischer-skandal-wurde_aid-6813638
43 »Der 4. Pavillon ist ein Symbol für Misswirtschaft«, Deutschlandradio,
    21.3.2012, https://www.deutschlandradio.de/der-4-pavillon-ist-ein-symbol-
    fuer-misswirtschaft.331.de.html?dram:article_id=205165

44 »Skandalträchtiger Bau eröffnet – Museumsgate an der Saar«, www.heute.de, 19.11.2017, https://www.zdf.de/nachrichten/heute/erweiterung-saarland-museum-100.html

45 ebd.

46 »Ich bin geerdet – Interview von Annegret Kramp-Karrenbauer«, *Die Welt*, 15.6.2011, https://www.welt.de/print/die_welt/politik/article13430284/Ich-bin-sehr-geerdet.html

47 »Annegret Kramp-Karrenbauer Ministerpräsidentin Saarland«, alpha-Forum, ARD-alpha Bildungskanal, 1.6.2016, https://www.br.de/fernsehen/ard-alpha/programmkalender/ausstrahlung-700702.html

48 ebd. (ebenso wie die Zitate zuvor)

49 »Hat diese Frau zu gut geputzt?«, *Die Welt*, 19.3.2017, https://www.welt.de/politik/deutschland/plus162970955/Hat-diese-Frau-zu-gut-geputzt-im-Saarland.html

50 »Halbes Jahr vor der Landtagswahl – Das macht AKK wenn sie verliert«, BILD, 4.10.2016, https://www.bild.de/regional/saarland/saarland/das-macht-akk-wenn-sie-die-wahl-verliert-48126226.bild.html

51 »Sonst kommt Rot-Rot mit Oskar Lafontaine – Interview mit AKK«, *Die Zeit*, 14.3.2016, https://www.zeit.de/politik/deutschland/2017-03/annegret-kramp-karrenbauer-landtagswahl-saarland-bundestagswahl-hartz-iv-interview/seite-2

52 ebd.

53 »MP Bouffier Die Entzauberung von Schulz hat begonnen«, BILD, 27.3.2017, https://www.bild.de/regional/frankfurt/martin-schulz/entzauberung-schulz-hat-begonnen-51024442.bild.html

54 ebd.

55 »Plötzlich Ministerpräsident – ohne jede Regierungserfahrung«, *Die Welt*, 19.2.2018, https://www.welt.de/politik/deutschland/article173756228/Saarland-Tobias-Hans-soll-auf-Annegret-Kramp-Karrenbauer-folgen.html

56 »CDU-Hoffnungsträgerin Kramp-Karrenbauer«, *Die Welt*, 19.2.2018, https://www.welt.de/newsticker/dpa_nt/afxline/topthemen/hintergruende/article173736009/CDU-Hoffnungstraegerin-Kramp-Karrenbauer.html

57 »Bouillon lädt Bundesinnenminister Seehofer nach Lebach ein«, *Saarbrücker Zeitung*, 13.6.2018

58 »Ungewöhnliches Vorgehen im Saarland – Minister schlug Büro in Flüchtlingsheim auf: So bekam ich das Chaos in den Griff«, *Focus*, 9.10.2015, https://www.focus.de/politik/deutschland/ungewoehnliches-vorgehen-im-saarland-innenminister-schlug-buero-in-fluechtlingsheim-auf-so-bekam-ich-das-chaos-in-den-griff_id_5000464.html

59 »Bouillon erteilt Umbau der Aufnahmestelle Absage«, *Saarbrücker Zeitung*, 12.5.2018, https://www.pressreader.com/germany/saarbruecker-zeitu ng/20180512/281861529145009

60 »Frau Schwarzer und das ›Frischfleisch‹«, *Saarbrücker Zeitung*, 20.10.2014, https://www.saarbruecker-zeitung.de/politik/themen/frau-schwarzer-und-das-frischfleisch_aid-1351703

61 »Appell gegen Prostitution«, https://www.emma.de/unterzeichnen-der-appell-gegen-prostitution-311923; https://www.emma.de/artikel/die-geschichte-des-appells-311937

62 Pressemitteilung der Staatskanzlei, Saarbrücken, 30.10.2013, www.saarland.de

63 »Saarbrückens Kampf gegen Prostitution – Stadt und Land fürchten mehr Sextourismus aus Frankreich«, Deutschlandfunk, 14.11.2013, https://www.deutschlandfunk.de/saarbrueckens-kampf-gegen-prostitution.862.de.html?dram:article_id=268955

64 »Was bewegt Peter Hartz? Der Buhmann ist zurück«, *Die Zeit*, 16.3.2017, https://www.zeit.de/2017/12/peter-hartz-spd-arbeitsmarktpolitik-agenda-2010

65 Kramp-Karrenbauer kritisiert Spahn wegen Hartz-IV-Aussage, *Die Zeit*, 13.3.2018, https://www.zeit.de/politik/deutschland/2018-03/cdu-jens-spahn-annegret-kramp-karrenbauer-kritik-hartz-iv-aussage

66 »›Die CDU war nie eine hartherzige Partei‹, Interview mit AKK«, *Rheinische Post*, 26.3.2018, https://rp-online.de/politik/deutschland/annegret-kramp-karrenbauer-im-interview-cdu-war-nie-eine-hartherzige-partei_aid-16467931

III. Die zehn Gebote von Annegret Kramp-Karrenbauer: Der Wesenskern einer christlichen Politikerin

67 »Luft nach oben: Kramp-Karrenbauer spricht über Schwachstelle im neuen Kabinett«, *Focus*, 8.3.2018, https://www.focus.de/politik/deutschland/cdu-generalsekretaerin-im-interview-luft-nach-oben-kramp-karrenbauer-spricht-ueber-schwachstelle-im-neuen-kabinett_id_8576730.html

68 ebd.

69 http://www.powerfrauen.net/2013/04/annegret-kramp-karrenbauer-ich-bin-eine-klassische-quotenfrau/

70 ebd.

71 »Basta-Stil und die dunkle Seite des Politikgeschäfts – Interview mit AKK«, *Die Welt*, 21.8.2011, https://www.welt.de/politik/deutschland/article13556080/Basta-Stil-und-die-dunkle-Seite-des-Politikgeschaefts.html

72 ebd.

73 »Heimat, Vaterland, Europa – Annegret Kramp-Karrenbauer über Helmut
Kohl«, www.cdu.de, 18.6.2018, https://www.cdu.de/artikel/heimat-vaterland-
europa-annegret-kramp-karrenbauer-ueber-helmut-kohl
74 ebd.
75 Schuman, Robert (französischer Minister für Auswärtige Angelegenheiten):
Regierungserklärung, 9. Mai 1950, in: Fontaine, Pascal: *Eine neue Ordnung
für Europa. Vierzig Jahre Schuman-Plan (1950-1990)*, Luxemburg 1990,
S. 46-48. zitiert nach: https://europa.eu/european-union/about-eu/symbols/
europe-day/schuman-declaration_de
76 »Heimat, Vaterland, Europa – Annegret Kramp-Karrenbauer über Helmut
Kohl«, www.cdu.de, 18.6.2018, https://www.cdu.de/artikel/heimat-vaterland-
europa-annegret-kramp-karrenbauer-ueber-helmut-kohl
77 ebd.
78 »Ministerpräsidentin Gast bei ›Prominente im Gespräch in Greiz‹:
Friedens- und Freiheitsprojekt Europa«, *Ostthüringer Zeitung*, 30.3.2015,
https://zeulenroda.otz.de/web/zeulenroda/startseite/detail/-/specific/
Ministerpraesidentin-Gast-bei-Prominente-im-Gespraech-in-Greiz-Friedens-
und-Fr-1499901332
79 »Kramp-Karrenbauers Frankreich-Coup«, *Frankfurter Allgemeine Zeitung*,
22.1.2014, http://www.faz.net/aktuell/politik/inland/zweisprachigkeit-im-
saarland-kramp-karrenbauers-frankreich-coup-12764278.html
80 ebd.
81 »Aufmerksamkeit wieder auf alle Bundesländer lenken – Interview mit
AKK«, *Die Welt*, 25.12.2017, https://www.welt.de/politik/deutschland/
plus171884006/Kramp-Karrenbauer-CDU-verlangt-gezielte-Investition-in-
Westdeutschland.html
82 »Kramp-Karrenbauer für höheren Spitzensteuersatz«, *Frankfurter Rundschau*,
5.3.2012, http://www.fr.de/politik/saarland-regierungschefin-im-interview-
kramp-karrenbauer-fuer-hoeheren-spitzensteuersatz-a-886573
83 »Länder wehren sich gegen Steuersenkungspläne«, *Die Zeit*, 21.10.2011,
https://www.zeit.de/politik/ausland/2011-10/steuersenkungen-widerstand-
landesregierungen
84 »Saarlands Regierungschefin für höheren Spitzensteuersatz«, *Süddeutsche
Zeitung*, 25.3.2013, https://www.sueddeutsche.de/politik/kramp-karrenbauer-
steuert-gegen-cdu-linie-saarlands-regierungschefin-fuer-hoeheren-
spitzensteuersatz-1.1633394
85 »›Angela Merkel ist unser größtes Pfund‹ – AKK im Gespräch«, *Frankfurter
Allgemeine Zeitung*, 18.5.2012, http://www.faz.net/aktuell/im-gespraech-
annegret-kramp-karrenbauer-angela-merkel-ist-unser-groesstes-
pfund-11755300.html

86 »Mindestlohn – Kramp-Karrenbauer unterstützt rot-grüne Initiative«, *Die Welt*, 20.2.2013, https://www.welt.de/politik/deutschland/article113762951/Kramp-Karrenbauer-unterstuetzt-rot-gruene-Initiative.html

87 »Kramp-Karrenbauer fordert höheren Spitzensteuersatz«, Deutschlandfunk Kultur, 23.3.2013, https://www.deutschlandfunkkultur.de/kramp-karrenbauer-fordert-hoeheren-spitzensteuersatz.990.de.html?dram:article_id=241535

88 ebd.

89 ebd.

90 »Basta-Stil und die dunkle Seite des Politikgeschäfts – Interview mit Annegret Kramp Karrenbauer«, *Die Welt* 21.8.2011, https://www.welt.de/politik/deutschland/article13556080/Basta-Stil-und-die-dunkle-Seite-des-Politikgeschaefts.html

91 ebd.

92 »›Ich bin sehr geerdet‹«, *Die Welt*, 15.6.2011, https://www.welt.de/print/die_welt/politik/article13430284/Ich-bin-sehr-geerdet.html

93 »Kramp-Karrenbauer fordert höheren Spitzensteuersatz«, Deutschlandfunk Kultur, 23.3.2013, https://www.deutschlandfunkkultur.de/kramp-karrenbauer-fordert-hoeheren-spitzensteuersatz.990.de.html?dram:article_id=241535

94 Kramp-Karrenbauer im Interview mit *Christ und Welt*, 24.4.2018, https://www.cdu.de/artikel/kramp-karrenbauer-im-interview-mit-christ-und-welt-v-24042018

95 ebd. (ebenso wie die Zitate zuvor)

96 »Kardinal Brandmüller: Forderung nach Frauenpriestertum ist Grenzübertritt«, *Die Tagespost*, 16.5.2018, https://www.die-tagespost.de/kirche-aktuell/online/Kardinal-Brandmueller-Forderung-nach-Frauenpriestertum-ist-Grenzuebertritt;art4691,188684

97 Kramp-Karrenbauer im Interview mit *Christ und Welt*, 24.4.2018, https://www.cdu.de/artikel/kramp-karrenbauer-im-interview-mit-christ-und-welt-v-24042018

98 ebd.

99 »Kardinal Marx wirft Söder Spaltung vor«, *Süddeutsche Zeitung*, 29.4.2018, https://www.sueddeutsche.de/bayern/kreuz-erlass-kardinal-marx-wirft-soeder-spaltung-vor-1.3962223

100 »Annegret Kramp-Karrenbauer im Interview: ›Die CDU braucht eine neue Justierung‹«, *Südkurier*, 27.4.2018, https://www.suedkurier.de/ueberregional/themen-des-tages/Annegret-Kramp-Karrenbauer-im-Interview-Die-CDU-braucht-eine-neue-Justierung;art1350068,9716431

101 »Ackermann und Kramp-Karrenbauer verteidigen Kreuze im Gericht«, www.kath.net, katholische Nachrichten, 20.5.2016, http://www.kath.net/news/55254

102 »CDU-Generalsekretärin: ›Religion tut unserem Land gut‹«, www.katholisch. de, 11.5.2018, http://www.katholisch.de/aktuelles/aktuelle-artikel/ cdu-generalsekretarin-religion-tut-unserem-land-gut

103 Kramp-Karrenbauer im Interview mit *Christ und Welt*, 24.4.2018, https:// www.cdu.de/artikel/kramp-karrenbauer-im-interview-mit-christ-und-welt-v-24042018

104 §219a StGB, https://www.gesetze-im-internet.de/stgb/__219a.html

105 »Verbot der Werbung für Abtreibungen fällt«, *Die Welt*, 9.3.2018, https:// www.welt.de/print/die_welt/article174362799/Verbot-der-Werbung-fuer-Abtreibungen-faellt.html

106 »… und dann die Forderung nach Heirat von mehr als zwei Menschen?«, *Saarbrücker Zeitung*, 3.6.2015, https://www.saarbruecker-zeitung.de/politik/ themen/und-dann-die-forderung-nach-heirat-von-mehr-als-zwei-menschen_ aid-1542981

107 ebd.

108 »Homo-Ehe: SPD empört über Kramp-Karrenbauers Inzucht-Aussage«, *Die Zeit*, 3.6.2015, https://www.zeit.de/politik/deutschland/2015-06/ spd-kritisiert-kramp-karrenbauer

109 »Berliner Anwältin zeigt Kramp-Karrenbauer an«, *Der Tagesspiegel*, 4.6.2015, https://www.tagesspiegel.de/politik/aussagen-der-cdu-ministerpraesidentin-zur-homo-ehe-berliner-anwaeltin-zeigt-kramp-karrenbauer-an/11870430.html

110 »Empörung über Kramp-Karrenbauer wegen Homo-Ehe-Äußerung«, www. freenet.de, 3.6.2015, https://www.freenet.de/nachrichten/topnews/ empoerung-ueber-krampkarrenbauer-wegen-homoeheaeusseru ng_4903376_4702792.html

111 »Empörung in der SPD: Kramp-Karrenbauer setzt Homo-Ehe mit Inzucht gleich«, www.shz.de, 3.6.2015, https://www.shz.de/deutschland-welt/politik/ kramp-karrenbauer-setzt-homo-ehe-mit-inzucht-gleich-id9876781.html

112 »Ich kenne liebevolle homosexuelle Menschen«, *Die Welt*, 20.6.2015, https:// www.welt.de/politik/deutschland/article142796012/Ich-kenne-liebevolle-homosexuelle-Menschen.html

113 »Kramp-Karrenbauer warnt vor Ehe unter Verwandten«, *Die Zeit*, 3.6.2015, https://www.zeit.de/politik/deutschland/2015-06/homo-ehe-kramp-karrenbauer

114 »Ich kenne liebevolle homosexuelle Menschen«, *Die Welt*, 20.6.2015, https:// www.welt.de/politik/deutschland/article142796012/Ich-kenne-liebevolle-homosexuelle-Menschen.html

115 »Debatte um Ehe für alle »Das ist menschenverachtend«, *die tageszeitung*, 4.6.2015, http://www.taz.de/!5202591/

116 »Ehe für alle: Der völkische Wahn der Anngeret Kramp-Karrenbauer«, www.
nollendorfblog.de, 2.8.2017 http://www.nollendorfblog.de/?p=7895

117 ebd.

118 »Annegret Kramp-Karrenbauer Ministerpräsidentin Saarland«, alpha-Forum,
ARD-alpha Bildungskanal, 1.6.2016, https://www.br.de/fernsehen/ard-alpha/
programmkalender/ausstrahlung-700702.htmlRD, 1.6.2016, https://www.br.
de/fernsehen/ard-alpha/programmkalender/ausstrahlung-700702.html

119 ebd.

120 ebd.

121 Eröffnungsrede Deutscher Volkshochschultag 2016 Berlin, 9.6.2016, https://
www.youtube.com/watch?v=O0iT_Q-vmJA

122 ebd. (ebenso wie die Zitate zuvor)

123 »Startschuss für neues Helmholtz-Zentrum für IT-Sicherheit«, *Focus*,
15.2.2018, https://www.focus.de/regional/saarbruecken/wissenschaft-
startschuss-fuer-neues-helmholtz-zentrum-fuer-it-sicherheit_id_8473956.html

124 »Mit Helmholtz soll der Uni-Campus wachsen«, *Saarbrücker Zeitung*,
4.8.2017, https://www.saarbruecker-zeitung.de/saarland/saarland/
mit-helmholtz-soll-der-uni-campus-wachsen_aid-2500803

125 BUNTE 06/2015

126 ebd. (ebenso wie die Zitate zuvor)

127 »Annegret Kramp-Karrenbauer ist Angela Merkels Kronprinzessin«,
Hamburger Abendblatt, 25.2.2018, https://www.abendblatt.de/politik/
article213541213/Annegret-Kramp-Karrenbauer-ist-Angela-Merkels-
Kronprinzessin.html

128 »Narrenschau«, Saarländischer Rundfunk, 18.2.2017, https://www.youtube.
com/watch?v=u6qlHpI1JGs

129 ebd. (ebenso wie die Zitate zuvor)

130 BUNTE 6/2015

131 Verleihung des Ordens wider den Tierischen Ernst, Aachen, 1.2.2015, https://
www.youtube.com/watch?v=z-mXuczA4cE

132 ebd. (ebenso wie die Zitate zuvor)

133 Verleihung des Ordens wider den Tierischen Ernst, Aachen, 25.1.2016, https://
www.youtube.com/watch?v=hdNNitQZXZA

134 »›Ich bin von meinem eigenen Schrei aufgewacht‹«, BILD, 28.1.2018, https://
www.bild.de/bild-plus/politik/inland/annegret-kramp-karrenbauer/
ich-bin-von-meinem-eigenen-schrei-aufgewacht-54613740,view=
conversionToLogin.bild.html

135 ebd.

IV. **Berlin, ich komme! Wie Annegret Kramp-Karrenbauer die CDU übernimmt**

136 »AKK kündigt Rücktritt als Ministerpräsidentin an«, Saarländischer Rundfunk, 19.2.2018, https://www.sr.de/sr/home/nachrichten/politik_wirtschaft/kramp_karrenbauer_generalsekraeterin100.html

137 »Dem Abgang von Peter Tauber haftet etwas Tragisches an«, *Die Welt*, 19.2.2018, https://www.welt.de/politik/deutschland/article173719081/CDU-Generalsekretaer-Dem-Abgang-von-Peter-Tauber-haftet-etwas-Tragisches-an.html

138 ebd.

139 ebd.

140 »Wenn Sie was Ordentliches gelernt haben, brauchen Sie keine drei Minijobs«, *Der Tagesspiegel*, 4.7.2017, https://www.tagesspiegel.de/politik/cdu-generalsekretaer-peter-tauber-wenn-sie-was-ordentliches-gelernt-haben-brauchen-sie-keine-drei-minijobs/20015392.html

141 »CDU-Generalsekretär vergleicht FDP mit AfD«, BILD, 1.7.2017, https://www.bild.de/politik/inland/dr-peter-tauber/wagenknecht-und-petry-sind-das-doppelte-lottchen-des-populismus-49641014.bild.html

142 »›Kohl hatte Angst vor mir. Unbegründet‹«, *Süddeutsche Zeitung*, 12.9.2017, https://www.sueddeutsche.de/kultur/heiner-geissler-kohl-hatte-angst-vor-mir-unbegruendet-1.3663657?reduced=true

143 ebd.

144 »Ein zorniger Veränderer«, *Die Zeit*, 13.9.2017 https://www.zeit.de/2017/38/heiner-geissler-generalsekretaer-cdu-nachruf

145 ebd.

146 »Begnadeter Querkopf«, *Süddeutsche Zeitung*, 12.9.2017, https://www.sueddeutsche.de/politik/seite-drei-ueber-heiner-geissler-begnadeter-querkopf-1.3663301?reduced=true

147 »Heiner Geißler war Kumpel, Kritiker und Kämpfer«, *Hamburger Abendblatt*, 12.9.2017, https://www.abendblatt.de/politik/article211904859/Heiner-Geissler-war-Kumpel-Kritiker-und-Kaempfer.html

148 ebd.

149 »Heiner Geißler ist tot«, Kirche und Leben Netz – Das katholische Online Magazin, 12.9.2017, https://www.kirche-und-leben.de/artikel/heiner-geissler-ist-tot/

150 »Vielleicht war die CDU zu langweilig?«, *Der Spiegel*, 18.3.2018, http://www.spiegel.de/politik/deutschland/kurt-biedenkopf-vielleicht-war-die-cdu-zu-langweilig-a-1197241.html

151 »Früherer CDU-Generalsekretär: Merkel kann Kramp-Karrenbauer vertrauen«, *Augsburger Allgemeine*, 20.2.2018, https://www.augsburger-allgemeine.de/politik/Frueherer-CDU-Generalsekretaer-Merkel-kann-Kramp-Karrenbauer-vertrauen-id44269356.html

152 ebd.

153 »Vielleicht war die CDU zu langweilig?«, *Der Spiegel*, 18.3.2018, http://www.spiegel.de/politik/deutschland/kurt-biedenkopf-vielleicht-war-die-cdu-zu-langweilig-a-1197241.html

154 »Sogar Merkels Kritiker feiern ihren AKK-Coup«, BILD, 20.2.2018, https://www.bild.de/politik/inland/annegret-kramp-karrenbauer/annegret-kramp-karrenbauer-titelseiten-revue-54869336.bild.html

155 ebd.

156 »Wirtschaftsflügel fürchtet ›Anfang vom Ende der Volkspartei CDU‹«, *Handelsblatt*, 8.2.2018, https://www.handelsblatt.com/politik/deutschland/live-blog-zum-koalitionsvertrag-wirtschaftsfluegel-fuerchtet-anfang-vom-ende-der-volkspartei-cdu/20940054.html?ticket=ST-2367076-FQFKUB1Vg7JN7cylcj4z-ap3

157 »Glücksgefühle in der CDU-Zentrale«, Tagesschau 14:00 Uhr, 19.2.2018, https://www.tagesschau.de/inland/merkel-kramp-karrenbauer-103.html

158 »Kann Annegret Kramp-Karrenbauer die CDU retten und die Kanzlerin gleich mit?«, *Focus*, 19.2.2018, https://www.focus.de/politik/deutschland/erste-personalie-kann-annegret-kramp-karrenbauer-die-cdu-retten-und-die-kanzlerin-gleich-mit_id_8492025.html

159 »Glücksgefühle in der CDU-Zentrale«, Tagesschau 14:00 Uhr, 19.2.2018, https://www.tagesschau.de/inland/merkel-kramp-karrenbauer-103.html

160 »Kann Annegret Kramp-Karrenbauer die CDU retten und die Kanzlerin gleich mit?«, *Focus*, 19.2.2018, https://www.focus.de/politik/deutschland/erste-personalie-kann-annegret-kramp-karrenbauer-die-cdu-retten-und-die-kanzlerin-gleich-mit_id_8492025.html

161 »Annegret Kramp Karrenbauer – Hat sie das Zeug zur Kanzlerin?«, *Die Zeit*, 9.2.2018, https://www.zeit.de/2018/07/annegret-kramp-karrenbauer-kanzlerin-angela-merkel/seite-2

162 »Dieser Merkel-Zwischenruf sorgte für Lacher«, *Die Welt* (Video), 19.2.2018, https://www.welt.de/politik/video173734912/Die-erste-Frau-in-dem-Amt-Dieser-Merkel-Zwischenruf-sorgt-fuer-Lacher.html

163 »Nominierung zur CDU-Generalsekretärin: Möchte mich in den Dienst der Partei stellen«, www.kramp-karrenbauer.de (Internetblog), 19.2.2018, https://www.kramp-karrenbauer.de/artikel/nominierung-zur-cdu-generalsekretaerin-moechte-mich-den-dienst-der-partei-stellen

164 ebd.
165 ebd.
166 »Will Annegret Kramp-Karrenbauer neue Kanzlerin werden?«, *Merkur*, 19.2.20918, https://www.merkur.de/politik/merkel-stellt-weichen-kramp-karrenbauer-wagt-sprung-nach-berlin-zr-9627060.html
167 ebd.
168 »Eine Kronprinzessin, die keine sein will«, *Süddeutsche Zeitung*, 19.2.2018, https://www.sueddeutsche.de/politik/annegret-kramp-karrenbauer-eine-kronprinzessin-fuer-merkel-1.3873790
169 Bewerbungsrede von Annegret Kramp-Karrenbauer für das Amt der Generalsekretärin der CDU Deutschlands Redemanuskript, Berlin, 26.2.2018, https://www.cdu.de/system/tdf/media/dokumente/akk-rede-30-parteitag_0.pdf?file=1
170 ebd. (ebenso wie die Zitate zuvor)
171 »Ein ›Meister der Redekunst‹«, *Focus*, 20.11.1995, https://www.focus.de/politik/deutschland/deutschland-ein-meister-der-redekunst_aid_154259.html
172 »Annegret Kramp-Karrenbauer – Hat sie das Zeug zur Kanzlerin?«, *Die Zeit*, 7.2.2018, https://www.zeit.de/2018/07/annegret-kramp-karrenbauer-kanzlerin-angela-merkel/seite-2
173 »Künftige CDU-Generalsekretärin im Interview: ›Die Partei ist zu kurz gekommen‹«, *Der Spiegel*, 24.2.2018, http://www.spiegel.de/spiegel/annegret-kramp-karrenbauer-ueber-die-fehler-der-aera-merkel-a-1195134.html
174 ebd.
175 ebd.
176 »Mit Gespür und Ellenbogen. Kramp-Karrenbauer – die designierte CDU-Generalsekretärin im Porträt«, Bayerischer Rundfunk, 19.2.2018, https://www.br.de/nachrichten/kramp-karrenbauer-die-designierte-cdu-generalsekretaerin-im-portraet-100.html
177 »»Integration ist keine Einbahnstraße‹«, *Der Tagesspiegel*, 7.5.2018, https://www.tagesspiegel.de/politik/cdu-generalsekretaerin-kramp-karrenbauer-in»Integration ist keine Einbahnstraße« tegration-ist-keine-einbahnstrasse/21249976.html
178 ebd.
179 70 Jahre unterwegs und weiter voran für Frauen, Resolution 70 Jahre Frauenunion, Frankfurt 4.5.2018, https://www.frauenunion.de/images/stories/docs/Resolution_BuVo_Politische_Teilhabe_4.5.20181.pdf
180 Zitiert nach: Icken, Angela: *Der deutsche Frauenrat Etablierte Frauenverbandsarbeit im gesellschaftlichen Wandel*, Wiesbaden 2002, Springer Fachmedien

181 *Emma*, 9. August 2005

182 Weber, Helene (Redebeitrag) in: »Deutscher Bundestag – 20. und 2 1. Sitzung. Bonn, Freitag, den 2. Dezember 1949«, S. 624f zitiert nach: https://www. helene-weber.de

183 »Kramp-Karrenbauer: ›Ganz klar rechtsradikale Elemente in der AfD‹«, *Passauer Neue Presse*, 17.5.2018, https://www.pnp.de/nachrichten/ politik/2949448_Kramp-Karrenbauer-Ganz-klar-rechtsradikale-Elemente-in-der-AfD.html

184 »Gauland: NS-Zeit nur ein ›Vogelschiss in der Geschichte‹«, *Die Zeit*, 2.6.2018, https://www.zeit.de/news/2018-06/02/gauland-ns-zeit-nur-ein-vogelschiss-in-der-geschichte-180601-99-549766

185 »Gauland: Hitler nur ›Vogelschiss‹ in deutscher Geschichte«, *Frankfurter Allgemeine Zeitung*, 2.6.2018, http://www.faz.net/aktuell/politik/inland/ gauland-hitler-nur-vogelschiss-in-deutscher-geschichte-15619502.html

186 »Alternative Mitte in der AfD verlangt Entschuldigung von Gauland«, *Der Spiegel*, 4.6.2018, http://www.spiegel.de/politik/deutschland/alexander-gauland-und-der-vogelschiss-alternative-mitte-verlangt-entschuldigung-a-1210976.html

187 »Gauland wollte Nationalsozialismus ›nicht bagatellisieren‹«, *Die Zeit*, 4.6.2018, https://www.zeit.de/news/2018-06/04/gauland-wollte-nationalsozialismus-nicht-bagatellisieren-180604-99-574535

188 ebd.

189 »Bundesparteitag in Augsburg: AfD provoziert mit Hitler- und Honecker-Vergleich«, *Rheinische Post*, 30.6.2018, https://rp-online.de/politik/ deutschland/afd-parteitag-in-augsburg-afd-provoziert-mit-hitler-und-honecker-vergleich_aid-23746115

190 »AfD ist ›Bedrohung für jüdisches Leben‹. Vier Thesen von Annegret Kramp-Karrenbauer zur wachsenden Judenfeindlichkeit«, BILD, 26.5.2018, BILD am Sonntag, 27.5.2018, https://www.bild.de/politik/inland/ annegret-kramp-karrenbauer/die-afd-bedroht-juedisches-leben-in-deutschland-55814346.bild.html

191 »CDU-Generalin hält radikale AfD-Anhänger für unerreichbar«, *Die Welt*, 1.3.2018, https://www.welt.de/politik/deutschland/article174069203/ Kramp-Karrenbauer-haelt-radikale-AfD-Anhaenger-fuer-unerreichbar.html

192 »Eine besondere Verantwortung«, *Jüdische Allgemeine*, 24.5.2018, https:// www.juedische-allgemeine.de/article/view/id/31694

193 »AfD ist ›Bedrohung für jüdisches Leben‹. Vier Thesen von Annegret Kramp-Karrenbauer zur wachsenden Judenfeindlichkeit«, BILD, 26.5.2018, BILD am Sonntag, 27.5.2018, https://www.bild.de/politik/inland/

annegret-kramp-karrenbauer/die-afd-bedroht-juedisches-leben-in-
deutschland-55814346.bild.html

194 »Die neue Merkel: Kramp-Karrenbauer ist ›strikt gegen Rechtsruck‹«,
Compact-online, 12.3.2018, https://www.compact-online.de/die-neue-merkel-
kramp-karrenbauer-ist-strikt-gegen-rechtsruck

195 ebd.

196 »Die AfD bestimmt zu oft die Agenda«, Magazin, *Der Spiegel*, 7.7.2018,
https://magazin.spiegel.de/SP/2018/28/158269460/index.html

197 »Heiner Geißler – Mehr als ein Querdenker«, *Cicero*, 12.9.2017, https://www.
cicero.de/innenpolitik/heiner-geissler-mehr-als-ein-querdenker

198 »Die CDU will zuhören. Mit einer ›Zuhör-Tour‹ durch Deutschland starten
wir in die Erarbeitung eines neuen Grundsatzprogramms«, www.
kramp-karrenbauer.de, 26.4.2018, https://www.kramp-karrenbauer.de/artikel/
die-cdu-will-zuhoeren-mit-einer-zuhoer-tour-durch-deutschland-starten-wir-
die-erarbeitung

199 ebd.

200 ebd.

201 »Kurz fühlt es sich so an, als sei sie schon CDU-Chefin«, *Die Welt*, 13.5.2018,
https://www.welt.de/politik/deutschland/plus176305171/Annegret-Kramp-
Karrenbauer-Fuer-Befindlichkeiten-hat-Merkel-jetzt-AKK.html

202 »Kramp-Karrenbauer warnt vor oberflächlichen Debatten«, *Die Zeit*,
19.3.2018, https://www.zeit.de/politik/deutschland/2018-03/cdu-debatte-
islam-hartz4-annegret-kramp-karrenbauer-sachlichkeit

203 »Ministerpräsidentin Annegret Kramp-Karrenbauer als ›Politikerin des Jahres‹
ausgezeichnet«, Saarland-Fernsehen, 31.5.2017, https://www.saarland-
fernsehen.com/2017/05/31/ministerpraesidentin-annegret-kramp-karrenbauer-
als-politikerin-des-jahres-ausgezeichnet/

204 »›Seehofers Ton war an vielen Stellen daneben‹«, *Handelsblatt*, 3.11.2016
https://www.handelsblatt.com/politik/deutschland/annegret-kramp-
karrenbauer-seehofers-ton-war-an-vielen-stellen-daneben/14790800.
html?ticket=ST-2641921-cYt2x6pjIill0FhvctCc-ap3

205 »Zur aktuellen Debatte – Schreiben der Generalsekretärin der CDU
Deutschlands an die Mitglieder der CDU«, www.cdu.de, 14.6.2018, https://
www.cdu.de/artikel/zur-aktuellen-debatte

206 ebd.

207 »Frau Kramp-Karrenbauer stellt uns als Provinzfürsten aus Bayern hin«,
Süddeutsche Zeitung, 15.6.2018, https://www.sueddeutsche.de/politik/
seehofer-zum-asylstreit-frau-kramp-karrenbauer-stellt-uns-als-
provinzfuersten-aus-bayern-hin-1.4018268

208 »Die AfD bestimmt zu oft die Agenda«, Magazin, *Der Spiegel*, 7.7.2018,
http://www.spiegel.de/plus/annegret-kramp-karrenbauer-die-afd-bestimmt-zu-
oft-die-agenda-a-00000000-0002-0001-0000-000158265030

209 »›Blind und töricht‹: CSU-Mann Waigel warnt vor Trennung der
Unionsparteien«, *Merkur*, 21.6.2018, https://www.merkur.de/politik/
blind-und-toericht-csu-mann-theo-waigel-warnt-im-asylstreit-zwischen-
merkel-und-seehofer-vor-trennung-unionsparteien-9971939.html

210 »Protest gegen Asylpolitik: Bamberger Domkapitular verlässt CSU ›aus
Gewissensgründen‹«, *Frankfurter Allgemeine Zeitung*, 1.7.2018, http://www.
faz.net/aktuell/politik/inland/protest-gegen-asylpolitik-bamberger-
domkapitular-verlaesst-csu-aus-gewissensgruenden-15668704.html

211 »Der Zorn des Hans Maier auf die CSU«, *Süddeutsche Zeitung*, 16.1.2018,
https://www.sueddeutsche.de/bayern/fluechtlingspolitik-der-zorn-des-hans-
maier-auf-die-csu

212 »Offener Brief ›Kennzeichen christlicher und sozialer Politik‹«,
www.jesuitenmission.de, 28.5.2018, https://www.jesuitenmission.de/
ueber-uns/advocacy-kampagnen/offener-brief.html

213 »›Unsere Hand zur CSU bleibt ausgestreckt‹«, BILD, 16.6.2018, https://www.
bild.de/bild-plus/politik/inland/politik-inland/unsere-hand-zur-csu-bleibt-
ausgestreckt-sagt-annegret-kramp-karrenbauer

214 »›Seehofers Ton war an vielen Stellen daneben‹«, *Handelsblatt*, 3.112016,
https://www.handelsblatt.com/politik/deutschland/annegret-kramp-
karrenbauer-seehofers-ton-war-an-vielen-stellen-daneben/14790800.
html?ticket=ST-2682401-YJTjtavc7hG5c1l6efL4-ap3

V. Das Private ist politisch: Annegret Kramp-Karrenbauer als Frau und Mensch

215 »Mode-Guru Wolfgang Joop: ›Merkels Kleidung passt perfekt zu ihrer
Politik!‹«, www.tag24.de, 30.6.2018, https://www.tag24.de/nachrichten/
potsdam-designer-wolfgang-joop-lobt-mode-kanzlerin-angela-merkel-
cdu-664704

216 »›Highway To Hell verleiht mir Grundaggressivität‹«, *Die Welt*, 14.6.2011,
https://www.welt.de/politik/deutschland/article13429214/Highway-To-Hell-
verleiht-mir-Grundaggressivitaet.html

217 Ein Engagement für mehr Lebensfreude Aufgabenbeschreibung der
Evangelischen Kranken- und Alten-Hilfe e.V., https://www.ekh-deutschland.
de/startseite/

218 »›Ich bin sehr geerdet‹ – Interview mit Annegret Kramp-Karrenbauer«, *Die Welt*, 15.6.2011, https://www.welt.de/print/die_welt/politik/article13430284/Ich-bin-sehr-geerdet.html

219 »Nationalhymne: Es bleibt beim Vaterland«, *Die Zeit*, 5.3.2018, https://www.zeit.de/politik/deutschland/2018-03/nationalhymne-angela-merkel-aenderung-gender-ablehnung

220 »Saarländerin Kramp-Karrenbauer bekommt Mainzer Narrenpreis«, *Die Welt*, 3.11.2017, https://www.welt.de/regionales/rheinland-pfalz-saarland/article170289125/Saarlaenderin-Kramp-Karrenbauer-bekommt-Mainzer-Narrenpreis.html

221 »CDU-Hoffnungsträgerin Kramp-Karrenbauer«, *Die Welt*, 19.2.2018, https://www.welt.de/newsticker/dpa_nt/afxline/topthemen/hintergruende/article173736009/CDU-Hoffnungstraegerin-Kramp-Karrenbauer.html

222 »Kramp-Karrenbauer: Size-Zero-Models gefährliches Ideal«, *Die Welt*, 11.2.2018, https://www.merkur.de/welt/kramp-karrenbauer-size-zero-models-gefaehrliches-ideal-zr-9604234.html

Epilog: Keine Angst vor Abstürzen – die Frau am Schwebebalken

223 »›Die Partei ist zu kurz gekommen‹«, *Der Spiegel*, 24.2.2018, http://www.spiegel.de/spiegel/annegret-kramp-karrenbauer-ueber-die-fehler-der-aera-merkel-a-1195134.html

224 ebd.

225 »›Frauen sind entspannter‹«, *Der Tagesspiegel*, https://www.tagesspiegel.de/meinung/portraet-annegret-kramp-karrenbauer-frauen-sind-entspannter/4473800.html